JLPT 콕콕 찍어주마 N1 독해 4th EDITION

지은이 이서규, 박성길, 이영아, 김윤선, 鳥居麻衣子 공저
펴낸이 정규도
펴낸곳 (주)다락원

초판 1쇄 발행 2003년 10월 13일
개정2판 1쇄 발행 2010년 4월 30일
개정3판 1쇄 발행 2017년 12월 11일
개정3판 8쇄 발행 2026년 1월 5일

책임편집 송화록, 이선미, 정은영
디자인 이선주, 김희정, 하태호(표지)

다락원 경기도 파주시 문발로 211
내용문의: (02)736-2031 내선 460~465
구입문의: (02)736-2031 내선 250~252
Fax: (02)732-2037
출판등록 1977년 9월 16일 제406-2008-000007호

Copyright © 2017, 이서규, 박성길, 이영아, 김윤선, 鳥居麻衣子

저자 및 출판사의 허락 없이 이 책의 일부 또는 전부를 무단 복제·전재·발췌할 수 없습니다. 구입 후 철회는 회사 내규에 부합하는 경우에 가능하므로 구입문의처에 문의하시기 바랍니다. 분실·파손 등에 따른 소비자 피해에 대해서는 공정거래위원회에서 고시한 소비자 분쟁 해결 기준에 따라 보상 가능합니다. 잘못된 책은 바꿔 드립니다.

ISBN 978-89-277-1172-8 18730
978-89-277-1168-1 (set)

http://www.darakwon.co.kr

- 다락원 홈페이지를 방문하시면 상세한 출판정보와 함께 동영상강좌, MP3자료 등 다양한 어학 정보를 얻으실 수 있습니다.
- 콕콕 실전문제 및 파이널 테스트 문제의 해석은 다락원 홈페이지 학습자료실에서 다운로드 받으시거나 교재 안의 QR코드를 통해 바로 확인하실수 있습니다.

머리말

　JLPT(일본어 능력시험)는 국제교류기금 및 일본국제교육지원협회가 일본 및 해외에서 일본어를 모국어로 하지 않는 사람을 대상으로 일본어 능력을 측정하고 인정함을 목적으로 하는 시험이며 일본 정부가 공인하는 세계 유일의 일본어 시험인 만큼 일본의 대학, 전문학교, 국내 대학교의 특차 전형과 기업 인사 및 공무원 선발에서의 일본어 능력에 대한 평가 자료로도 활용되고 있습니다.

　1984년부터 매년 12월에 시험이 시행되었고 2009년부터 1년에 2회, 즉 7월과 12월에 실시되고 있습니다. 또한 2010년부터 학습자들의 과제 수행을 위한 커뮤니케이션 능력을 측정하는 것을 목표로 새로운 유형으로 바뀌면서 N1부터 N5까지 더 세분화되었습니다.

　독해는 글자 그대로 문장을 읽고 이해하는 능력을 측정하는 시험입니다. 단어 하나하나의 해석보다는 문장 전체의 흐름, 키워드, 필자의 의도 등을 파악하는 것이 훨씬 중요합니다. 그러기 위해서는 기본적으로 N1 수준에 맞는 어휘와 문법 실력을 갖추어야 하고 많은 문제를 풀어 반복적으로 등장하는 핵심 단어를 찾아낼 수 있어야 합니다. 그리고 접속사, 그중에서도 주로 역접의 접속사 뒤에 등장하는 필자의 주장과 의도를 파악해 내는 것이 중요합니다.

　실제 기출문제를 보면 다양한 장르에서 지문이 출제되고 있으므로 폭넓은 화제에 대해 쓰인 신문 사설, 평론 등 논리적으로 다소 복잡한 문장과 추상도가 높은 문장 등을 읽고 문장 구성과 내용을 이해할 수 있도록 준비하고 다양한 배경지식을 축적해 둘 필요가 있습니다. 그리고 독해에서는 나무를 보는 것보다 숲을 보는 것이 더 중요합니다. 문장 전체의 흐름과 맥락을 잘 파악하는 것이 효율적입니다.

　본서에서는 다양한 독해문을 다루었으며 상대적으로 조금 평이한 문제와 다소 어려운 문제까지 출제하여 합격은 물론 고득점을 목표로 하는 학습자에게도 도움이 될 수 있도록 구성하였습니다. 본서에 나오는 어휘와 문형을 두루 익히고 조금 난해한 문제라도 먼저 풀어 보고 해설을 통해 이해하는 식으로 여러 독해 지문에 대한 이해도를 조금씩 높여 나가다면 소기의 목적을 달성할 수 있으리라 확신합니다.

　끝으로 이 책의 출판에 도움을 주신 ㈜다락원의 정규도 사장님과 일본어 출판부 직원 여러분에게 이 자리를 빌려 감사드립니다.

저자 일동

JLPT(일본어 능력시험)에 대하여

1. **목적 및 주최** | JLPT(일본어 능력시험)는 원칙적으로 일본 국내외에서 일본어를 모국어로 하지 않는 사람을 대상으로 한다. 일본어를 공부하거나 사용하는 사람들의 일본어 능력을 측정하고 인정하는 것을 목적으로 한다. 일본 정부가 세계적으로 공인하는 유일한 일본어 시험으로 국제교류기금과 재단법인 일본국제교육지원협회가 주최한다.

2. **실시 횟수** | 매년 7월 첫 번째 일요일과 12월 첫 번째 일요일 2회 실시한다. 하지만 주관 부서의 사정에 따라 변경될 수도 있으니 http://www.jlpt.or.kr/ 에서 확인하기 바란다.

3. **레벨** | 시험은 N1, N2, N3, N4, N5로 나뉘어 있어 수험자가 자신에게 맞는 레벨을 선택하면 된다. 각 레벨에 따라 N1~N2는 언어지식(문자·어휘·문법)·독해, 청해의 두 섹션으로, N3~N5는 언어지식(문자·어휘), 언어지식(문법)·독해, 청해의 세 섹션으로 나뉘어 있다.

4. **시험 결과 통지와 합격 여부** | JLPT는 다음 예와 같이 각 과목의 ①구분별 득점과 구분별 득점을 합계한 ②총점을 통지하며, 이 두 가지 기준에 따라 합격 여부를 판정한다. 즉, 총점이 합격점 이상이고, 각 구분별 득점(과목별 점수)이 기준점 이상이어야 합격이 된다.

일반 수험자 합격 기준점

2016. 12월 시험 기준

레벨	합격점/만점	기준점		
		언어지식	독해	청해
N1	100점 / 180점	19점 / 60점	19점 / 60점	19점 / 60점

* 2016년 12월 시험에서는 총점으로는 100점, 기준점으로는 각각 19점이 모두 넘어야 합격이 되었다. 만약 한 과목이라도 19점을 넘기지 못하면 총점이 100점을 넘더라도 불합격이 된다. 이 점수는 매년 달라진다.

*A 씨의 성적표

① 구분별 득점			② 총점
언어지식	독해	청해	
60 / 60	30 / 60	15 / 60	105 / 180

* 총점은 105점으로 합격점은 충족하지만, 청해가 15점으로 기준점 19점을 넘기지 못했다. 따라서 A 씨는 불합격이다.

*B 씨의 성적표

① 구분별 득점			② 총점
언어지식	독해	청해	
40 / 60	30 / 60	35 / 60	105 / 180

* 총점은 105점으로 합격점을 충족하며, 구분별 득점도 모두 19점 이상이므로 B 씨는 합격이다.

5. 시험 내용 | 각 레벨의 인정 기준을 【읽기】, 【듣기】라는 언어행동으로 나타낸다. 각 레벨에는 이 언어행동을 실현하기 위한 언어지식이 필요하다.

레벨	구성 (항목 / 시간)		인정 기준
N1	언어지식 (문자・어휘・문법) 독해	110분	폭넓은 장면에서 사용되는 일본어를 이해할 수 있다. 【읽기】 • 폭넓은 화제의 신문 논설, 논평 등 논리적으로 약간 복잡한 문장이나 추상도가 높은 문장 등을 읽고, 문장의 구성이나 내용을 이해할 수 있다. • 다양한 화제의 깊이 있는 내용을 읽고, 이야기의 흐름이나 상세한 표현 의도를 이해할 수 있다. 【듣기】 • 폭넓은 장면에서 주고받은 자연스러운 속도의 정리된 회화나 뉴스, 강의를 듣고 이야기의 흐름이나 내용, 등장인물의 관계나 내용의 논리 구성 등을 상세하게 이해하거나 요지를 파악할 수 있다.
	청해	60분	
	계	170분	
N2	언어지식 (문자・어휘・문법) 독해	105분	일상적인 장면에서 사용되는 일본어의 이해에 더해, 보다 폭넓은 장면에서 사용되는 일본어를 어느 정도 이해할 수 있다. 【읽기】 • 폭넓은 화제의 신문이나 잡지의 기사・해설, 평이한 논평 등 요지가 명쾌한 문장을 읽고 문장의 내용을 이해할 수 있다. • 일반적인 화제에 관한 내용을 읽고, 이야기의 흐름이나 표현 의도를 이해할 수 있다. 【듣기】 • 일상적인 장면에 더해 폭넓은 장면에서, 비교적 자연스러운 속도의 정리된 회화나 뉴스를 듣고 이야기의 흐름이나 내용, 등장인물의 관계를 이해하거나 요지를 파악할 수 있다.
	청해	50분	
	계	155분	
N3	언어지식(문자・어휘)	30분	일상적인 장면에서 사용되는 일본어를 어느 정도 이해할 수 있다. 【읽기】 • 일상적인 화제에 대한 구체적인 내용의 문장을 읽고 이해할 수 있다. • 신문의 표제어 등에서 정보의 개요를 캐치할 수 있다. • 일상적인 장면에서 눈으로 보는 범위의 난이도가 약간 높은 문장은 대체 표현이 주어지면 요지를 이해할 수 있다. 【듣기】 • 일상적인 장면에서 비교적 자연스러운 속도의 정리된 회화를 듣고 이야기의 구체적인 내용을 등장인물의 관계 등과 맞춰서 대체로 이해할 수 있다.
	언어지식(문법)・독해	70분	
	청해	40분	
	계	140분	
N4	언어지식(문자・어휘)	25분	기본적인 일본어를 이해할 수 있다. 【읽기】 • 기본적인 어휘나 한자로 이루어진 매우 일상적인 화제의 문장을 읽고 이해할 수 있다. 【듣기】 • 일상적인 장면에서 약간 천천히 이야기하는 대화라면 내용을 대체로 이해할 수 있다.
	언어지식(문법)・독해	55분	
	청해	35분	
	계	115분	
N5	언어지식(문자・어휘)	20분	기본적인 일본어를 어느 정도 이해할 수 있다. 【읽기】 • 히라가나나 가타카나, 일상생활에서 사용되는 기본적인 한자로 이루어진 정형적 어구나 문장을 읽고 이해할 수 있다. 【듣기】 • 교실이나 신변적인 일상생활 중에서도 자주 접하는 장면에서 천천히 이야기하는 짧은 대화라면 필요한 정보를 파악할 수 있다.
	언어지식(문법)・독해	40분	
	청해	30분	
	계	90분	

6. 성적표 교부 | 합격자에 한해 교부되는 급수별 「일본어 능력 인정서」와 함께 응시자 전원에게 합격・불합격의 결과를 알려 주는 통지서, 인정 결과 및 성적에 관한 증명서를 교부한다.

이 책의 구성 및 특징

이 책은 「JLPT(일본어 능력시험) N1 독해」 대비서로, 1교시 독해 시간에 해당되며 배점은 60점, 시간은 75분 정도입니다. N1 독해 문제의 6가지 형태 즉, 내용 이해(단문, 중문, 장문), 종합 이해, 주장 이해, 정보 검색별로 「문제 유형 분석」과 「문제 풀이 비법」을 실어 처음 접하는 문제 형태에도 당황하지 않도록 배려하였으며, 문제 뒤에는 바로 해석과 해설을 실어 혼자서도 충분히 독해 파트를 공부할 수 있도록 하였습니다.

Part 1 유형별 독해 문제 공략하기

JLPT의 N1 독해 문제 유형은 내용 이해(단문, 중문, 장문), 종합 이해, 주장 이해, 정보 검색으로 총 6가지입니다. 각 유형 앞에는 「문제 유형 분석」과 「문제 풀이 비법」이 실려 있어 독해 유형과 풀이에 대한 길잡이로 삼을 수 있습니다. 단문은 12지문, 중문은 10지문, 장문·종합 이해는 7지문, 주장 이해는 6지문, 정보 검색은 7지문으로 충분한 양의 독해 지문을 통해 독해 파트를 대비할 수 있습니다. 또한 문제 뒤에는 바로 해석 및 해설을 실어 바로바로 확인할 수 있으며, 해설에는 단어 파트를 마련하여 어휘와 숙어, 묶어서 외우면 좋을 표현까지 모두 정리되어 있습니다.

Part 2 파이널 테스트

• 파이널 테스트

JLPT N1 독해 문제와 같은 형식의 파이널 테스트를 2회 수록하여 마무리 점검을 할 수 있도록 하였습니다.

• 파이널 테스트 정답 및 해설

파이널 테스트의 정답 및 해설을 자세히 수록하였습니다. 또한, 다락원 홈페이지(www.darakwon.co.kr) 자료실에 이 교재에 나온 모든 단어 및 표현을 해석과 함께 아이우에오 순으로 정리한 「N1 독해력을 UP시키는 어휘 1500」을 게재하여, 어휘력을 높일 수 있게 하였습니다. 다운로드 후 프린트해 주세요.

차례

머리말   003
JLPT(일본어 능력시험)에 대하여   004
이 책의 구성 및 특징   006
이 책의 사용법   008
독해 문제 유형 분석   010

Part 1   유형별 독해 문제 공략하기

1. **내용 이해 - 단문** 공략하기   016
2. **내용 이해 - 중문** 공략하기   041
3. **내용 이해 - 장문** 공략하기   082
4. **종합 이해** 공략하기   117
5. **주장 이해** 공략하기   147
6. **정보 검색** 공략하기   182

Part 2   파이널 테스트

1. 파이널 테스트 1~2회   215
2. 파이널 테스트 정답 및 해설   256

이 책의 사용법

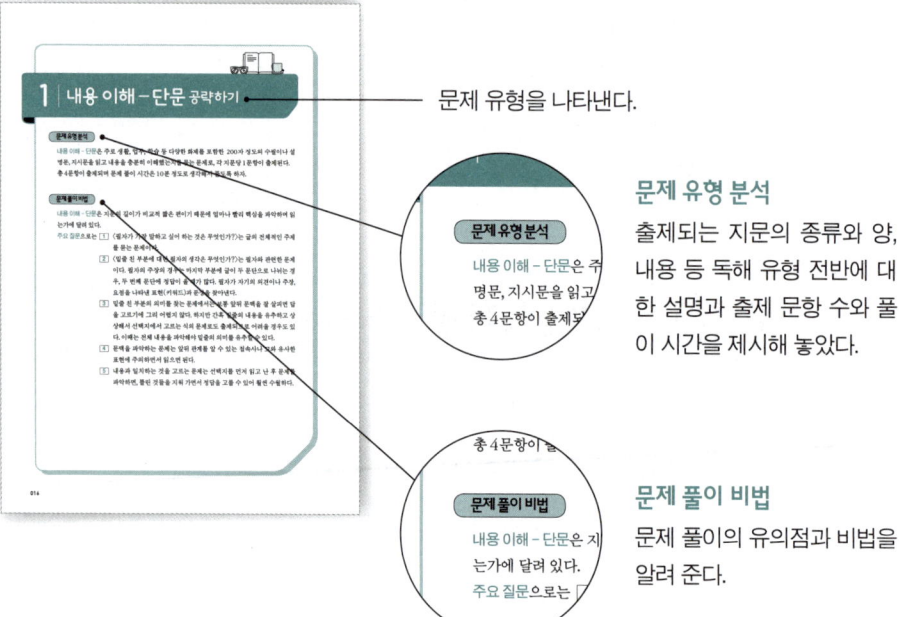

문제 유형 분석
출제되는 지문의 종류와 양, 내용 등 독해 유형 전반에 대한 설명과 출제 문항 수와 풀이 시간을 제시해 놓았다.

문제 풀이 비법
문제 풀이의 유의점과 비법을 알려 준다.

문제 유형을 나타낸다.

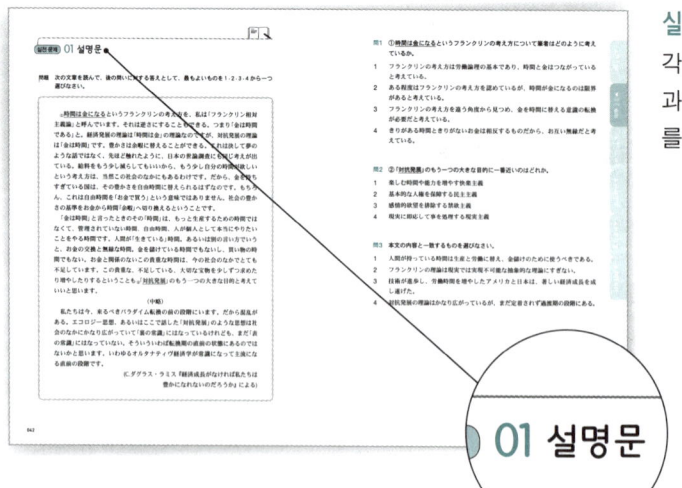

실전 문제
각 유형별 실전 문제이다. 실전과 같은 자세로 집중하여 문제를 풀어 보자.

글의 종류를 명시하여 어떤 종류의 글이 주로 등장하는지 알 수 있게 하였다.

해석 및 해설

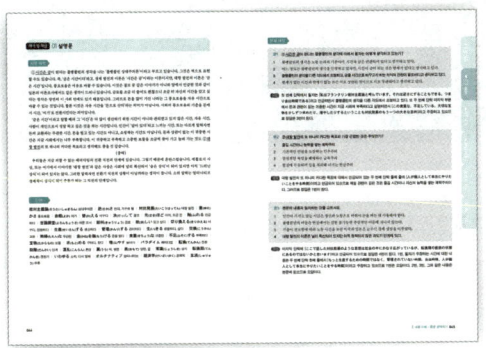

문제를 풀면 다음 장에는 바로 해석 및 해설이 나와 있다. 지문에 대한 해석, 그리고 단어 및 묶어서 알아 두면 좋은 표현이 정리되어 있다. 또한 문제 해설에는 해석 뿐만 아니라 왜 정답이 되는지 자세히 설명해 두었다.

파이널 테스트

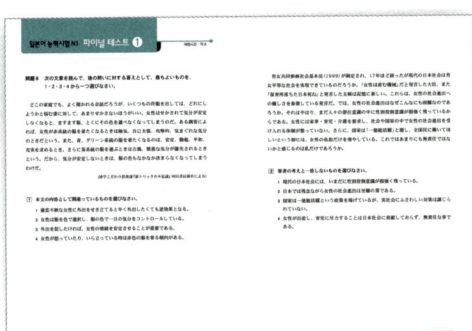

Part 2에는 N1 독해 파이널 테스트 2회분이 실려 있다. 학습을 끝낸 후, 마무리 테스트로 풀어 보자. 시간을 꼭 정해 놓고 풀어 보자.

파이널 테스트 정답 및 해설

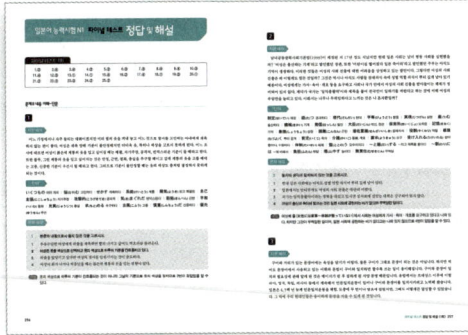

N1 독해 파이널 테스트에 대한 해석과 해설이 자세히 실려 있다.

어휘 1500

다락원 홈페이지 자료실에 교재에서 다룬 모든 단어를 히라가나 순으로 정리한 「N1 독해력을 UP시키는 어휘 1500」을 게재해 두었다. 꼭 다운로드 후 프린트하여 가지고 다니며 어휘력을 기르자.

독해 문제 유형 분석

지문 수로 보면 11지문, 문제 수는 26문제가 출제된다. 단문-중문-장문의 비율이 4-4-3으로 단·중문의 비중이 크며, 배점은 전체에서 1/3(60점)을 차지하는 등 독해는 그 비중이 상당히 크다.

지문의 종류

JLPT(일본어 능력시험)의 N1 독해 문제 유형은 내용 이해(단문, 중문, 장문), 종합 이해, 주장 이해, 정보 검색으로 총 6가지이다.

1. 내용 이해-단문

주로 생활, 업무, 학습 등 다양한 주제를 포함한 200자 정도의 설명문이나 지시문을 읽고 내용을 충분히 이해했는지를 묻는 문제로, 각 지문당 1문제가 출제된다. 총 4문제가 출제되며, 문제 풀이 시간은 10분 정도로 생각해서 푼다.

지문의 길이는 200자(10행 내외) 정도
한 지문에 1문제 출제, 총 4지문 4문제 10분

2. 내용 이해-중문

비교적 쉬운 내용의 신문 논평, 설명문, 수필 등 500자 정도의 텍스트를 읽고 나서 인과관계나 개요, 이유, 필자의 생각 등을 이해할 수 있는지를 묻는다. 각 지문당 3문제가 출제되며, 총 3지문이 출제된다. 문제 풀이 시간은 15분 정도로 생각해서 푼다.

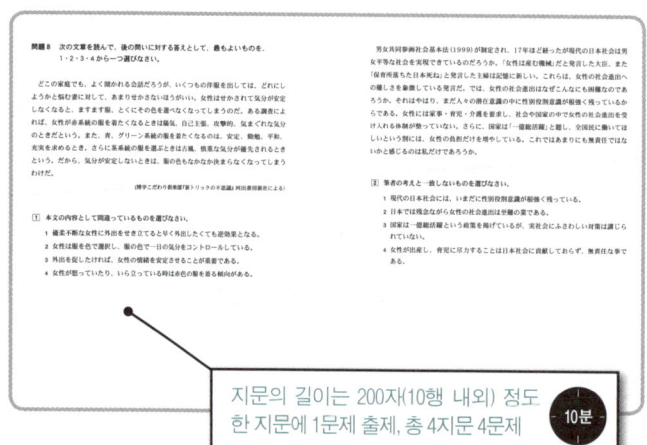

지문의 길이는 500자(20행 내외) 정도
한 지문에 3문제 출제, 총 3지문 9문제 15분

3. 내용 이해 - 장문

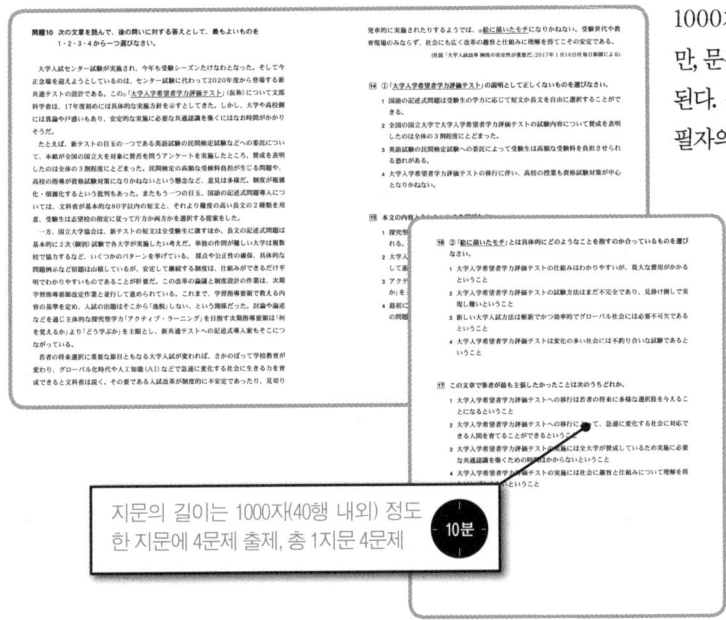

1000자 정도의 상당히 긴 지문이지만, 문장의 구성은 중문 정도로 예상된다. 설명문, 수필, 소설 등을 읽고 필자의 생각을 얼마나 이해하고 있는지를 묻는 문제이다. 한 지문이 출제되며 4개의 문제가 따른다. 문제 풀이에 소요되는 시간은 기본적으로 10분 정도이다.

지문의 길이는 1000자(40행 내외) 정도
한 지문에 4문제 출제, 총 1지문 4문제 — 10분

4. 종합 이해

신문의 칼럼이나 기사 등의 같은 주제에 대한 두 가지 이상의 글을 읽고 공통점이나 상이점을 비교하거나, 복수의 지문 내용을 종합하여 이해하는 능력을 요구한다. 비교적 평이한 내용이므로 글 자체는 그다지 어렵지 않지만, 문제 형태가 달라 자칫 당황할 수 있다. 전체를 신속하게 읽거나 또는 문제에 따라 부분을 깊이 있게 읽는 방식으로 이해한다. 한 지문이 출제되며 3문제가 따른다. 문제 풀이 시간은 10분 정도이다.

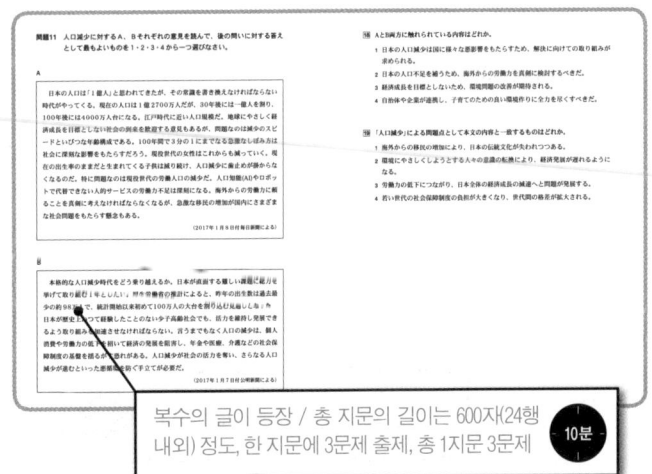

복수의 글이 등장 / 총 지문의 길이는 600자(24행 내외) 정도, 한 지문에 3문제 출제, 총 1지문 3문제 — 10분

5. 주장 이해

추상적이고 논리적인 1000자 정도의 장문을 읽고 필자가 전달하려는 주장, 의견을 얼마나 이해할 수 있는지를 묻는 문제이다. 전체적 내용 이해, 키워드 파악, 논리 전개 등을 파악하는 것이 주장 이해 파트를 해결하는 데 무엇보다 중요하다. 독해 문제 중에서 제일 난이도가 높은 파트로 단어 수준도 높은 편이다. 한 지문에 4문제가 출제되며, 문제 풀이는 15분 정도로 잡는다.

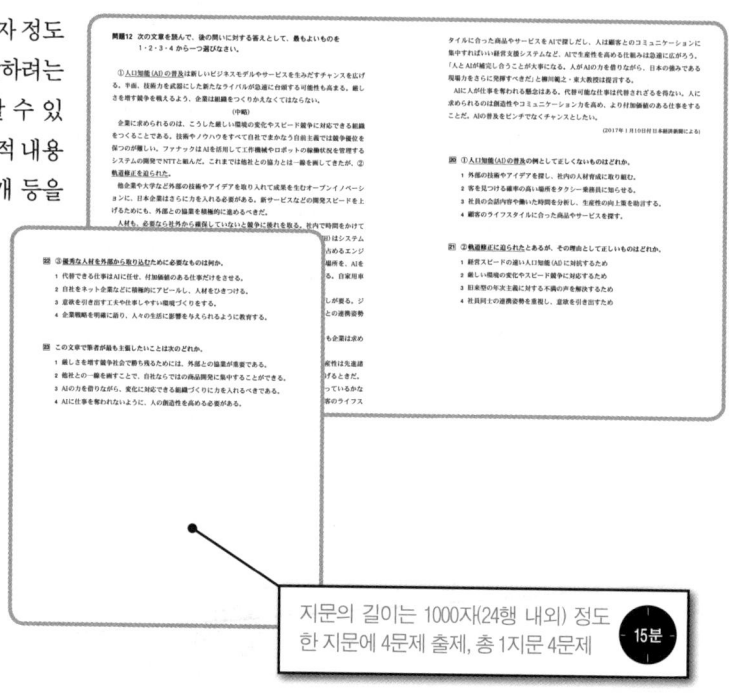

지문의 길이는 1000자(24행 내외) 정도
한 지문에 4문제 출제, 총 1지문 4문제
15분

6. 정보 검색

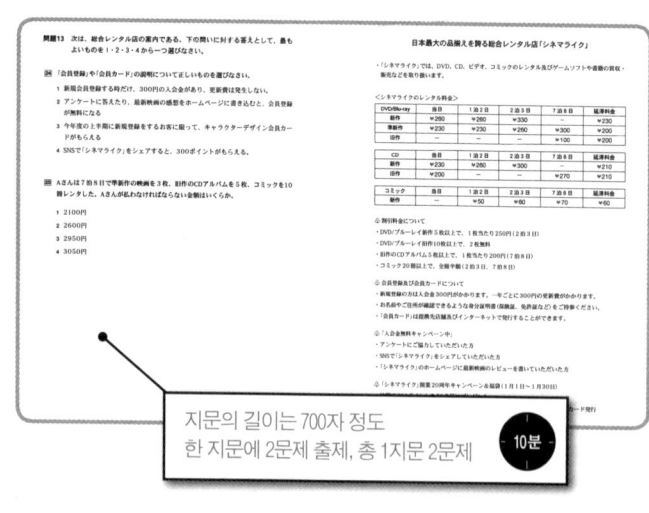

광고, 팸플릿, 정보지, 전단지, 비즈니스 문서 등의 정보 소재글 700자 정도 안에서 자신에게 필요한 정보를 찾아낼 수 있는지 묻는 문제이다. 예를 들어 아르바이트 모집 광고를 보고 전체를 대략 훑어본 후 조건에 맞는 정보를 찾아내는 등의 문제이다. 한 지문에 2문제가 출제되며, 문제 풀이 시간은 10분 정도로 잡는다.

지문의 길이는 700자 정도
한 지문에 2문제 출제, 총 1지문 2문제
10분

문제의 유형

각 유형별로 질문의 형태에 특징이 있다.

1. 내용 이해 (단문·중문·장문)

❶ 필자 관련 문제
필자의 생각이나 주장 등을 묻는 문제이다. 필자의 주장의 경우, 글이 두 문단으로 나뉘는 경우, 두 번째 문단에 정답이 올 때가 많다. 필자가 자기의 의견이나 주장, 요점을 나타낸 표현(키워드)과 문장을 찾아낸다.

❷ 의미 파악 문제
밑줄 친 부분에 대한 의미를 찾는 문제로 앞뒤 문맥을 잘 살펴보고 밑줄 친 부분이 의미하는 내용을 선택지에서 찾는다. 비슷한 의미의 표현으로 바뀌어 나타나는 경우가 많다.

❸ 문맥 파악 문제
앞뒤 관계를 알 수 있는 접속사나 그와 유사한 표현에 주의하면서 읽는다.

❹ 전체적 내용 파악 문제
선택지를 먼저 읽고 난 후 문제를 파악하면 틀린 것들을 지워 가면서 정답을 고를 수 있어 훨씬 수월하다.

> **질문의 예시**
> 1. 필자가 여기서 가장 말하고 싶은 것은 무엇인가?
> 2. ~라고 필자가 생각하는 이유는 무엇인가?
> 3. ~라고 했는데 이것은 무엇을 말하는 것인가?
> 4. ~라고 했는데 필자의 생각에 가까운 것은 어느 것인가?
> 5. 여기서 ~란 무엇을 말한다고 생각되는가?
> 6. ~의 이유는 무엇인가?
> 7. ~은 무엇을 가리키는가?
> 8. 이 문장에서 알 수 있는 ~은 어떤 것인가?
> 9. 다음 중 본문의 내용과 맞지 않는 것은 어느 것인가?

2. 종합 이해

❶ 내용 언급 문제
공통적으로 언급되는 내용, 혹은 양쪽에 모두 언급되어 있지 않거나 한쪽에만 언급되어 있는 사항 등을 비교하는 문제가 나온다.

❷ 의견 비교 문제
A와 B의 의견이 어떻게 다른지를 비교하는 문제이다. 예를 들어, 찬성인가 반대인가, 혹은 비판적인가 명확한 태도를 취하고 있지 않은가 등 필자의 의견을 묻는다. 의견을 말할 때 사용하는 문말 표현에 주의하면서 읽어야 한다.

❸ 주제 파악 문제
복수의 글을 읽고 어떤 사항에 대한 이유나 배경, 내용 등을 묻는 문제이다. 정답은 A 또는 B 한 곳에만 있을 수도 있고 두 글을 종합해야 얻을 수도 있다.

> **질문의 예시**
> 1. A와 B 어느 기사에도 언급되어 있지 않은 내용은 어느 것인가?
> 2. ~에 대해서 A의 필자와 B의 필자는 어떤 입장을 취하고 있는가?
> 3. A와 B의 필자가 공통적으로 주장하고 있는 것은 무엇인가?
> 4. ~에 대한 이유는 무엇인가?

3. 주장 이해

❶ 필자 관련 문제
유형의 특성상 필자의 주장이나 생각 등을 묻는 문제는 반드시 출제된다. 상식적인 의견이 나올 가능성이 많으므로, 너무 극단적이거나 대담한 의견은 정답일 확률이 낮다. 또한 필자가 말하고자 하는 바가 반드시 글 마지막 부분에 온다고는 할 수 없으므로 주의해야 한다.

❷ 내용 파악 문제
밑줄 친 부분의 의미를 묻거나 글 안에 있는 내용을 응용한 예를 찾는 문제도 나올 수 있다.

> **질문의 예시**
> 1. ~라고 했는데, 어떻게 그렇게 된다는 것인가?
> 2. ~란 무엇(어디)인가?
> 3. 필자가 말하는 ~의 예는 어느 것인가?
> 4. 이 문장에서 필자가 말하고 싶은 것은 무엇인가?

4. 정보 검색

❶ 내용 검색 문제
질문을 보고 필요한 정보가 지문 전체 중 어느 부분에 쓰여 있는지 찾는다. 정보 소재 중에서 하나의 기본이 되는 조건을 정하고 나서 하나씩 체크해 가면서 파악하는 것이 중요하다.

> **질문의 예시**
> 1. ~에서 ~할 수 있는 ~은 몇 개인가?
> 2. ~상황에서 ~할 수 있는 것은 어느 것인가?
> 3. ~에서 요구하는 조건을 충족시키고 있는 것은 어느 것인가?

점수를 UP시키는
N1 독해

Part 1

유형별 독해 문제 공략하기

1. 내용 이해–단문 공략하기
2. 내용 이해–중문 공략하기
3. 내용 이해–장문 공략하기
4. 종합 이해 공략하기
5. 주장 이해 공략하기
6. 정보 검색 공략하기

1 | 내용 이해 – 단문 공략하기

> **문제 유형 분석**

내용 이해 – 단문은 주로 생활, 업무, 학습 등 다양한 화제를 포함한 200자 정도의 수필이나 설명문, 지시문을 읽고 내용을 충분히 이해했는지를 묻는 문제로, 각 지문당 1문항이 출제된다. 총 4문항이 출제되며 문제 풀이 시간은 10분 정도로 생각해서 풀도록 하자.

> **문제 풀이 비법**

내용 이해 – 단문은 지문의 길이가 비교적 짧은 편이기 때문에 얼마나 빨리 핵심을 파악하며 읽는가에 달려 있다.

주요 질문으로는 1 〈필자가 가장 말하고 싶어 하는 것은 무엇인가?〉는 글의 전체적인 주제를 묻는 문제이다.

2 〈밑줄 친 부분에 대한 필자의 생각은 무엇인가?〉는 필자와 관련한 문제이다. 필자의 주장의 경우는 마지막 부분에 글이 두 문단으로 나뉘는 경우, 두 번째 문단에 정답이 올 때가 많다. 필자가 자기의 의견이나 주장, 요점을 나타낸 표현(키워드)과 문장을 찾아낸다.

3 밑줄 친 부분의 의미를 찾는 문제에서는 보통 앞뒤 문맥을 잘 살피면 답을 고르기에 그리 어렵지 않다. 하지만 간혹 밑줄의 내용을 유추하고 상상해서 선택지에서 고르는 식의 문제로도 출제되므로 어려울 경우도 있다. 이때는 전체 내용을 파악해야 밑줄의 의미를 유추할 수 있다.

4 문맥을 파악하는 문제는 앞뒤 관계를 알 수 있는 접속사나 그와 유사한 표현에 주의하면서 읽으면 된다.

5 내용과 일치하는 것을 고르는 문제는 선택지를 먼저 읽고 난 후 문제를 파악하면, 틀린 것들을 지워 가면서 정답을 고를 수 있어 훨씬 수월하다.

실전 문제 01 서간문

問題　次の文章を読んで、後の問いに対する答えとして最もよいものを、1・2・3・4から一つ選びなさい。

株式会社　日韓商事　御中
人事部　空野星也　様

拝啓　新緑の候　貴社ますますご清栄のこととお慶び申し上げます。
先般、ご内定のご通知をいただきまして、誠に感謝にたえません。
先日は、お電話でご対応頂きまして有難うございました。
ご内定という御光栄をいただきましたが、将来の夢、自分の適性などを熟考の末、失礼の段省みず、赤面の思いですが、他方の企業様にお世話になることを決意いたしました。
誠に申し訳ございませんが、内定を辞退させて頂きたく存じます。
貴重なお時間を割いて選考していただいたにも関わらず、お話しを辞退させていただくのは心苦しい限りですが何卒ご理解頂ければ幸いです。
最後になりましたが、貴社のますますのご発展並びに御多幸をお祈り申し上げます。

敬具

山川海男

問　山川海男がこの手紙を書いた理由として正しいものを選びなさい。

1　日韓商事に面接時の感謝の意を表するためにこの手紙を書いた。
2　日韓商事の面接を受けて落選したため恨みの手紙を書いた。
3　面接で人事部の空野星也に迷惑をかけたため謝罪するためにこの手紙を書いた。
4　日韓商事への入社を断るためにこの手紙を書いた。

해석 및 해설   01 서간문

지문 해석

주식회사 닛칸 상사 귀중
인사부 소라노 호시야 님

안녕하세요? 신록이 푸르른 계절 귀사의 발전을 경하드립니다. 지난번 내정 통지를 해 주셔서 진심으로 감사드립니다. 또한 며칠 전 전화상으로 응대해 주셔서 감사했습니다.

귀사에 내정된 것은 대단히 영광스러운 일이지만 장래의 꿈, 자신의 적성 등을 숙고한 끝에 면목 없지만 실례를 무릅쓰고 다른 기업에 들어가기로 했습니다.

대단히 죄송스럽지만 내정을 사양하고자 합니다. 귀중한 시간을 할애해 심사해 주셨음에도 불구하고 내정을 사양하게 된 점 괴롭기 짝이 없으나 아무쪼록 이해해 주신다면 감사하겠습니다. 마지막으로 귀사의 무궁한 발전과 행운을 빕니다.

그럼.

야마카와 우미오

단어

御中(おんちゅう) 귀중 | 拝啓(はいけい) 편지 첫머리에 쓰는 형식 | 新緑(しんりょく)の候(こう) 신록의 계절 | 清栄(せいえい) 번영 | お慶(よろこ)び申(もう)し上(あ)げる 축하드리다 | 先般(せんぱん) 지난번 | 内定(ないてい) 내정 | ～にたえない ～에 마지 않다 | 対応(たいおう) 대응 | 有難(ありがと)う 감사하다 | 光栄(こうえい) 영광 | 適性(てきせい) 적성 | 熟考(じゅっこう) 숙고 | ～の末(すえ) ～한 끝에 | 失礼(しつれい)の段(だん)省(かえり)みず 실례인 줄 알지만(겸양 표현) | 赤面(せきめん) 부끄러워 얼굴을 붉힘 | 辞退(じたい) 사퇴 | 存(ぞん)じる 생각하다(겸양 표현) | 選考(せんこう) 전형, 됨됨이나 재능 따위를 가려 뽑음 | ～にも関(かか)わらず ～임에도 불구하고 | 心苦(こころぐる)しい 마음이 괴롭다 | ～限(かぎ)りだ ～할 따름이다 | 何卒(なにとぞ) 아무쪼록 | 幸(さいわ)い 다행 | 多幸(たこう) 좋은 일 | 敬具(けいぐ) 편지 끝에 쓰는 말 | 感謝(かんしゃ)の意(い) 감사의 뜻 | 表(ひょう)する 표하다 | 落選(らくせん) 낙선 | 恨(うら)み 원한, 앙심 | 謝罪(しゃざい) 사죄 | 断(ことわ)る 거절하다

문제 해설

문 야마카와 우미오가 이 편지를 쓴 이유로서 옳은 것을 고르시오.
1 닛칸 상사 면접 때의 감사한 마음을 전하기 위해 이 편지를 썼다.
2 닛칸 상사 면접을 보고 떨어졌기 때문에 원망의 편지를 썼다.
3 면접 시 인사부의 소라노 호시야에게 민폐를 끼쳤기 때문에 사죄하기 위해 이 편지를 썼다.
4 닛칸 상사로의 입사를 거절하기 위해 이 편지를 썼다.

해설 일곱째 줄 [誠に申し訳ございませんが、内定を辞退させて頂きたく存じます] 부분이 이 편지의 목적이므로 4번이 답임을 알 수 있다.

실전 문제 02 수필문

問題　次の文章を読んで、後の問いに対する答えとして最もよいものを、1・2・3・4から一つ選びなさい。

　近年、日本の雇用形態において問題になってきているのは、非正規雇用者の増加である。企業としては、正社員より賃金も低く、退職金やボーナスといったコストを削減することができるが、非正規雇用者は生活の困窮を強いられる。また、企業経営の悪化した場合には契約解消のしやすさから、正社員よりもリストラ対象とされやすい。さらに、働いても生活保護水準以下の収入しか見込めないワーキングプアに陥り、結婚などを諦める者もいる。このような日本の雇用形態は企業経営の安定化には繋がるが、労働市場の流動化により会社に優良な人材や技術を確保しづらく、日本経済の発展には繋がらないといった問題もある。

問　非正規雇用について述べているものとして間違っているものを選びなさい。

1　将来的にどれくらい収入が見込めるのか見通しが立てづらく人生設計が困難である。
2　解雇や契約止めのしやすさから、正規雇用者よりも整理の対象となりやすい。
3　企業に留めておきたい技術などのノウハウが蓄積されにくい。
4　近年の日本では非正規雇用者の大部分がワーキングプアであるという忌々しき事態に陥っている。

해석 및 해설 02 수필문

지문 해석

　근래 일본의 고용 형태에 있어서 문제시되고 있는 것은 비정규직 고용자의 증가이다. 기업으로서는 정직원보다 임금도 낮고 퇴직금이나 보너스라는 비용을 삭감할 수 있지만, 비정규직은 생활에 어려움을 겪는다. 또한 기업 경영이 악화된 경우에는 계약 해지가 용이해서 정직원보다 정리 해고의 대상이 되기 쉽다. 게다가 일을 해도 생활보호 수준 이하의 수입밖에 기대할 수 없는 워킹푸어로 전락, 결혼 등을 포기한 사람도 있다. 이와 같은 일본의 고용 형태는 기업 경영의 안정화로는 연결되지만, 노동시장의 유동화로 인해 회사에 우수한 인재나 기술을 확보하기 힘들어 일본 경제의 발전으로는 이어지지 않는 문제도 있다.

단어

雇用形態(こようけいたい) 고용 형태 | ～において ～에 있어서 | 非正規(ひせいき) 비정규 | 増加(ぞうか) 증가 | 企業(きぎょう) 기업 | ～として ～으로서 | 正社員(せいしゃいん) 정직원 | 賃金(ちんぎん) 임금 | 退職金(たいしょくきん) 퇴직금 | 削減(さくげん) 삭감 | 困窮(こんきゅう) 궁핍, 곤란 | 強(し)いる 강요하다 | 契約解消(けいやくかいしょう) 계약해지 | 対象(たいしょう) 대상 | 生活保護水準(せいかつほごすいじゅん) 생활보호 수준 | 収入(しゅうにゅう) 수입 | 見込(みこ)む 기대하다 | 陥(おちい)る 빠지다 | 諦(あきら)める 포기하다 | 経営(けいえい) 경영 | 繋(つな)がる 이어지다, 연결되다 | 労働市場(ろうどうしじょう) 노동시장 | 流動化(りゅうどうか) 유동화 | ～により ～에 의해 | 優良(ゆうりょう) 우량 | 確保(かくほ) 확보 | ～づらい ～하기 어렵다 | 発展(はってん) 발전 | 見通(みとお)し 전망 | 設計(せっけい) 설계 | 解雇(かいこ) 해고 | 留(とど)める 남기다 | 蓄積(ちくせき) 축적 | 忌々(ゆゆ)しき 중대한

문제 해설

문	비정규직 고용에 대해 본문에서 말하고 있는 것으로서 틀린 것을 고르시오.
1	앞으로 어느 정도의 수입을 기대할 수 있을지 전망이 서지 않아서 인생 설계가 곤란하다.
2	해고나 계약 해지의 용이함으로 정규 고용자보다 정리 대상이 되기 쉽다.
3	기업에 남겨 두고 싶은 기술 등의 노하우를 쌓기 힘들다.
4	최근 일본은 비정규직의 대부분이 워킹푸어라는 중대한 사태에 빠져 있다.

해설　비정규직의 대부분이 워킹푸어라는 내용은 본문에 나오지 않으므로 4번이 정답임을 알 수 있다.

실전 문제 03 수필문

問題　次の文章を読んで、後の問いに対する答えとして最もよいものを、1・2・3・4から一つ選びなさい。

　電車の中で、両目をあいたまま実に軽々と目薬をさしている女の子を見ることもあるが、あれははっきり言って邪道だ。どこか、古式にのっとっていない軽さがあり、踏むべき手順を踏んでいないもどかしさがあるのだ。やはり、目薬をさすときはいったん両目をつぶり、次に口をあけて上を仰いだのち、おもむろに指で片目をこじあけ、そこへポタリ、ポタリと垂らしてほしいものだ。それが古典という厳粛な世界である。こういう、一見矛盾した所作の連続こそが、わが国の伝統の味わいであり、これを省いてただ単純に目的を遂げるなど、愚の骨頂としか言いようがない。矛盾し、不自然なはずの仕種の連続が、ごく自然な流れるような動作として人の目に映る。この奥ゆかしさが、かつて東京にはあったらしい。だが、現代のTOKYOからはこのような美しい伝統が失われつつある。耳垢や鼻クソをほじってから、いったん、ためつすがめつながめることをしない輩が増えるなど、大都会の人間は日ごとガサツになってゆくようだ。

（『中吊り小説』の中、村松友視「TOKYO物語」による）

問　あれははっきり言って邪道だとはどのようなことなのか。

1　かたくつぶった片目を指でこじあけて実に軽々と目薬をさすこと
2　両目をつぶり、口をあけて上を仰いだのち、指で片目をこじあけるような複雑な手順を踏まないこと
3　古典らしき様々な所作に基づき、ポタリ、ポタリとおもむろに目薬を垂らすこと
4　古式にのっとっているが、矛盾した動作は省いて、単純に目薬をさすという目的を達成すること

해석 및 해설 03 수필문

지문 해석

　전철 안에서 두 눈을 뜬 채로 너무나 가뿐히 안약을 넣는 여자를 볼 때도 있는데, 그것은 솔직히 말해서 편법이다. 어딘지 모르게 옛날 방식을 따르지 않는 가벼움이 있고 밟아야 하는 절차를 밟지 않아 느껴지는 답답함도 있다. 역시 안약을 넣을 때는, 일단 두 눈을 감은 다음 입을 벌리고, 위를 쳐다본 후에 서서히 손가락으로 한쪽 눈을 벌린 다음 거기에 똑똑 떨어뜨렸으면 좋겠다. 그것이 고전이라는 엄숙한 세계인 것이다. 언뜻 보기에 이러한 모순된 행동의 연속이야말로 내 나라의 전통적 정취이기에 이러한 것들을 생략하고 그저 단순히 목적을 달성하는 것은 어리석기 짝이 없는 일이라고밖에 달리 말할 방법이 없다. 모순되고 부자연스러울 법한 동작의 연속이 아주 자연스러운 흐름과 같은 동작으로 사람의 눈에 비칠 때가 있다. 이러한 그윽함이 예전의 도쿄에는 있었던 것 같다. 하지만 현대의 TOKYO에서는 이러한 아름다운 전통이 점점 사라지고 있다. 귀지나 코딱지를 판 후에 일단 요리조리 뜯어보지 않는 무리들이 늘어 가는 등, 대도시의 사람들은 나날이 상스러워지는 것 같다.

단어

実(じつ)に 실로, 참으로 | 軽々(かるがる)と 가뿐히 | 目薬(めぐすり) 안약 | 邪道(じゃどう) 정식이 아닌 방법 | 古式(こしき) 옛날 식 | のっとる 기준으로 삼고 따르다, 준하다 | 踏(ふ)むべき手順(てじゅん) 밟아야 할 절차 | もどかしさ 답답함 | いったん 일단 | つぶる 감다 | 上(うえ)を仰(あお)ぐ 위를 쳐다보다 | おもむろに 서서히 | 片目(かため) 한쪽 눈 | こじあける 억지로 열다 | ポタリ 똑똑(물방울 등이 떨어지는 소리나 모양) | 垂(た)らす 떨어뜨리다 | 古典(こてん) 고전 | 厳粛(げんしゅく)な世界(せかい) 엄숙한 세계 | 一見(いっけん) 언뜻 봄 | 矛盾(むじゅん) 모순 | 奥(おく)ゆかしさ 그윽함 | 所作(しょさ) 행동, 거동 | 連続(れんぞく) 연속 | 伝統(でんとう)の味(あじ)わい 전통의 멋, 정취 | 省(はぶ)く 생략하다 | 単純(たんじゅん)に 단순히 | 目的(もくてき)を遂(と)げる 목적을 달성하다 | 愚(ぐ)の骨頂(こっちょう) 이를 데 없이 어리석음 | 言(い)いようがない 말할 방법이 없다 | 仕種(しぐさ) 동작 | 目(め)に映(うつ)る 눈에 비치다 | 耳垢(みみあか) 귀지 | 鼻(はな)クソ 코딱지 | ほじる 후비다 | ためつすがめつながめる 자세히 뜯어보다 | 輩(はい) 한패, 동아리 | 日(ひ)ごと 날마다, 하루하루 | ガサツ 거동이 막됨

문제 해설

문 <u>그것은 솔직히 말해서 편법이다</u>는 무슨 의미인가?

1　굳게 감은 한 쪽 눈을 손가락으로 벌려서 너무나 간단하게 안약을 넣는 것
2　두 눈을 감고, 입을 벌리고 위를 쳐다본 후에, 손가락으로 한쪽 눈을 벌리는 것과 같은 복잡한 절차를 밟지 않는 것
3　고전에 걸맞은 다양한 동작에 의거해 똑똑 서서히 안약을 떨어뜨리는 것
4　옛날 방식을 따르고는 있으나 모순된 동작을 생략하고, 단순히 안약을 넣는다는 목적을 달성하는 것

해설 셋째 줄 마지막 부분에 [やはり目薬をさすときはいったん両目をつぶり、次に口をあけて上を仰いだのち、おもむろに指で片目をこじあけ、そこへポタリ、ポタリと垂らしてほしいものだ]라고 쓰여 있으므로 정답은 2번이 된다.

실전 문제 04 설명문

問題　次の文章を読んで、後の問いに対する答えとして最もよいものを、1・2・3・4から一つ選びなさい。

　あるカテゴリーや概念において中心的、典型的に連想されるもののことを「プロトタイプ」と言う。例えば「鳥」という単語を浮かべた時、すぐに連想されるのは「雀、鷹、鷲」などであり、「ペンギン、ダチョウ、鶏」などではない。このような分け方は「属性」とかかわりがある。すなわち、「雀、鷹、鷲」は「空を飛ぶ」、「羽がある」、「比較的体が小さい」「スピードが出せる」という共通の属性を持っているのに対して、「ペンギン、ダチョウ、鶏」は「羽を持つ」という面では「鳥」のカテゴリーに入るが、他の属性は満たしていないため、「プロトタイプ」の概念から遠くなる。

問　「切る」という動詞の「プロトタイプ」に最も近いものを選びなさい。

1　小切手を切る、元値を切って売る、首を切る。
2　ハンドルを切る、見得を切る、大根を切る。
3　電話を切る、息を切る、風を切る。
4　野菜を切る、縁を切る、手を切る。

해석 및 해설 04 설명문

지문 해석

어떤 카테고리나 개념에 있어서 중심적, 전형적으로 연상되는 것을 '프로토타입'이라고 한다. 예를 들어 '새' 라는 단어를 떠올렸을 때 바로 연상되는 것은 '참새, 매, 독수리' 등이고 '펭귄, 타조, 닭' 등이 아니다. 이러한 분류법은 '속성' 과 관련이 있다. 다시 말해 '참새, 매, 독수리는 '하늘을 난다' '날개가 있다' '비교적 몸이 작다' '스피드를 낼 수 있다' 등의 공통된 속성을 가지고 있는 것에 반해 '펭귄, 타조, 닭'은 날개를 가졌다'라는 면에서는 '새'의 카테고리에 들어가지만 다른 속성은 충족시키지 못하기 때문에 '프로토타입' 개념에서 멀어지게 된다.

단어

カテゴリー 카테고리 | 概念(がいねん) 개념 | 典型的(てんけいてき) 전형적 | 連想(れんそう)される 연상되다 | プロトタイプ(prototype) 프로토타입 | 浮(う)かべる 떠올리다 | 雀(すずめ) 참새 | 鷹(たか) 매 | 鷲(わし) 독수리 | ダチョウ 타조 | 鶏(にわとり) 닭 | 分(わ)け方(かた) 분류법 | 属性(ぞくせい) 속성 | 共通(きょうつう) 공통 | 満(み)たす 만족시키다 | 小切手(こぎって) 수표 | 元値(もとね) 원가 | 見得(みえ) 겉치레, 허영 | 大根(だいこん) 무 | 息(いき) 숨 | 縁(えん) 인연

문제 해설

문 '자르다'라는 동사의 프로토타입에 가장 가까운 것을 고르시오.
1 수표를 발행하다, 원가에서 밑지고 팔다, 해고하다
2 핸들을 꺾다, 과시하다, 무를 자르다
3 전화를 끊다, 숨을 헐떡거리다, 바람을 가르다
4 야채를 자르다, 연을 끊다, 손(관계) 을 끊다

해설 어떤 개념에 있어서 중심적, 전형적으로 연상되는 것을 '프로토타입'이라고 했으므로 '자르다'라는 동사의 가장 중심적인 의미로 쓰여진 예를 찾으면 된다. 1번, 2번, 3번은 '자르다'라는 동사가 여러 의미를 가지고 있다는 것을 보여 주지만 중심인 의미인 '절단'에서 멀어졌으므로 오답이다. 그러므로 정답은 4번이 된다.

실전 문제 05 수필문

問題　次の文章を読んで、後の問いに対する答えとして最もよいものを、1・2・3・4から一つ選びなさい。

　不可解な日本人の微笑みは、他者との関係という文脈において理解されるべきだ。通勤途中の日本人がバスに乗り遅れると、その場に他人がいれば①笑みを浮かべるが、もしまわりに誰もいなければ実際に悪態をつく。彼は人前では自分の当惑を隠さなければならないが、誰もいないところでは自分の感情をはきだすことが出来るのだ。同様に、テレビのインタビュアーは、政治家に厳しい質問をしている間も、自分の言うことがどんなに辛辣に聞こえようと、そんなつもりはないことを示そうとして、微笑み続けることだろう。

問　①笑みを浮かべるとあるが、それはなぜか。

1　人前では、自分の当惑を隠すことが出来ないから
2　誰もいないところでは、自分の感情をはきだすことが出来ないから
3　人前では、自分の感情をはきだすことが出来ないから
4　まわりに誰もいなければ、悪態をつくから

해석 및 해설 | 05 수필문

지문 해석

이해할 수 없는 일본인의 미소는 타인과의 관계라는 문맥에서 이해되어야 한다. 출근하는 도중 일본인이 버스를 놓치면, 그곳에 다른 사람이 있으면 ①미소를 띠지만, 만약 주위에 아무도 없으면 실제로는 욕설을 퍼붓는다. 그는 남 앞에서는 자신의 당혹감을 감춰야 하지만, 아무도 없는 곳에서는 자신의 감정을 드러낼 수 있는 것이다. 마찬가지로 TV 속의 기자는 정치가에게 심한 질문을 하는 동안에도 자신이 하는 말이 아무리 신랄하게 들리더라도, 그럴 의도는 없다는 것을 나타내려고 계속 미소 지을 것이다.

단어

不可解(ふかかい) 이해할 수 없음 | 微笑(ほほえ)み 미소 | ～において ～에서 | 乗り遅れる(のりおくれる) 늦어서 못 타다, 놓치다 | 笑(え)み 미소(=微笑み) | 浮(う)かべる 띠다, 띄우다, 떠올리다 | 悪態(あくたい)をつく 욕설을 퍼붓다 | 当惑(とうわく)を隠(かく)す 당혹감을 감추다 | はきだす 토로하다, 드러내다 | 辛辣(しんらつ) 신랄함 | ～(よ)うと ～하더라도 | ～つもりはない ～할 생각은 없다

문제 해설

문	①미소를 띤다고 하는데 그 이유는 무엇인가?
1	남 앞에서는 자신의 당혹감을 감출 수 없기 때문에
2	아무도 없는 곳에서는 자신의 감정을 드러낼 수 없기 때문에
3	**남 앞에서는 자신의 감정을 드러낼 수 없기 때문에**
4	주위에 아무도 없으면 욕설을 퍼붓기 때문에

해설 밑줄 친 부분의 앞뒤 문장, 즉 [その場に他人がいれば～実際に悪態をつく] 부분을 눈여겨보자. 일본인은 남 앞에서는 당혹감을 감추지만, 아무도 없는 곳에서는 자신의 감정을 드러낼 수 있게 되는 심리가 작용하기 때문에 답은 3번이 된다.

| 실전 문제 | 06 수필문

問題　次の文章を読んで、後の問いに対する答えとして最もよいものを、1・2・3・4から一つ選びなさい。

> 犬の魅力のすべては、人間との友情の深さと精神的な絆(きずな)の強さにある。しかし①猫の魅力は、猫が人間との親密な絆をいっさい結んでいないという事実、つまり馬屋や納屋(なや)で狩りをしている間もトラやヒョウのような断固とした自立心を保っているという、まさにその事実にある。つまり、主人の脚にそっと身体をこすりつけたり、暖炉の前で満足そうに喉を鳴らしているときも、猫は神秘的でよそよそしいままだという事実にこそ、猫の魅力はあるのだ。私にとって、喉を鳴らしている猫と暖炉前の風景は、ひそかな安らぎの象徴なのである。

問　筆者が考える①猫の魅力とは、次のうちどれか。

1　人間との友情の深さと精神的な絆の強さ
2　馬屋や納屋で狩りをしている時のトラやヒョウのような姿
3　人間と親密な絆をいっさい結ばず、断固とした自立心を保っている事実
4　暖炉の前で満足そうに喉を鳴らしている姿

해석 및 해설 06 수필문

지문 해석

　개의 매력의 모든 것은 인간과의 깊은 우정과 강한 정신적인 유대에 있다. 그러나 ①고양이의 매력은 고양이가 인간과의 친밀한 유대를 일절 맺고 있지 않다는 사실, 즉 마구간이나 헛간에서 사냥하고 있는 동안에도 호랑이나 표범처럼 단호한 자립심을 유지하고 있다는, 바로 그 사실에 있다. 즉 주인의 다리에 살며시 몸을 비비거나 난로 앞에서 만족스러운 듯 그르렁 소리를 낼 때도, 고양이는 그대로 신비스럽고 쌀쌀맞다는 사실에 바로 고양이의 매력이 있는 것이다. 나에게 그르렁 소리를 내는 고양이와 난로 앞에 있는 풍경은 은밀한 평온함의 상징인 것이다.

단어

魅力(みりょく) 매력 | **絆(きずな)** 유대, 기반 | **親密(しんみつ)** 친밀함 | **馬屋(うまや)** 마구간 | **納屋(なや)** 헛간 | **狩(か)りをする** 사냥을 하다 | **断固(だんこ)とした** 단호한 | **自立心(じりつしん)を保(たも)つ** 자립심을 지키다 | **まさに** 정말로, 바로 | **こすりつける** (몸을) 비벼대다 | **暖炉(だんろ)** 난로 | **喉(のど)を鳴(な)らす** 소리를 내다 | **神秘的(しんぴてき)** 신비적 | **よそよそしい** 쌀쌀맞다, 냉담하다 | **～にとって** ～에게, ～에게 있어서 | **ひそかな** 은밀한, 은근한 | **安(やす)らぎ** 편안, 평온 | **象徴(しょうちょう)** 상징

문제 해설

문　필자가 생각하는 ①고양이의 매력이란 다음 중 어느 것인가?
1　인간과의 깊은 우정과 강한 정신적인 유대
2　마구간이나 헛간에서 사냥할 때 호랑이나 표범 같은 모습
3　인간과 친밀한 유대를 일절 맺지 않고 단호한 자립심을 유지한다는 사실
4　난로 앞에서 만족스러운 듯이 그르렁 소리를 내는 모습

해설　고양이의 매력에 대한 내용은 밑줄 다음부터 서술되어 있다. 1번은 개의 매력이며, 2번은 고양이의 매력이라기보다는 사냥하는 모습을 비유한 것이다. 4번은 고양이의 모습을 묘사한 것에 지나지 않으므로 답은 3번이 된다.

실전 문제 07 수필문

問題　次の文章を読んで、後の問いに対する答えとして最もよいものを、1・2・3・4から一つ選びなさい。

　ある朝、彼が本通りを渡って短い坂を下っていると、ケイト・コールドウェルが目の前の狭いわき道から現れて、学校のほうに歩いていった。通学用のかばんが腰に当たって弾んでいた。彼はどきどきしながら追いつこうと後を追ったが、①追いつく勇気がなかった。彼女に何て言ったらいいんだろう。口ごもりながら授業や天気について退屈でぎこちないことを話している自分を想像したが、それに対してありきたりの返事をしている彼女しか想像できなかった。彼女が振り向いて微笑み「学校まで一緒に行かない？」と僕に声をかけてくれないかなあ、と彼は思った。

問　①追いつく勇気がなかったとあるが、それはなぜか。

1　彼女が目の前の狭い脇道へ入っていったから
2　通学用のかばんが腰に当たって弾むほど急いでいたから
3　退屈でぎこちない話をしている彼女を想像したから
4　彼女に何を話しかけていいのか分からず、自信がないから

해석 및 해설 | 07 수필문

지문 해석

어느 날 아침, 그가 큰길을 건너 짧은 언덕을 내려가자 케이트 골드웰이 눈앞의 좁은 샛길에서 나타나 학교 쪽으로 걸어 가고 있었다. 통학용 가방이 허리춤에서 흔들거렸다. 그는 두근두근거리며 따라잡으려 뒤를 쫓아갔지만, ①뒤쫓을 용기가 없었다. 그녀에게 무슨 얘기를 하면 좋을까? 머뭇거리면서 수업이나 날씨에 관해 지루하고 어색한 이야기를 하는 자신을 상상했지만, 거기에 대해 진부한 대답을 하는 그녀밖에 상상할 수 없었다. 그녀가 뒤돌아 미소 지으며 '학교까지 같이 안 갈래?'라고 나에게 말을 걸어 주지 않을까 하고 그는 생각했다.

단어

本通(ほんどお)り 큰길 | **坂(さか)を下(くだ)る** 언덕을 내려가다 | **脇道(わきみち)** 옆길, 샛길 | **弾(はず)む** 튀다 | **どきどきする** 두근두근하다 | **追(お)いつく** 따라잡다 | **何(なん)て** 뭐라고 | **口(くち)ごもる** 머뭇거리다, 말을 우물거리다 | **退屈(たいくつ)** 지루함 | **ぎこちない** 어색하다, 딱딱하다 | **ありきたり** 진부함 | **振(ふ)り向(む)く** 뒤돌아보다 | **声(こえ)をかける** 말을 걸다

문제 해설

문 ①뒤쫓을 용기가 없었다고 하는데 그 이유는 무엇인가?

1 그녀가 눈앞의 좁은 샛길로 들어갔기 때문에
2 통학용 가방이 허리춤에서 흔들거릴 정도로 서둘렀기 때문에
3 지루하고 어색한 이야기를 하고 있는 그녀를 상상했기 때문에
4 그녀에게 무슨 얘기를 하면 좋을지 모르고 자신이 없기 때문에

해설 밑줄 친 문장 다음의 [彼女に何て言ったらいいんだろう]처럼 그녀에게 무슨 말을 해야 할지 몰라 망설이는 자신의 모습과, 자신의 재미없고 어색한 이야기에 그저 형식적인 대꾸를 하는 그녀의 모습만을 떠올리는 그의 모습에서 자신감이 없음을 알 수 있다. 따라서 답은 4번이 된다.

실전 문제 08 수필문

問題　次の文章を読んで、後の問いに対する答えとして最もよいものを、1・2・3・4から一つ選びなさい。

　とばし読みのやり方を知るということは、実益と楽しみを兼ねた読み方を知ることだ。しかし、それをどうやって身につけたらいいのか、私は人には教えられない。というのは、とばし読みは自分が身につけたことのないコツだからだ。私はとばし読みが苦手である。自分にとって大切かもしれない箇所を読みそこねるのを恐れ、そのために飽き飽きするだけのページを何ページも読んでしまうのだ。私はいったんとばし読みを始めると、止まらなくなり、その本を真剣には読んでいないと思ってしまうので、①自分に不満なままその本を読み終えることになる。そうなると、どうせなら全然読まないほうが良かったのだと、ともすれば考えてしまう。

問　①自分に不満なままその本を読み終えることになるとあるが、それはなぜか。

1　とばし読みをすることで、その本を真剣には読んでいないと認識しているから
2　とばし読みをしなかったために、飽き飽きするページを何ページも読んだから
3　とばし読みの仕方が分からず、本を読む間ずっとイライラしていたから
4　とばし読みをしたために自分にとって大切かもしれない箇所を読み損ねたから

해석 및 해설 08 수필문

지문 해석

속독 방법을 안다는 것은 실익과 재미를 겸한 독서법을 아는 것이다. 그러나 그것을 어떻게 습득하면 좋을지, 나는 다른 사람에게 가르쳐 줄 수 없다. 왜냐하면 속독은 나 스스로가 익힌 적이 없는 요령이기 때문이다. 나는 속독을 잘 못한다. 나에게 중요할지도 모르는 부분을 빠뜨리고 넘어가는 것이 두려워서 지루한 페이지를 몇 페이지나 읽어 버리는 것이다. 나는 일단 속독을 시작하면 멈출 수 없게 되고, 그 책을 제대로 읽고 있지 않다는 생각이 들어 ①스스로에게 불만인 채로 책 읽기를 끝내게 된다. 그렇게 되면 차라리 책을 하나도 읽지 않는 편이 나았을 거라고 자칫 생각하게 된다.

단어

とばし読(よ)み 건너뛰며 읽기, 속독 | 実益(じつえき) 실익 | 兼(か)ねる 겸하다 | 身(み)につける 익히다, 습득하다 | というのは 왜냐하면 | コツ 요령 | 箇所(かしょ) 개소, 부분 | 読(よ)みそこねる 빠뜨리고 읽다 | 飽き飽き(あきあき)する 진절머리가 나다 | 真剣(しんけん)に 진지하게 | ともすれば 자칫하면(=ともすると)

문제 해설

문 ①스스로에게 불만인 채로 책 읽기를 끝내게 된다고 하는데 그 이유는 무엇인가?

1. 속독을 함으로써 그 책을 제대로 읽고 있지 않다고 인식하고 있기 때문에
2. 속독을 하지 않아서 지루한 페이지를 몇 페이지나 읽었기 때문에
3. 속독 방법을 모른 채, 책을 읽는 동안 계속 초조해하고 있었기 때문에
4. 속독을 했기 때문에 자신에게 중요할지도 모르는 부분을 빠뜨리고 읽었기 때문에

해설 앞뒤 문맥을 파악하는 문제이다. 바로 전 문장에서 일단 속독을 시작하게 되면 멈추지 않게 되고, 그 책을 제대로 읽지 않는다는 생각이 든다고 했으므로, 답은 1번이 된다.

실전 문제 09 수필문

問題　次の文章を読んで、後の問いに対する答えとして最もよいものを、1・2・3・4から一つ選びなさい。

　聡明であればあるほど、決断を下す前に多くの要素をすばやく考慮に入れる傾向が強くなる。もし頭が弱ければ、単純な結論に達し、それに基づいて行動するまでにほとんど、あるいは①まったく苦労しないであろう。というのは、起こり得る様々な結果について考えることが出来ないだろうから。優柔不断で困るのは、たいへん重要なことがらに使うのと同じだけの真剣な考慮を、些細な取るにたりないものごとにも当てはめる癖がついているからかもしれない。

問　①まったく苦労しないとあるが、それはなぜか。

1　些細なことに決断を下すために、真剣な考慮をすることがないから
2　すばやく単純な答えに達するが、すぐに行動することが出来ないから
3　決断するために、多くのことをすばやく考えに含めることが出来るから
4　これから起こるかもしれない様々な結末について考えることが出来ないから

해석 및 해설　09 수필문

지문 해석

　총명하면 할수록 결단을 내리기 전에 많은 요소들을 신속히 고려하는 경향이 강해진다. 만약 머리가 모자라면 단순한 결론에 이르고, 그것에 의거하여 행동하기까지 거의, 혹은 ①전혀 고생하지 않을 것이다. 왜냐하면 일어날 수 있는 여러 가지 결과에 대해 생각하지 못할 것이기 때문이다. 우유부단해서 곤란한 것은, 지극히 중요한 일에 임할 때와 같은 신중한 고려를 사소하고 하찮은 일에도 적용하는 버릇이 들었기 때문일지도 모른다.

단어

聡明(そうめい) 총명함 ｜ **～ば～ほど** ～하면 ～할수록 ｜ **決断(けつだん)を下(くだ)す** 결단을 내리다 ｜ **すばやく** 신속하게 ｜ **考慮(こうりょ)に入(い)れる** 고려하다 ｜ **弱(よわ)い** 모자라다 ｜ **～に基(もと)づいて** ～에 의거하여 ｜ **起こり得る(おこりえる)** 일어날 수 있다 ｜ **優柔不断(ゆうじゅうふだん)** 우유부단 ｜ **ことがら** 일, 내용 ｜ **些細(ささい)な** 사소한 ｜ **取(と)るにたりない** 하찮다 ｜ **ものごと** 세상일 ｜ **当(あ)てはめる** 적용하다 ｜ **癖(くせ)がつく** 버릇이 들다

문제 해설

문　①전혀 고생하지 않는다라고 했는데 그 이유는 무엇인가?
1　사소한 일에 결단을 내리기 위해서 신중하게 고려하는 일은 없기 때문에
2　신속히 단순한 답에 이르지만 곧바로 행동하지는 못하기 때문에
3　결단을 내리기 위해 많은 것을 신속히 생각할 수 있기 때문에
4　앞으로 일어날지도 모르는 여러 가지 결말에 대해 생각하지 못하기 때문에

해설　셋째 줄의 [というのは、起こり得る様々な結果について考えることが出来ないだろうから]에서 답을 찾을 수 있다. 답은 4번이 된다.

실전 문제 10 수필문

問題　次の文章を読んで、後の問いに対する答えとして最もよいものを、1・2・3・4から一つ選びなさい。

　10代の若者は、必要以上に堅苦しく思える年長者の語彙や発音に我慢できず、最新の俗語を使って自分がいかに時代の先端を行っているかを示したがる。しかし年月が経つにつれ、彼らが使う俗語の中には標準語法になってしまうものもあり、またいずれにしろ当人も、次第に目新しい言葉に対する受容性を失っていく。
　その結果40代になる頃には、おそらく若い世代の不注意な言葉づかいを嘆くようになっているが、教会や法廷で使われている表現や発音の中には自分の親が眉をひそめたものもあるということにはまったく気づいていない。
　この点で言語は、男性の服の流行に少し似ている。ある世代の略装(りゃくそう)は次の世代の普段着になり、そして若い医師や銀行員が今日、スポーツ用の上着を着て仕事に取り組んでいるのとちょうど同じように、彼らは、かつては俗語や打ち解けた会話に限られていた様々な表現を通常の語彙に取り入れていくのである。

問　次のうち、筆者の考えと合うものを一つ選びなさい。

1　年長者の言葉づかいに我慢できなかった若者は、年月を経ても俗語を使う。
2　医師や銀行員がある世代の略装で仕事をしているのは、流行のためである。
3　教会や法廷で使われる表現には、不注意な言葉づかいが使われてはならない。
4　かつては目新しかったものも、いずれは通常のものへと取り込まれていく。

해석 및 해설 10 수필문

지문 해석

10대의 젊은이는 필요 이상으로 격식을 차린 연장자의 어휘나 발음을 참지 못하고, 최신 속어를 써서 자신이 얼마나 시대의 첨단을 달리고 있는지 보여 주고 싶어 한다. 그러나 세월이 흐름에 따라 그들이 사용하는 속어 중에는 표준 어법이 되는 것도 있고, 또 결국 본인도 차츰 새로운 언어에 대한 수용성을 잃어 간다.

그 결과 40대가 될 쯤에는 필시 젊은 세대의 부주의한 말씨를 한탄하게 되는데, 교회나 법정에서 사용되는 표현이나 발음 속에는 자신의 부모가 눈살을 찌푸렸던 것도 있다는 사실을 전혀 눈치채지 못한다.

이런 점에서 언어는 남성복의 유행과 약간 비슷하다. 어느 세대의 약식 복장은 다음 세대의 평상복이 되고, 그리고 젊은 의사나 은행원이 오늘날 스포츠용 상의를 입고 일에 전념하고 있는 모습과 거의 마찬가지로, 그들은 예전에는 속어나 허물없는 대화에 한정되어 있던 여러 표현을 일상 어휘로 받아들여 가는 것이다.

단어

堅苦(かたくる)しい 딱딱하다, (격식에 치우쳐) 거북스럽다 | 年長者(ねんちょうしゃ) 연장자 | 我慢(がまん)できる 참을 수 있다 | 俗語(ぞくご) 속어 | いかに 얼마나 | 先端(せんたん) 첨단 | 年月(としつき)が経(た)つ 세월이 가다 | ～につれ ～함에 따라 | いずれにしろ 어차피, 결국 | 次第(しだい)に 서서히, 차츰 | 目新(めあたら)しい 새롭다, 신기하다 | 受容性(じゅようせい) 수용성 | 言葉(ことば)づかい 말씨, 말투 | 嘆(なげ)く 한탄하다 | 法廷(ほうてい) 법정 | 眉(まゆ)をひそめる 눈살을 찌푸리다 | 略装(りゃくそう) 약식 복장 | 普段着(ふだんぎ) 평상복 | 上着(うわぎ) 상의 | 仕事(しごと)に取(と)り組(く)む 일에 전념하다 | 打ち解ける(うちとける) 허물없이 사귀다 | 取り入れる(とりいれる) 받아들이다, 도입하다 | いずれ 결국은 | 取り込まれる(とりこまれる) 받아들여지다

문제 해설

문 다음 중 필자의 생각과 일치하는 것을 하나 고르시오.
1 연장자의 말투를 참을 수 없었던 젊은이는 세월이 흘러도 속어를 쓴다.
2 의사나 은행원이 한 세대의 약식 복장 차림으로 일을 하고 있는 것은 유행 때문이다.
3 교회나 법정에서 사용되는 표현에는 부주의한 말씨를 써서는 안 된다.
4 예전에는 새로웠던 것도 결국에는 일상적인 것으로 받아들여져 간다.

해설 첫 번째 단락 넷째 줄에서 차츰 새로운 언어에 대한 수용성을 잃어 간다고 전제하고, 마지막 단락에서 구체적인 예를 든 내용으로 보아 4번이 답임을 유추할 수 있다.

실전 문제 11 설명문

問題　次の文章を読んで、後の問いに対する答えとして最もよいものを、1・2・3・4から一つ選びなさい。

これまで、犬と猫は、捕獲された動物としてではなく人間の家庭に入り、そして強制労働という目的以外の目的によって飼いならされている。この両者には共通点が2つある。つまり、両者とも、肉食動物であることと、その狩猟能力において人間の役に立っていることである。他のすべての特徴において、とりわけ人間との付き合い方において、犬と猫には夜と昼ほどの違いがある。

犬ほど、本当の意味で飼いならされている家畜は他にいない。そして猫ほど、数百年に及ぶ人間との付き合いの間にほとんど変わっていない動物は、他にいない。アンゴラ猫、ペルシャ猫、シャム猫のような少数の高級な品種という例外はあるものの、猫は家畜どころではなく完全に野生の生き物だという主張には幾分かの真理がある。猫は完全な自立を保ちながらも、そこには他の場所よりもネズミがたくさんいるという単純な理由で、人間の家や母屋に付属する建物を住処としてきたのである。

問　次のうち、本文の内容と合うものを一つ選びなさい。

1　犬と猫は、人間との付き合い方において共通している。
2　猫と人間の付き合いは、数百年のうちに変化してきた。
3　犬と猫は、強制労働という目的によって飼いならされている。
4　猫は人家に住みつきながらも、完全に自立している。

해석 및 해설 | 11 설명문

지문 해석

　지금까지 개와 고양이는 포획된 동물로서가 아닌, 강제 노동이라는 목적 이외의 목적으로 인간의 가정에 들어와 길들여지고 있다. 이 둘에게는 공통점이 두 가지 있다. 요컨대, 둘 다 육식동물이라는 것과 그 수렵 능력으로 인간에게 도움이 되는 것이다. 다른 모든 특징에서, 특히 인간과의 교제 방식에서 개와 고양이에게는 낮과 밤 정도의 차이가 있다.
　개만큼 진정한 의미로 길들여지는 가축은 달리 없다. 그리고 고양이만큼 수백 년에 걸친 인간과의 교제 동안에 거의 변화가 없는 동물은 달리 없다. 앙고라 고양이, 페르시안 고양이, 샴 고양이 같은 소수 고급 품종이라는 예외는 있지만, 고양이는 가축은커녕 완전히 야생동물이라는 주장에는 다소 진리가 있다. 고양이는 완전한 자립을 유지하면서도, 거기에는 다른 장소보다도 쥐가 많다는 단순한 이유로 인간의 집이나 안채에 딸린 건물을 거처로 삼아 온 것이다.

단어

捕獲(ほかく) 포획 | **強制**(きょうせい) 강제 | **飼**(か)**いならす** 길들이다 | **共通点**(きょうつうてん) 공통점 | **肉食**(にくしょく) 육식 | **狩猟**(しゅりょう) 수렵 | **〜において** 〜에서 | **とりわけ** 특히, 유난히 | **付き合い**(つきあい) 교제, 사귐 | **家畜**(かちく) 가축 | **品種**(ひんしゅ) 품종 | **〜ものの** 〜하기는 하지만 | **〜どころではなく** 〜은커녕 | **野生**(やせい)**の生き物**(いきもの) 야생동물 | **幾分**(いくぶん) 일부분, 약간 | **〜ながらも** 〜하면서도 | **母屋**(おもや) 주된 건물, 안채 | **住処**(すみか) 거처, 집 | **人家**(じんか) 인가 | **住**(す)**みつく** 자리잡고 살다

문제 해설

문　다음 중 본문의 내용과 일치하는 것을 하나 고르시오.
1　개와 고양이는 인간과의 교제 방식에서 공통점이 있다.
2　고양이와 인간의 교제는 수백 년 동안 변화해 왔다.
3　개와 고양이는 강제 노동이라는 목적에 의해 길들여지고 있다.
4　고양이는 인가에 자리잡고 살면서도 완전히 자립해 있다.

해설　1번, 인간과의 관계에 있어서 개와 고양이는 낮과 밤만큼의 차이가 있다고 했으며, 2번, 고양이와 인간의 관계는 수백 년 동안 변하지 않았으며, 3번, 개와 고양이는 강제 노동 이외의 목적으로 길들여지고 있다고 했으므로, 마지막 단락 끝부분에서 알 수 있듯이 답은 4번이 된다.

실전 문제 12 기사문

問題　次の文章を読んで、後の問いに対する答えとして最もよいものを、1・2・3・4から一つ選びなさい。

　2008年9月に愛知県（あいちけん）で開催されたハンドボールの男子予選で、中東出身の審判が中東寄りの判定を繰り返した。日本協会は試合の模様を収めたビデオを作製し、韓国連盟が約160の国・地域に送付。問題を重くみた国際連盟は12月、男子予選のやり直しを決定した。この決定に反発するアジア連盟はスポーツ仲裁裁判所に提訴する動きを見せている。さらに「予選を再開催した場合、資格停止などの処分を科す」と強硬姿勢を見せており、理事会の動向が注目される。

問　**予選のやり直しについて本文の内容と合っているのはどれか。**

1　アジア連盟は問題を深刻に受け止めて、2008年12月、男子予選のやり直しを決めた。
2　韓国連盟が試合の模様を収録したビデオを作り、各国にそのビデオを送った。
3　中東出身の審判が中東勢に有利な判定を繰り返したことが問題の発端になった。
4　理事会は予選をやり直した場合、資格停止などの処分を科すことにした。

해석 및 해설 12 기사문

지문 해석

　2008년 9월 아이치현에서 개최된 핸드볼 남자 예선에서, 중동 출신 심판이 중동에 잇달아 편파적인 판정을 내렸다. 일본협회는 경기 상황을 담은 비디오를 제작하고, 한국연맹이 약 160개 국가 및 지역에 송부했다. 문제를 심각하게 본 국제연맹은 12월, 남자 예선의 재경기를 결정했다. 이 결정에 반발한 아시아연맹은 스포츠 중재 재판소에 제소할 움직임을 보이고 있다. 더욱이 '예선을 재개최할 경우, 자격정지 등의 처분을 과한다'는 강경한 태도를 보이고 있어 이사회의 동향이 주목된다.

단어

開催(かいさい) 개최 | 予選(よせん) 예선 | 審判(しんぱん) 심판 | ~寄(よ)り ~쪽 | 模様(もよう)を収(おさ)める 모습(상황)을 담다 | 連盟(れんめい) 연맹 | やり直(なお)し 다시 함 | 反発(はんぱつ)する 반발하다 | 仲裁(ちゅうさい) 중재 | 裁判所(さいばんしょ) 재판소 | 提訴(ていそ)する 제소하다 | 資格停止(しかくていし) 자격 정지 | 処分(しょぶん)を科(か)す 처분을 과하다 | 強硬(きょうこう) 강경 | 理事会(りじかい) 이사회 | 動向(どうこう) 동향 | 深刻(しんこく)に 심각하게 | 有利(ゆうり)な 유리한 | 発端(ほったん) 발단

문제 해설

문　예선의 재경기에 대해 본문의 내용과 일치하는 것은 어느 것인가?

1　아시아연맹은 문제를 심각하게 받아들여, 2008년 12월 남자 예선의 재경기를 결정했다.
2　한국연맹이 경기 상황을 담은 비디오를 제작해 각국에 그 비디오를 보냈다.
3　중동 출신 심판이 중동팀에 유리한 판정을 반복했던 것이 문제의 발단이 되었다.
4　이사회는 예선 경기를 다시 하는 경우 자격정지 등의 처분을 과하기로 했다.

해설　1번, 아시아연맹은 스포츠 중재 재판소에 제소할 움직임을 보이고 있으며, 2008년 12월에 남자 예선을 다시 치르기로 결정한 것은 국제연맹이다. 2번, 경기 상황을 담은 비디오를 제작한 것은 일본협회이다. 3번, 첫째 줄과 둘째 줄에 중동 출신의 심판이 중동 쪽에 치우친 판정을 되풀이했다는 기술이 있으므로, 답은 3번이 된다. 4번, 예선을 다시 치를 경우 자격정지 등의 처분을 과한다고 한 것은 아시아연맹이다.

2 | 내용 이해 - 중문 공략하기

문제 유형 분석

내용 이해 - 중문은 비교적 쉬운 내용의 신문 논평, 설명문, 수필 등 500자 정도의 글을 읽고 인과관계나 개요, 이유, 필자의 생각 등을 이해할 수 있는지를 묻는 문제로 한 지문에 3문항이 출제된다. 총 9문항을 15분 내에 풀도록 하자.

문제풀이 비법

1. 한 지문당 3문항이 출제되지만, 대체로 글의 초반부나 중반부에서 1~2문항, 후반부에서 1문항씩 차례대로 출제된다고 생각하자.
2. 단락별로 하고자 하는 이야기를 파악하면 된다. 기본적으로, 첫 번째 단락은 말하고자 하는 주제를 들 것이고, 두 번째 단락은 그에 대한 설명, 마지막 단락은 결론으로 구성된다. 단락마다 이야기하고자 하는 것은 하나이므로, 접속 표현 등에 주의하면 생각보다 쉽게 글 전체를 이해할 수 있다.
3. 〈필자가 가장 말하고 싶어 하는 것은 무엇인가?〉〈밑줄 친 부분에 대한 필자의 생각은 무엇인가?〉〈내용에 맞는 것은 무엇인가?〉 등의 질문에 대한 정답은 대부분 글의 후반부에 힌트가 있다.
4. 밑줄 친 부분의 내용을 묻는 문제는 그 부분 바로 앞뒤 내용을 주의해서 읽어야 한다. 단, 밑줄 친 부분의 글이 문장의 첫 부분에 해당한다면 정답은 글의 후반부, 즉 결론 부분에 있을 가능성이 높다. 괄호 안에 접속사나 지시사를 넣는 문제는 문법 파트의 '문장의 문법'에서 출제되므로 여기서 다루지 않는다.

실전 문제 01 설명문

問題　次の文章を読んで、後の問いに対する答えとして、最もよいものを1・2・3・4から一つ選びなさい。

　①時間は金になるというフランクリンの考え方を、私は「フランクリン相対主義論」と呼んでいます。それは逆さにすることもできる。つまり「金は時間である」と。経済発展の理論は「時間は金」の理論なのですが、対抗発展の理論は「金は時間」です。豊かさは余暇に替えることができる。これは決して夢のような話ではなく、先ほど触れたように、日本の世論調査にも同じ考えが出ている。給料をもう少し減らしてもいいから、もう少し自分の時間が欲しいという考え方は、当然この社会のなかにもあるわけです。だから、金を持ちすぎている国は、その豊かさを自由時間に替えられるはずなのです。もちろん、これは自由時間を「お金で買う」という意味ではありません。社会の豊かさの基準をお金から時間「余暇」へ切り換えるということです。

　「金は時間」と言ったときのその「時間」は、もっと生産するための時間ではなくて、管理されていない時間、自由時間、人が個人として本当にやりたいことをやる時間です。人間が「生きている」時間。あるいは別の言い方でいうと、お金の交換と無縁な時間。金を儲けている時間でもないし、買い物の時間でもない。お金と関係のないこの貴重な時間は、今の社会のなかでとても不足しています。この貴重な、不足している、大切な宝物を少しずつ求めたり増やしたりするということも②「対抗発展」のもう一つの大きな目的と考えていいと思います。

（中略）

　私たちは今、来るべきパラダイム転換の前の段階にいます。だから混乱がある。エコロジー思想、あるいはここで話した「対抗発展」のような思想は社会のなかにかなり広がっていて「裏の常識」にはなっているけれども、まだ「表の常識」にはなっていない。そういういわば転換期の直前の状態にあるのではないかと思います。いわゆるオルタナティヴ経済学が常識になって主流になる直前の段階です。

(C.ダグラス・ラミス『経済成長がなければ私たちは豊かになれないのだろうか』による)

問1 ①時間は金になるというフランクリンの考え方について筆者はどのように考えているか。

1 フランクリンの考え方は労働論理の基本であり、時間と金はつながっていると考えている。
2 ある程度はフランクリンの考え方を認めているが、時間が金になるのは限界があると考えている。
3 フランクリンの考え方を違う角度から見つめ、金を時間に替える意識の転換が必要だと考えている。
4 きりがある時間ときりがないお金は相反するものだから、お互い無縁だと考えている。

問2 ②「対抗発展」のもう一つの大きな目的に一番近いのはどれか。

1 楽しむ時間や能力を増やす快楽主義
2 基本的な人権を保障する民主主義
3 感情的欲望を排除する禁欲主義
4 現実に即応して事を処理する現実主義

問3 本文の内容と一致するものを選びなさい。

1 人間が持っている時間は生産と労働に替え、金儲けのために使うべきである。
2 フランクリンの理論は現実では実現不可能な抽象的な理論にすぎない。
3 技術が進歩し、労働時間を増やしたアメリカと日本は、著しい経済成長を成し遂げた。
4 対抗発展の理論はかなり広がっているが、まだ定着されず過渡期の段階にある。

> 해석 및 해설 **01 설명문**

지문 해석

①시간은 금이 된다는 플랭클린의 생각을 나는 '플랭클린 상대주의론'이라고 부르고 있습니다. 그것은 역으로 표현할 수도 있습니다. 즉, '금은 시간이다'라고. 경제 발전의 이론은 '시간은 금'이라는 이론이지만, 대항 발전의 이론은 '금은 시간'입니다. 풍요로움은 여유로 바꿀 수 있습니다. 이것은 결코 꿈 같은 이야기가 아니라 앞에서 언급한 것과 같이 일본의 여론조사에서도 같은 생각이 드러나 있습니다. 급료를 조금 더 줄여도 괜찮으니 조금 더 자신의 시간을 갖고 싶다는 생각은 당연히 이 사회 안에도 있기 때문입니다. 그러므로 돈을 많이 가진 나라는 그 풍요로움을 자유 시간으로 바꿀 수 있는 것입니다. 물론 이것은 자유 시간을 '돈으로 산다'라는 의미가 아닙니다. 사회의 풍요로움의 기준을 돈에서 시간, '여가'로 전환시킨다는 의미입니다.

'금은 시간'이라고 말할 때의 그 '시간'은 더 많이 생산하기 위한 시간이 아니라 관리받고 있지 않은 시간, 자유 시간, 사람이 개인으로서 정말 하고 싶은 것을 하는 시간입니다. 인간이 '살아 있다'라고 느끼는 시간. 또는 다르게 말하자면 돈의 교환과는 무관한 시간. 돈을 벌고 있는 시간도 아니고, 쇼핑하는 시간도 아닙니다. 돈과 상관이 없는 이 귀중한 시간은 지금 사회에서는 너무 부족합니다. 이 귀중하고 부족하고 소중한 보물을 조금씩 찾아 가고 늘려 가는 것도 ②대항 발전의 또 하나의 커다란 목표라고 생각해도 좋을 것 같습니다.

(중략)

우리들은 지금 피할 수 없는 패러다임의 전환 직전의 단계에 있습니다. 그렇기 때문에 혼란스럽습니다. 에콜로지 사상, 또는 여기에서 이야기한 '대항 발전'과 같은 사상은 사회에 널리 확산되어 '숨은 상식'이 되어 있지만 아직 '드러난 상식'이 되어 있지는 않다. 그러한 말하자면 전환기 직전의 상황이 아닐까라는 생각이 듭니다. 소위 말하는 얼터너티브 경제학이 상식이 되어 주류가 되는 그 직전의 단계입니다.

단어

相対主義論(そうたいしゅぎろん) 상대주의론 | 逆(さか)さ 반대, 거꾸로 됨 | 対抗発展(たいこうはってん) 대항 발전 | 豊(ゆた)かさ 풍요로움 | 余暇(よか) 여가 | 替(か)える 바꾸다 | 決(けっ)して 결코 | 先(さき)ほど 아까, 조금 전 | 触(ふ)れる 언급하다 | 世論調査(よろんちょうさ) 여론 조사 | 給料(きゅうりょう) 급료 | 欲(ほ)しい 갖고 싶다 | 切(き)り換(か)える(きりかえる) 바꾸다, 전환하다 | 生産(せいさん)する 생산하다 | 管理(かんり)する 관리하다 | 生(い)きる 생활하다, 살다 | 交換(こうかん) 교환 | 無縁(むえん)な 무관한 | 金(かね)を儲(もう)ける 돈을 벌다 | 貴重(きちょう)な 귀중한 | 不足(ふそく)する 부족하다 | 宝物(たからもの) 보물 | 求(もと)める 구하다, 찾다 | 増(ふ)やす 늘리다 | パラダイム 패러다임 | 転換(てんかん) 전환 | 段階(だんかい) 단계 | 混乱(こんらん) 혼란 | 裏(うら) 뒤, 뒷면 | 表(おもて) 앞면, 겉 | 常識(じょうしき) 상식 | 転換期(てんかんき) 전환기 | いわゆる 소위, 다시 말해 | オルタナティブ 얼터너티브 | 経済学(けいざいがく) 경제학 | 主流(しゅりゅう) 주류 | 相反(そうはん)する 상반되다 | 快楽(かいらく) 쾌락 | 人権(じんけん) 인권 | 保障(ほしょう)する 보장하다 | 欲望(よくぼう) 욕망 | 排除(はいじょ)する 배제하다 | 即応(そくおう)する 곧바로 응하다 | 処理(しょり)する 처리하다 | 金儲(かねもう)け 돈벌이 | 抽象的(ちゅうしょうてき) 추상적 | 著(いちじる)しい 현저하다, 뚜렷하다 | 定着(ていちゃく)する 정착하다 | 過渡期(かとき) 과도기

문제 해설

문1 ①시간은 금이 된다는 플랭클린의 생각에 대해서 필자는 어떻게 생각하고 있는가?

1. 플랭클린의 생각은 노동 논리의 기본이며, 시간과 금은 연관되어 있다고 생각하고 있다.
2. 어느 정도는 플랭클린의 생각을 인정하고 있지만, 시간이 금이 되는 것은 한계가 있다고 생각하고 있다.
3. **플랭클린의 생각을 다른 각도에서 조명하고, 금을 시간으로 바꾸고자 하는 의식의 전환이 필요하다고 생각하고 있다.**
4. 한계가 있는 시간과 한계가 없는 돈은 서로 상반된 것이므로 서로 무관하다고 생각하고 있다.

해설 첫 번째 단락에서 필자는 [私はフランクリン相対主義論と呼んでいます。それは逆さにすることもできる。つまり金は時間である]라고 언급하면서 플랭클린의 생각을 다른 각도에서 조명하고 있다. 또 두 번째 단락 마지막 부분에서 돈과 관련이 없는 귀중한 시간이 지금 사회에 부족하다고 설명하면서 [この貴重な、不足している、大切な宝物を少しずつ求めたり、増やしたりするということも対抗発展のもう一つの大きな目的]라고 주장하고 있으므로 정답은 3번이 된다.

문2 ②대항 발전의 또 하나의 커다란 목표와 가장 근접한 것은 무엇인가?

1. 즐길 시간이나 능력을 쌓는 쾌락주의
2. 기본적인 인권을 보장하는 민주주의
3. 감정적인 욕망을 배제하는 금욕주의
4. 현실에 곧바로 응하며 일을 처리해 나가는 현실주의

해설 대항 발전의 또 하나의 커다란 목표에 대해서 언급되어 있는 두 번째 단락 둘째 줄에 [人が個人として本当にやりたいことをやる時間]이라고 언급되어 있으므로 제일 관련이 깊은 것은 즐길 시간이나 자신의 능력을 쌓는 쾌락주의이다. 그러므로 정답은 1번이 된다.

문3 본문의 내용과 일치하는 것을 고르시오.

1. 인간이 가지고 있는 시간은 생산과 노동으로 바꿔서 돈을 버는 데 사용해야 한다.
2. 플랭클린의 이론은 현실에서는 실현 불가능한 추상적인 이론에 지나지 않는다.
3. 기술이 진보함에 따라 노동 시간을 늘린 미국과 일본은 눈부신 경제 성장을 이루었다.
4. 대항 발전의 이론은 널리 확산되어 있지만 아직 정착되지 않은 과도기 단계에 있다.

해설 마지막 단락에 [ここで話した対抗発展のような思想は社会の中にかなり広がっているが、転換期の直前の状態にあるのではないかと思います]라고 언급되어 있으므로 정답은 4번이 된다. 1번, 필자가 주장하는 시간에 대한 내용은 두 번째 단락 첫째 줄에서 [もっと生産するための時間ではなく、管理されていない時間、自由時間、人が個人として本当にやりたいことをやる時間]이라고 주장하고 있으므로 1번은 오답이다. 2번, 3번, 그와 같은 내용은 본문에 없으므로 오답이다.

실전 문제 02 수필문

問題　次の文章を読んで、後の問いに対する答えとして、最もよいものを1・2・3・4から一つ選びなさい。

　「ディスる」はけなすこと、「ぽちる」はネット通販で購入ボタンを押すこと。若い世代がよく使う①<u>若者ことば</u>は、時に便利で、時にハッとさせられます。どのように生まれ、変化してきたのか、古今の例を探りました。英語で「尊敬しない」などの意味の「disrespect（ディスリスペクト）」から生まれた「ディスる」。昨年、ベネッセコーポレーションが初めて実施した「現代人の語彙（ごい）に関する調査」で、高校生が知っていて親世代が知らない世代間ギャップの大きいことばの筆頭だった。2位は「イミフ（意味不明）」、3位は「りょ（了解）」、4位は「きょどる（挙動不審な動きをとる）」、5位は「ぽちる」だ。元のことばを縮めたり、名詞などに「る」を付けたりする特徴について、東京外国語大学名誉教授の井上史雄さんは「ことばは常に合理的な方向に向かって変化するもので、使用頻度が高いことばほど短くする傾向がある」と解説する。とりわけ若者ことばが生まれる背景には、インパクトを与え、仲間意識を高める、という意図があるという。形はそのままで、意味を変えることもある。たとえば、本来は盗っ人仲間が「あぶない」「まずい」といった意味の隠語として使っていた②<u>「やばい」</u>。文化庁が2015年に発表した「国語に関する世論調査」では、10代の9割が「とてもすばらしい」と肯定的な意味でとらえていた。（以下省略）
　　　　　（佐々波幸子「ディスる」は生き残るか　若者ことばの栄枯盛衰を探る
　　　　　　　　　　　　　　　2017年1月15日付朝日新聞デジタルによる）

問1　①若者ことばの特徴として間違っているものを選びなさい。

1　若者ことばは言葉にインパクトを与える役割をしている。
2　若者ことばは元のことばを縮めたり、名詞などに「る」を付けたりする特徴がある。
3　若者ことばは使用頻度が高い言葉ほど短くする傾向がある。
4　若者ことばは仲間意識を高めるために使用される。

問2　②「やばい」の説明として一致しないものを選びなさい。

1　文化庁が2015年に発表した「国語に関する世論調査」では、10代の9割が「やばい」を「とてもすばらしい」と肯定的な意味でとらえていた。
2　「やばい」は本来、「おいしくない」といった意味の隠語として使っていた。
3　「やばい」は元々、盗っ人が仲間同士だけで使用していた。
4　「やばい」は形はそのままだが時代とともに意味が変化していった。

問3　次のうち本文の内容と一致しないものを1つ選びなさい。

1　「ディスる」は英語で「尊敬しない」などの意味から生まれたが、現在は誹謗中傷するという意味で使用される。
2　「イミフ（意味不明）」は高校生のみが知っている世代間の隔たりが最も大きいことばである。
3　インターネット通販で購入ボタンを押すことを「ぽちる」という。
4　妙な振る舞いをすることを若者ことばでは「きょどる」という。

해석 및 해설 02 수필문

지문 해석

'ディスる'는 욕하는 것, 'ぽちる'는 인터넷 쇼핑 시 구입 버튼을 누르는 것. 젊은 세대가 자주 사용하는 ①'젊은이들 말'은 때로는 편리하고, 때로는 놀라게 한다. 어떻게 생겨나, 변화해 온 것인지 옛날 것부터 지금까지의 예를 찾아봤습니다. 영어로 '존경하지 않는다' 등의 의미인 'disrespect(디스리스펙트)'에서 생겨난 'ディスる'. 작년 베넷세코퍼레이션이 처음으로 실시한 '현대인의 어휘에 대한 조사'에서 고등학생이 알고 있고 부모 세대는 모르는 세대간의 격차가 큰 단어로 1위를 차지했다. 2위는 'イミフ(의미 불명)', 3위는 'りょ(이해함)', 4위는 'きょどる(수상한 행동을 한다)', 5위는 'ぽちる'이다. 본래의 단어를 줄이거나 명사 등에 'る'를 붙이거나 하는 특징에 대해서 도쿄외국어대학 명예교수인 이노우에 후미오 씨는 '말은 항상 합리적인 방향을 향해 변화하는 것으로, 사용 빈도가 높은 말일수록 짧게 하는 경향이 있다'라고 해설했다. 특히나 젊은이들 말이 생겨난 배경으로는 임팩트를 주거나 동료 의식을 높이려는 의도가 있다고 한다. 형태는 변하지 않고 의미를 바꾸는 경우도 있다. 예를 들면, 본래는 도둑 패거리들이 '위험하다' '큰일이다'라는 의미의 은어로 사용했었던 ②'やばい'. 문화청이 2015년에 발표한 '국어에 관한 여론조사'에서 10대의 90%가 '굉장히 훌륭하다'라는 긍정적 의미로 인식하고 있었다. (이하 생략)

단어

| けなす 욕하다, 비방하다 | 通販(つうはん) 통신판매의 축약형 | 購入(こうにゅう) 구입 | ハットする 놀라다 | 古今(ここん) 옛날과 지금 | 尊敬(そんけい) 존경 | 実施(じっし) 실시 | 語彙(ごい) 어휘 | ~に関(かん)する ~에 관한 | 筆頭(ひっとう) 필두, 1위 | 意味不明(いみふめい) 의미 불명 | 了解(りょうかい) 이해함 | 挙動(きょどう) 거동 | 不審(ふしん)だ 수상하다 | 縮(ちぢ)める 축약하다 | 名詞(めいし) 명사 | 特徴(とくちょう) 특징 | ~について ~에 대해서 | 名誉(めいよ) 명예 | 教授(きょうじゅ) 교수 | 常(つね)に 늘, 항상 | 合理的(ごうりてき) 합리적 | 使用頻度(しようひんど) 사용 빈도 | ~ほど ~일수록 | 傾向(けいこう) 경향 | 解説(かいせつ) 해설 | とりわけ 특히나 | 背景(はいけい) 배경 | インパクト 임팩트 | 意識(いしき) 의식 | 意図(いと) 의도 | ~という ~라고 한다 | 本来(ほんらい) 본래 | 盗っ人(ぬすっと) 도둑 | まずい 곤란하다, 난처하다 | 隠語(いんご) 은어 | 世論(せろん) 여론 | 肯定的(こうていてき) 긍정적 | とらえる 파악하다, 인식하다

문제 해설

문1 ①젊은이들 말의 특징으로서 틀린 것을 고르시오.

1. 젊은이들 말은 단어에 임팩트를 주는 역할을 하고 있다.
2. 젊은이들 말은 본래의 단어를 줄이거나 명사 등에 'る'를 붙이거나 하는 특징이 있다.
3. **젊은이들 말은 사용 빈도가 높은 단어일수록 짧게 하는 경향이 있다.**
4. 젊은이들 말은 동료 의식을 높이기 위해 사용된다.

해설 열째 줄 [ことばは常に〜短くする傾向がある]에 나와 있듯이 이것은 젊은이들 말의 특징이 아니라 단어 자체의 특징을 설명한 것이므로 3번이 답임을 알 수 있다.

문2 ②'やばい'의 설명으로서 일치하지 않는 것을 고르시오.

1. 문화청이 2015년 발표한 '국어에 관한 여론조사'에서 10대의 90%가 'やばい'를 '굉장히 훌륭하다'라는 긍정적 의미로 인식하고 있었다.
2. **'やばい'는 본래 '맛있지 않다'라는 의미의 은어로 사용했다.**
3. 'やばい'는 본래 도둑이 자기들끼리만 사용했다.
4. 'やばい'는 형태는 그대로이지만 시대와 함께 의미가 변화해 갔다.

해설 열넷째 줄 [たとえば、本来は盗っ人仲間が〜隠語として使っていた] 부분을 해석할 때 앞 부분에 '도둑'이라는 단어와 '위험하다'가 나와 있으므로 [まずい]를 '맛없다'라는 뜻으로 해석하면 앞뒤가 맞지 않는다. 문맥상 '맛없다' 외의 다른 뜻으로 해석해야 하므로 2번이 답임을 알 수 있다.

문3 다음 중 본문의 내용과 일치하지 않는 것을 고르시오.

1. 'ディスる'는 영어로 '존경하지 않는다' 등의 의미에서 생겨났지만 현재는 '비방하다'라는 의미로 사용된다.
2. **'イミフ(의미 불명)'는 고등학생들만 알고 있는 세대간의 격차가 가장 큰 단어이다.**
3. 인터넷 쇼핑 시 구입 버튼을 누르는 것을 'ぽちる'라고 한다.
4. 수상한 행동을 하는 것을 젊은이들 말로 'きょどる'라고 한다.

해설 여섯째 줄 [高校生が知っていて〜大きいことばの筆頭だった] 부분에서 [筆頭]가 1위라는 의미인 것을 안다면 틀린 설명이라는 것을 바로 알 수 있다. 이 단어를 모르더라도 일곱째 줄에 [2位는「イミフ(意味不明)」]라고 적혀 있으므로 2번이 답임을 알 수 있다.

実戦問題 03 수필문

問題　次の文章を読んで、後の問いに対する答えとして、最もよいものを1・2・3・4から一つ選びなさい。

　　　ほとんどの日本人はこの世に生を受けてから、死ぬまでの間に通過儀礼的儀式を経験する。誕生、入学、卒業、成人式、就職、結婚、出産、還暦、死…これらは、我々の人生の節目として認識され、日本特有の文化として今も執り行われている。それらは、すでに日本人の生活の中に溶け込んでいる。そのような節目的儀礼の代表として日本古来の四大礼式である①冠婚葬祭が挙げられる。冠婚葬祭は2つに分けることができ、祝い事を慶事、お悔やみ事を弔辞という。さらに、冠婚葬祭という単語は4つの独立した意味に分けることができる。
　　　「冠」とは、一人前の社会の一員として認められるという意味で、日本では奈良時代以降、「元服加冠」の儀式が由来している。現代に残っている「冠」の儀式にはお宮参り、七五三、成人式などがある。また、「婚」とは婚姻に際して行う儀式である結婚式のことを指す。そして、「葬」とは人間の死に直面した者が死者を葬るためにとる儀式のことで、葬儀や告別式、法事や法要の儀礼全般を指す。また、「祭」とは先祖供養の際の儀式である。日本では仏壇に線香をたて、手を合わせたり、お墓参りをしたりする御先祖様を尊ぶ慣習のことを言うが、最近ではお正月や節分、七夕など年中行事も意味するようになった。
　　　人間の人生の中では、既存の所属している集団から他の新しい共同体への移行が行われる場合が多々ある。そこで、ある一定の儀式が行われることで他の共同体に自分の存在を認めさせ、その共同体への移行を円滑にすることができるのである。

問1　①冠婚葬祭の説明として正しいものを選びなさい。

1　人間の生まれから死ぬまでの人生を意味する言葉である。
2　人生の節目として認識され、執り行われている文化である。
3　日本古来の３大礼式の通称である。
4　通過儀礼は日本独自の文化であり、家族や親族間のみで行われる。

問2　「冠」と「祭」それぞれの説明として間違っているものを選びなさい。

1　「冠」は社会の一員として認められる儀式が由来している。
2　「祭」は先祖の霊をまつることであり、年中行事も含まれる。
3　成人式、進学、七五三は子供たちも参加するため「冠」に属する。
4　法事や先祖祭礼を中心とした１年間の季節行事は「祭」に属する。

問3　冠婚葬祭の役割として正しいものを選びなさい。

1　共同体の中で祭りをする際に欠かせない重要な役割を担っている。
2　自分が属している文化や共同体を多文化と比較し相対的に理解させる役割がある。
3　一定の儀式を通し自身の存在を認識させ、他の共同体への移行を円滑にする役割がある。
4　既存の所属集団を去り、他の共同体で幸せに過ごせるようにするために行われる。

해석 및 해설 03 수필문

지문 해석

　대부분의 일본인은 이 세상에 태어나 죽을 때까지 통과의례적 의식을 경험한다. 탄생, 입학, 졸업, 성년식, 취직, 결혼, 출산, 환갑, 죽음…… 이것들은 우리 인생의 전환점으로 인식되어 있고 일본 특유의 문화로서 지금도 행해지고 있다. 그것들은 이미 일본인의 생활 속에 녹아들어 있다. 그와 같은 전환적 의례의 대표로서 예로부터 일본에서 행해졌던 4대 예식인 ①관혼상제를 꼽을 수 있다. 관혼상제는 두 가지로 나눌 수 있는데 축하할 일을 경사, 애도해야 할 일을 조사라고 한다. 또한 관혼상제라는 단어는 4개의 독립된 뜻으로 나눌 수 있다.

　'관'은 어엿한 사회의 일원으로 인식된다는 의미로 일본에서는 나라 시대 이후 '관례가관'의 의식에서 유래했다. 현대에 남아 있는 '관'의 의식으로는 신사참배, 시치고산(7살, 5살, 3살 어린이를 위한 행사), 성인식 등이 있다. 또한 '혼'은 혼인할 때에 행해지는 의식인 결혼식을 가리킨다. 그리고 '상'은 인간의 죽음에 직면한 자가 죽은 자를 묻기 위한 의식을 말하는 것으로 장례식이나 고별식, 제사나 법요 의례 전반을 가리킨다. 또한 '제'는 선조를 공양하는 의식이다. 일본에서는 불단에 향을 피우고 합장하거나 성묘를 하며 조상님을 공경하는 관습을 말하는데 최근에는 설날이나 세쓰분, 칠석 등 연중행사도 의미하게 되었다.

　인간의 인생에서는 기존에 소속되어 있는 집단에서 다른 새로운 공동체로의 이행이 일어나는 경우가 많이 있다. 그래서 어떤 일정한 의식을 행함으로써 다른 공동체에 자신의 존재를 인식시키고 그 공동체로의 이행을 원활하게 할 수 있는 것이다.

단어

生(せい)を受(う)ける 태어나다 | 通過儀礼(つうかぎれい) 통과의례 | 儀式(ぎしき) 의식 | 還暦(かんれき) 환갑 | 我々(われわれ) 우리, 우리들 | 節目(ふしめ) 단락을 짓는 지점 | ~として ~로서 | 特有(とくゆう) 특유 | 執り行う(とりおこなう) (식, 제사 등을) 지내다 | すでに 이미 | 溶け込む(とけこむ) 녹아들다 | 古来(こらい) 예로부터 | 礼式(れいしき) 예식 | 冠婚葬祭(かんこんそうさい) 관혼상제 | 挙(あ)げる (예로) 들다 | 祝(いわ)い 축하 | 慶事(けいじ) 경사 | 悔(く)やみ 문상 | 弔辞(ちょうじ) 조사 | 独立(どくりつ) 독립 | ~とは ~라는 것은 | 認(みと)める 인정하다 | 以降(いこう) 이후 | 元服加冠(げんぷくかかん) 관례가관 | 由来(ゆらい) 유래 | お宮(みや)参(まい)り 신사참배 | 七五三(しちごさん) 7살, 5살, 3살 어린이를 위한 행사 | 婚姻(こんいん) 혼인 | ~に際(さい)して ~할 때에 | 指(さ)す 가리키다 | 直面(ちょくめん) 직면 | 葬(ほう)る 묻다 | 葬儀(そうぎ) 장례식 | 告別式(こくべつしき) 고별식 | 法事(ほうじ) 제사 | 法要(ほうよう) 법요 | 全般(ぜんぱん) 전반 | 先祖供養(せんぞくよう) 선조공양 | 仏壇(ぶつだん) 불단 | 線香(せんこう)をたてる 향을 피우다 | お墓(はか)参(まい)り 성묘 | 尊(とうと)ぶ 공양하다, 공경하다 | 慣習(かんしゅう) 관습 | 年中行事(ねんちゅうぎょうじ) 연중행사 | 既存(きぞん) 기존 | 所属(しょぞく) 소속 | 集団(しゅうだん) 집단 | 共同体(きょうどうたい) 공동체 | 移行(いこう) 이행 | 多々(たた) 많이 | 存在(そんざい) 존재 | 円滑(えんかつ) 원활

문제 해설

문1 ①관혼상제의 설명으로서 맞는 것을 고르시오.

1. 인간의 출생부터 죽음까지의 인생을 의미하는 단어이다.
2. **인생의 전환점으로 인식되어 행해지는 문화이다.**
3. 옛날부터 일본에서 행해진 3대 예식의 통칭이다.
4. 통과의례는 일본의 독자적인 문화이며 가족과 친족끼리만 행해진다.

[해설] 관혼상제는 태어나서 죽을 때까지의 인생을 의미하는 것이 아니라 그 동안의 통과의례적 의식을 말하는 것이므로 1번은 본문과 맞지 않는다. 또한 관혼상제는 일본의 4대 예식을 뜻하며 가족과 친족끼리만 행해진다고 제한하지 않았으므로 3번과 4번은 오답임을 알 수 있다.

문2 '관'과 '제' 각각의 설명으로서 틀린 것을 고르시오.

1. '관'은 사회의 일원으로 인정되는 의식에서 유래하고 있다.
2. '제'는 선조의 혼을 모시는 일로 연중행사도 포함된다.
3. **성년식, 진학, 시치고산은 아이들도 참가하기 때문에 '관'에 속한다.**
4. 제사나 선조 제례를 중심으로 한 1년간의 계절 행사는 '제'에 속한다.

[해설] 관은 성인으로서 사회의 일원이 된다는 의미로, 현대에 남아 있는 의식에는 신사참배, 시치고산, 성년식 등이 있다고 하였다. 아이들의 참가 여부를 떠나 진학은 관의 예에 포함되지 않으므로 3번이 답임을 알 수 있다.

문3 관혼상제의 역할로서 옳은 것을 고르시오.

1. 공동체 안에서 제사를 지낼 때 빼놓을 수 없는 중요한 역할을 맡고 있다.
2. 자신이 속해 있는 문화나 공동체를 다문화와 비교하며 상대적으로 이해시키는 역할이 있다.
3. **일정한 의식을 통해 자신의 존재를 인식시키고 다른 공동체로의 이행을 원활하게 하는 역할이 있다.**
4. 기존의 소속 단체를 떠나 다른 공동체에서 행복하게 지낼 수 있도록 하기 위해 행해진다.

[해설] 마지막 단락 둘째 줄 [そこで、ある一定~円滑にすることができるのである]에서 관혼상제의 역할을 설명하고 있으므로 3번이 답임을 알 수 있다.

실전 문제 04 논설문

問題　次の文章を読んで、後の問いに対する答えとして、最もよいものを1・2・3・4から一つ選びなさい。

　　①晩酌のお酒を替える人が出てくるかもしれない。お酒にかかる税が、10年がかりで大きく変わる見通しになった。ビールが減税になる一方、発泡酒と第3のビールは増税になる。醸造酒では日本酒が減税でワインは増税。酎ハイなどもワインとともに増税になる。政府が決めた酒税法改正案が国会で可決されれば確定する。それぞれの店頭価格も、税の増減に応じて変わる見込みだ。お酒は原料や製造方法で分類され、税額が決められている。区分はビール類と醸造酒、蒸留酒、その他の四つだが、さらに十数品目に分かれ、税額もバラバラだ。欧米でもお酒に3～4区分ある国が大半だが、日本のような細かな分類は異例だ。
　　今回の見直しには、区分ごとに税額をそろえていく狙いがある。税金は強制的に徴収される。だから、特定の人への有利・不利がない「公平」、個人や企業の選択や活動をゆがめない「中立」、分かりやすく納税の手間もかからない「簡素」の三つの原則が大切だとされる。それに照らせば、酒税見直しの方向性は理にかなっている。とりわけビール類については、主原料の麦芽の比率が低い発泡酒や、麦芽以外のものを使うなどした第3のビールが生まれ、税額の統一が課題だった。メーカーは、税が軽い発泡酒や第3のビールで、ビールに似せた商品をつくる競争にしのぎを削ってきたが、海外ではほとんど出回っておらず、国際競争力の向上につながらないことが問題視されてきた。海外市場も意識した商品開発を促すためにも、細分化された税額をそろえるのは当然の流れだろう。
　　ただ、安さが人気の発泡酒や第3のビール、酎ハイなどが軒並み増税になるため、「大衆増税だ」との声も聞かれる。酒税全体では「増減税ゼロ」で、税額の変更は段階的に実施されるが、消費動向を注視していくことが必要だろう。酒税が課されるようになったのは、酒は高級品だからというのが主な理由だった。広く普及したいまも税が残るのは、たばこと同様、健康への悪影響や周囲への迷惑を考慮してのことだというのがもっぱらの説明だ。だとすれば、アルコール度数が高いお酒ほど税額を高くするのも一案だ。
　　今回の見直しが完了しても、アルコール度数が低いビールの税が、醸造酒などほかのお酒より突出して重いままだ。区分間の税額格差をどうするか

が、今後の検討課題になる。

(「酒税見直し 簡素・公平をいうなら」2016年12月26日付朝日新聞社説による)

問1　①晩酌のお酒を替える人が出てくるかもしれないの理由として正しいものを選びなさい。

1　ビールが増税されるためビールの代替酒である発泡酒などに切り替える人々が多いため
2　今まで愛飲していた酒が酒税見直しによる増税により、高くなると家計の負担になるため
3　ワインの大幅な価格引き上げにより、今までワインを飲んでいた人はやむを得ず違う酒を飲まざるを得なくなったため
4　酒税再検討の方向性は道理に合っていても公平ではないため、飲酒家が政府に反発するため

問2　酒税見直しの矛盾点として正しいものを選びなさい。

1　飲酒は健康被害や周囲の人への迷惑になるにもかかわらず徴税のために販売が許可されていること
2　醸造酒などアルコール度数が高いお酒の税がアルコール度数が低いビールの税より低いこと
3　酒は高級品という理由で酒税が課されていたのに、酒が大衆嗜好品になった今も酒税が課せられているということ
4　アルコール依存症などの健康への悪影響があるにも関わらず、酒の販売を禁止せずに酒税のみで対処していること

問3　筆者の見解と一致するものを選びなさい。

1　税金は強制的に徴収されるが公平、中立、干渉の原則が最も重要である。
2　国内酒造の発展のためにも酒造メーカーは国内で熾烈な争いをするべきではない。
3　酒税が賦課される理由に該当する区分間の税額格差を検討しなければならない。
4　消費動向を注視し、健康面を考えて一番大衆的な酒は税額を増税しなければならない。

해석 및 해설 04 논설문

지문 해석

①저녁 반주로 마시는 술을 바꾸는 사람이 나올지도 모른다. 술에 붙는 세금이 10년에 걸쳐 크게 변할 전망이다. 맥주는 감세가 되는 한편, 발포주와 제3의 맥주는 증세가 된다. 양조주에서는 청주가 감세되고 와인은 증세가 된다. 추하이 등도 와인과 더불어 증세의 대상이 된다. 정부가 정한 주세법 개정안이 국회에서 가결되면 확정될 것이다. 각각의 점포 가격도 세금의 증감에 맞춰서 바뀔 전망이다. 술은 원료나 제조 방법으로 분류되어 세액이 결정된다. 구분은 맥주류와 양조주, 증류주, 그 외 네 종류이지만 거기에 10여 개 품목으로 더 나누어서 세액도 제각각이다. 서양에서도 술을 서너 가지로 구분하는 나라가 대부분인데 일본과 같이 세세한 분류는 이례적이다.

이번 주류세 재검토에는 구분에 따라 세액을 통일하는 데 목적이 있다. 세금은 강제로 징수된다. 그렇기 때문에 특정 인물에게 유리함과 불리함이 없는 '공평', 개인이나 기업의 선택이나 활동에 치우침이 없는 '중립', 알기 쉽고 납세에 번거로움이 없는 '간소'의 세 가지 원칙을 중요시한다. 그에 비춰 보자면 주류세 재검토의 방향성은 이치에 맞다. 특히 맥주류에 대해서는 주원료인 맥아의 비율이 낮은 발포주나 맥아 이외의 것을 사용하는 제3의 맥주가 생겨나서 세액의 통일이 과제였다. 업체는 세금이 가벼운 발포주나 제3의 맥주로 맥주와 유사한 상품을 만드는 데 치열한 경쟁을 해 왔지만 해외에서는 거의 출시되지 않고 국제경쟁력의 향상으로 이어지지 않는 것이 문제시되어 왔다. 해외시장도 의식한 상품 개발을 촉진시키기 위해서라도 세분화된 세액을 똑같이 매기는 것은 당연한 흐름일 것이다.

단, 저렴한 가격이 인기의 원인이었던 발포주나 제3의 맥주, 추하이 등이 일제히 증세가 되기 때문에 '대중 증세'라고 하는 의견도 들린다. 주류세 전체로 봤을 때는 '증감세 제로'이고 세액의 변경은 단계적으로 실시되지만 소비 동향을 주시해 나갈 필요가 있을 것이다. 주류세가 부과된 것은, 술은 고급품이기 때문이라는 것이 주된 이유였다. 널리 보급된 지금도 세금을 부과시키는 것은 담배와 똑같이 건강에 악영향을 주거나 주위에 민폐 끼치는 것을 고려해서라는 것이 한결 같은 설명이다. 그렇다고 한다면 알코올 도수가 높은 술일수록 세액을 높게 하는 것도 하나의 방법이다.

이번 재검토가 완료되어도 알코올 도수가 낮은 맥주의 세금이 양조주 등 다른 술보다 특히 무거운 상태 그대로이다. 구분 간의 세액 격차를 어떻게 할지가 앞으로의 검토 과제가 된다.

단어

晩酌(ばんしゃく) 저녁 반주 | 見通(みとお)し 전망 | 減税(げんぜい) 감세 | ～一方(いっぽう) ～한편 | 発泡酒(はっぽうしゅ) 발포주 | 増税(ぞうぜい) 증세 | 醸造酒(じょうぞうしゅ) 양조주 | 酎(ちゅう)ハイ 소주에 탄산수를 탄 음료 | ～とともに ～와 더불어 | 可決(かけつ) 가결 | 確定(かくてい) 확정 | 店頭(てんとう) 가게 앞 | ～に応(おう)じて ～에 맞춰서 | 見込(みこ)み 전망 | 原料(げんりょう) 원료 | 製造(せいぞう) 제조 | 分類(ぶんるい) 분류 | 税額(ぜいがく) 세액 | 蒸留酒(じょうりゅうしゅ) 증류주 | バラバラだ 제각각이다 | 欧米(おうべい) 서양 | 大半(たいはん) 대부분 | 異例(いれい) 이례 | ～ごとに ～마다 | そろえる 가지런히 하다 | 狙(ねら)い 겨냥, 목표 | 強制的(きょうせいてき) 강제적 | 徴収(ちょうしゅう) 징수 | ゆがむ 치우치다, 비뚤어지다 | 納税(のうぜい) 납세 | 手間(てま)がかかる 수고가 들다 | 簡素(かんそ) 간소 | 原則(げんそく) 원칙 | 照(て)らす 비추다 | 理(り)にかなう 이치에 맞다 | とりわけ 특히 | 麦芽(ばくが) 맥아 | 比率(ひりつ) 비율 | 統一(とういつ) 통일 | 似(に)せる 비슷하게 만들다 | 競争(きょうそう) 경쟁 | しのぎを削(けず)る 치열하게 싸우다 | 出回(でまわ)る 나돌다 | 促(うなが)す 촉진하다 | 軒並(のきな)み 일제히 | 大衆(たいしゅう) 대중 | 消費動向(しょうひどうこう) 소비 동향 | 注視(ちゅうし) 주시 | 実施(じっし) 실시 | 課(か)す 부과하다 | 主(おも)だ 주되다 | 普及(ふきゅう) 보급 | 同様(どうよう) 같음 | 悪影響(あくえいきょう) 악영향 | 考慮(こうりょ) 고려 | もっぱら 한결 같은 | 一案(いちあん) 한 가지 안 | 突出(とっしゅつ)して 뚜렷하게 | 格差(かくさ) 격차 | 検討(けんとう) 검토

문제 해설

문1 ①저녁 반주로 마시는 술을 바꾸는 사람이 나올지도 모른다의 이유로서 옳은 것을 고르시오.

1. 맥주 증세로 인해 맥주를 대신할 대체주인 발포주 등으로 바꿀 사람이 많기 때문에
2. **지금까지 즐겨 마신 술이 주류세 재검토에 의한 증세로 인해 가격이 비싸지면 가계의 부담이 되기 때문에**
3. 와인의 대폭적인 가격 인상으로 인해 지금까지 와인을 마셨던 사람은 어쩔 수 없이 다른 술을 마시지 않으면 안 되게 되었기 때문에
4. 주류세 재검토의 방향성은 이치에 맞아도 공평하지 않아서 음주자가 정부에 반발하기 때문에

해설 밑줄 친 부분의 뒷문장을 살펴보자. 첫째 줄 [お酒にかかる税が～第3のビールは増税になる]를 보면 술 종류에 따른 세금의 재검토가 이루어지고 있다고 쓰여 있다. 맥주는 감세되므로 1번은 오답이고, 와인의 대폭적인 가격 인상이나 주류세 재검토가 공평하지 않아서 음주자들이 정부에 반발한다는 내용은 나와 있지 않으니 3번, 4번도 오답임을 알 수 있다.

문2 주류세 재검토의 모순점으로서 옳은 것을 고르시오.

1. 음주는 건강에 피해를 주거나 주위 사람들에게 폐를 끼침에도 불구하고 세금 징수를 위해 판매가 허가되고 있는 점
2. **양조주 등 알코올 도수가 높은 술의 세금이 알코올 도수가 낮은 술의 세금보다 낮은 점**
3. 술은 고급품이라는 이유로 주류세가 부과되어 왔는데 술이 대중 기호품이 된 지금도 주류세가 부과되고 있는 점
4. 알코올 의존증 등 건강상 악영향을 주고 있음에도 불구하고 주류 판매를 금하지 않고 주류세만으로 대처하고 있는 점

해설 모순점이라는 단어를 직접적으로 사용하지는 않지만 마지막 단락 [今回の見直しが～醸造酒などほかのお酒より突出して重いままだ] 부분을 보면 담배와 마찬가지로 건강에 악영향을 주고 다른 사람에게 폐를 끼치기 때문에 세금을 부과하는 것이라 한다면 알코올 도수가 높은 술일수록 세액을 높게 매기는 것이 당연하지만 재검토가 완료되어도 알코올 도수가 낮은 술의 세금이 다른 술에 비해 특히 무거운 상태라고 나와 있다. 또한 술에 대한 세금을 부과하는 것 자체에 문제를 제기하는 내용은 나와 있지 않으므로 2번이 정답임을 알 수 있다.

문3 필자의 견해와 일치하는 것을 고르시오.

1. 세금은 강제로 징수되지만 공평, 중립, 간섭의 원칙이 가장 중요시된다.
2. 국내 술 제조의 발전을 위해서도 주류 제조업체는 국내에서 치열한 경쟁을 해서는 안 된다.
3. **주류세가 부과되는 이유에 해당하는 구분 간의 세액 격차를 검토해야 한다.**
4. 소비 동향을 주시하고 건강 면을 생각해서 가장 대중적인 술은 세액을 늘려야 한다.

해설 본문의 마지막 단락에 필자의 주장이 나타나 있다. 구분 간의 세액 격차를 어떻게 해야 할지가 향후의 검토 과제라 하였으니 3번이 정답임을 알 수 있다. 이번 재검토는 공평, 중립, 간소의 원칙을 중요시하며 국내에서 치열한 경쟁을 해서는 안 된다고 하지 않았으므로 1번, 2번은 오답이다. 또한 가장 대중적인 술에 세금을 더 높게 매겨야 한다는 의견도 나와 있지 않으니 4번도 오답임을 알 수 있다.

실전 문제 05 설명문

問題　次の文章を読んで、後の問いに対する答えとして、最もよいものを1・2・3・4から一つ選びなさい。

　人は自分の信念や、それまでの行動内容とは矛盾する、新しい事実を突きつけられると、不快な感情を引き起こします。その結果、自分の信念や行動と、新しい事実のどちらか一方を否定して、矛盾を解消しようとします。これを①認知的不協和と呼びます。そのとき、信念を変えることが困難な場合、人は新しい事実の方を否定しようとします。

　代表的な例がタバコで、タバコを吸うという行為に対して「タバコを吸うと肺がんになりやすい」という新しい事実が提示されます。すると、行動と事実の矛盾に対する不快感が起こり、タバコをやめるか、事実を否定することで矛盾を解消しようとします。しかしタバコには依存性があり、やめるのは困難です。したがって、事実の方を否定して矛盾を解消しようとします。

　そこで、「タバコを吸っていても長寿の人もいる」とか「肺がんよりも交通事故で死亡する確率の方が高い」といった反論を行おうとします。しかし②認知的不協和の状態にある人はその時点ですでに結論ありきで考えているので、論理的に考えていない可能性があります。つまり頑固になっている状態といえます。

(注意：もちろん筆者はタバコを吸うのは間違っていると言っているわけではありません。これは単なる認知的不協和の解説です。)

問1 ここでの①認知的不協和とはどんなことだと考えられるか。

1 分からなかった新しい事実を突きつけられると不快な感情を引き起こすこと
2 自分のもつある信念と他の新しい事実との間に不一致・不調和が生じること
3 人が一生、普段の自分の信念や行動を変えることができないこと
4 論理的に考えてそれまでの自分を否定し、自分の矛盾を解消していくこと

問2 筆者が考えている、②認知的不協和の状態にある人とはどんな人か。

1 突きつけられた新しい事実に反論を行おうとする人
2 論理的に考えていない可能性はないが、新しい事実を否定しようとする人
3 自分の信念にさらに頑固になって、それ以外は全部変えようとする人
4 矛盾した行動と事実がある場合、比較的変えやすい事実を変えようとする人

問3 本文の内容と合っているものを一つ選びなさい。

1 人は常に論理的に考えて結論を引き出そうとする属性を持っている。
2 人は常に他の人と比較しながら、自分の行動を省みようとしている。
3 人は信念を変えられないときは、新しい事実に対して反論を行おうとする。
4 人は新しい事実に直面すると必ず自分の行動や信念を変えようと努力する。

해석 및 해설 05 설명문

지문 해석

사람은 자신의 신념이나 지금까지의 행동 내용과는 모순되는 새로운 사실에 직면하게 되면 불쾌한 감정을 느끼게 됩니다. 그 결과 자신의 신념이나 행동과 새로운 사실 중 어느 한 쪽을 부정하여 모순을 해소하려고 합니다. 이것을 ① 인지적 불협화라고 부릅니다. 그때 신념을 바꾸는 것이 어려울 경우 사람은 새로운 사실을 부정하려고 합니다.

대표적인 예가 담배로, 담배를 피우는 행위에 대해 '담배를 피우면 폐암에 걸리기 쉽다'라는 새로운 사실이 제시됩니다. 그러면, 행동과 사실의 모순에 대한 불쾌감이 생겨, 담배를 끊든가 사실을 부정함으로써 모순을 해소하려고 합니다. 그러나 담배에는 의존성이 있어 끊는 것은 어렵습니다. 따라서 사실을 부정하여 모순을 해소하려고 합니다.

그래서 '담배를 피워도 장수하는 사람도 있다'라든가 '폐암보다 교통사고로 사망할 확률이 더 높다'라는 반론을 제기하려고 합니다. 그러나 ②인지적 불협화 상태에 있는 사람은 그 시점에서 이미 결론을 내리고 생각하기 때문에, 논리적으로 생각하지 않을 가능성이 있습니다. 즉 완고해진 상태라고 할 수 있습니다.

(주의: 물론 필자는 담배를 피우는 것이 잘못이라고 말하고 있는 것은 아닙니다. 이것은 단순한 인지적 불협화의 해설입니다.)

단어

信念(しんねん) 신념 | **矛盾**(むじゅん) 모순 | **突**(つ)**きつけられる** 직면하다 | **引き起こす**(ひきおこす) 일으키다 | **否定**(ひてい) 부정 | **解消**(かいしょう) 해소 | **認知的不協和**(にんちてきふきょうわ) 인지적 불협화 | **困難**(こんなん) 곤란, 어려움 | **行為**(こうい) 행위 | **肺**(はい)**がん** 폐암 | **提示**(ていじ) 제시 | **不快感**(ふかいかん) 불쾌감 | **依存性**(いそんせい) 의존성 | **長寿**(ちょうじゅ) 장수 | **確率**(かくりつ) 확률 | **~といった** ~라는 | **反論**(はんろん) 반론 | **時点**(じてん) 시점 | **結論**(けつろん)**ありき** 결론을 이미 내림 | **可能性**(かのうせい) 가능성 | **頑固**(がんこ) 완고함 | **~わけではない** ~인 것은 아니다 | **単**(たん)**なる** 단순한 | **不一致**(ふいっち) 불일치 | **不調和**(ふちょうわ) 부조화 | **生**(しょう)**じる** 생기다, 발생하다 | **結論**(けつろん)**を引き出す**(ひきだす) 결론을 이끌어 내다 | **属性**(ぞくせい) 속성 | **比較**(ひかく)**する** 비교하다 | **省**(かえり)**みる** 반성하다, 돌이켜 보다 | **直面**(ちょくめん)**する** 직면하다 | **努力**(どりょく)**する** 노력하다

문제 해설

문1 여기에서의 ①인지적 불협화란 어떤 것이라고 생각할 수 있나?
1. 몰랐던 새로운 사실을 접하게 되면 불쾌한 감정을 느끼게 되는 것
2. 자신이 가진 어떤 신념과 다른 새로운 사실과의 사이에 불일치·부조화가 생기는 것
3. 사람이 평생, 평소 자신의 신념이나 행동을 바꿀 수 없는 것
4. 논리적으로 생각해 지금까지의 자신을 부정하고 자신의 모순을 해소해 가는 것

해설 첫 번째 단락의 '지금까지의 행동 내용과는 모순되는 새로운 사실에 직면하게 되면 불쾌한 감정을 느끼게 된다'라는 부분에서 불일치, 부조화의 내용을 유추할 수 있으므로 답은 2번이 된다.

문2 필자가 생각하고 있는 ②인지적 불협화 상태에 있는 사람은 어떤 사람인가?
1. 직면하게 된 새로운 사실에 반론을 제기하려는 사람
2. 논리적으로 생각하지 않을 가능성은 없지만, 새로운 사실을 부정하려는 사람
3. 자신의 신념에 더욱 완고해져서 그 이외의 것은 전부 바꾸려고 하는 사람
4. 모순된 행동과 사실이 있는 경우, 비교적 바꾸기 쉬운 사실을 바꾸려고 하는 사람

해설 첫 번째 단락에서 신념을 바꾸는 것이 어려울 경우 새로운 사실을 부정하려고 한다고 했고, 두 번째 단락에서 담배를 예로 들면서 끊는 것이 어려울 경우 사실 쪽을 부정하여 모순을 해소하려고 한다는 문장으로부터, 비교적 바꾸기 쉬운 사실을 바꾸려고 한다는 것을 알 수 있으므로 답은 4번이 된다.

문3 본문의 내용과 일치하는 것을 하나 고르시오.
1. 사람은 항상 논리적으로 생각해 결론을 이끌어 내려고 하는 속성을 갖고 있다.
2. 사람은 항상 다른 사람과 비교하면서 자신의 행동을 반성하려고 한다.
3. 사람은 신념을 바꿀 수 없을 때에는 새로운 사실에 대해 반론을 제기하려고 한다.
4. 사람은 새로운 사실에 직면하면 반드시 자신의 행동이나 신념을 바꾸려고 노력한다.

해설 필자가 예로 든 부분을 보면, '담배를 피우면 폐암에 걸리기 쉽다'라는 새로운 사실에 직면하여 담배를 끊으려고 하지만, 담배에는 의존성이 있어 끊는 것이 어렵다. 따라서 '담배를 피워도 장수하는 사람도 있다'라든가 '폐암보다 교통사고로 사망할 확률이 더 높다'라는 등의 반론을 제기하여 모순을 해소하려고 한다는 부분에서 답이 3번임을 유추할 수 있다.

실전 문제 06 수필문

問題　次の文章を読んで、後の問いに対する答えとして、最もよいものを1・2・3・4から一つ選びなさい。

　人間のしぐさの重要性は、これまで著しく過小評価されてきた。言語学の研究者はどこにでもいるし、人間の言語の分析は広く認められた科学の主題であるが、①しぐさの専門家は実に珍しい生き物であり、絶滅しかけている種というよりはむしろ、まだほとんど進化し始めていない種なのである。

　これには2つの理由がある。まず第一に、しぐさは人間の意思伝達の取るに足りない、劣った形式であると完全に誤解されてきたことである。言葉のやり取りは人類にとって最高の栄誉であるため、他の意思伝達の形式はすべて、どういうわけか劣った、原始的なものとみなされているのだ。しかし、社会における人と人との交わりは、言葉を話す人間の身体の動作、姿勢、身振り、表情に大きく依存している。

　気分の変化や気持ちの状態を伝えることに関しては、しぐさが伝える情報の方が言葉が伝える情報よりも重要であると主張する人さえいるだろう。言葉は、事実や観念を表すのには適している。しかし、しぐさがなかったら、人間の社会生活は冷たい、感情のこもらないものになるだろう。

　言葉でないしぐさですべてを表すには無理があるだろうけど、ときにはそれだけでも充分な意思伝達はできるのではなかろうか。

問1　次のうち、本文の内容と合わないものはどれか。

1　しぐさは、人間の意思伝達の取るに足りない、劣った形式である。
2　言葉以外の意思伝達の形式は、原始的なものとみなされている。
3　しぐさの専門家は実に珍しいが、絶滅しかけている種とは言えない。
4　しぐさがなければ、社会生活が冷たい、感情のこもらないものになってしまう。

問2　次のうち、筆者の考えに最も近いものはどれか。

1　しぐさは、他の意思伝達の形式よりも劣っている。
2　しぐさは重要なものであるのに、著しく過小評価されている。
3　しぐさは人類にとって最高の栄誉である。
4　しぐさが伝える情報は、言葉が伝える情報よりも重要である。

問3　①しぐさの専門家は実に珍しいとあるが、それはなぜか。

1　言葉のやりとり以外のすべての意思伝達の形式は原始的なものとみなされているから
2　事実や観念を表すのにもっとも適しているのは言葉だから
3　しぐさが伝える情報の方が言葉の伝える情報よりも重要であるから
4　しぐさは、意思伝達の方法としては原始的なものであるため

해석 및 해설 06 수필문

지문 해석

 인간의 몸짓의 중요성은 지금까지 현저히 과소평가되어 왔다. 언어학의 연구자는 어디든지 있고, 인간의 언어 분석은 널리 인정된 과학의 주제이지만, ①몸짓에 관한 전문가는 실로 드문 존재이며, 멸종되고 있는 종이라기보다는 오히려 아직 거의 진화하지 못한 종이다.
 여기에는 두 가지 이유가 있다. 먼저 첫째로 몸짓은 인간의 의사 전달의 하찮고 뒤떨어진 형식이라고 완벽하게 오해받아 온 것이다. 말을 주고받는 것은 인류에게 최고의 영예이기 때문에, 다른 의사 전달 형식은 모두 어찌된 영문인지 뒤떨어지고 원시적인 것으로 간주되고 있는 것이다. 그러나 사회에서의 사람과 사람의 교류는 말을 하는 인간의 신체의 동작, 자세, 몸놀림, 표정에 크게 의존하고 있다.
 기분의 변화와 감정 상태를 전하는 것에 관해서는, 몸짓이 전하는 정보가 언어가 전하는 정보보다도 중요하다고 주장하는 사람도 있을 것이다. 언어는 사실이나 관념을 표현하는 데는 적합하다. 그러나 몸짓이 없다면, 인간의 사회생활은 냉정하고, 감정이 담기지 않게 될 것이다.
 언어가 아닌 몸짓으로 모든 것을 표현하기에는 무리가 있을 테지만, 때로는 그것만으로도 충분한 의사 전달이 가능하지 않을까.

단어

しぐさ 몸짓, 동작 | 著(いちじる)しく 현저하게 | 過小評価(かしょうひょうか) 과소평가 | 分析(ぶんせき) 분석 | 珍(めずら)しい 드물다 | 絶滅(ぜつめつ)しかける 멸종되어 가다 | むしろ 오히려 | 進化し始める(しんかしはじめる) 진화하기 시작하다 | 取(と)るに足(た)りない 하찮다, 하잘 것 없다 | 劣(おと)る 뒤떨어지다 | 誤解(ごかい)する 오해하다 | 言葉(ことば)のやり取り(やりとり) 말의 주고받음 | 〜にとって 〜에게, 〜에게 있어서 | 栄誉(えいよ) 영예 | どういうわけか 어찌된 영문인지 | 原始的(げんしてき) 원시적 | みなす 간주하다 | 〜における 〜에서의 | 交(まじ)わり 사귐, 교류 | 姿勢(しせい) 자세 | 身振(みぶ)り 몸짓 | 依存(いそん)する 의존하다 | 適(てき)する 적합하다 | こもる (감정·성성 등이) 담기다

문제 해설

문1 다음 중 본문의 내용과 일치하지 않는 것은 어느 것인가?
1 몸짓은 인간의 의사 전달의 하찮고 뒤떨어진 형식이다.
2 언어 이외의 의사 전달 형식은 원시적인 것으로 간주되고 있다.
3 몸짓의 전문가는 실로 드물지만 멸종되어 가는 종이라고는 할 수 없다.
4 몸짓이 없으면 사회생활이 냉정하고 감정을 담지 않은 것이 되어 버린다.

해설 두 번째 단락 [しぐさは人間の意思伝達の〜誤解されてきたことである]에서 행동이 하찮고 뒤떨어진 형식이라는 것은 오해라고 했으므로 답은 1번이 된다. 2번, 두 번째 단락 둘째 줄 [言葉のやり取りは人類にとって〜原始的なものとみなされているのだ]와 같이 일치하며, 3번, 첫 번째 단락 셋째 줄 [しぐさの専門家は実に珍しい〜進化し始めていない種なのである]에서 보기와 일치함을 알 수 있다. 4번, 세 번째 단락의 끝부분 [しぐさがなかったら、人間の社会生活は冷たい、感情のこもらないものになるだろう]에서 보기와 일치함을 알 수 있다.

문2 다음 중 필자의 생각에 가장 가까운 것은 어느 것인가?
1 몸짓은 다른 의사 전달 형식보다도 뒤떨어진다.
2 몸짓은 중요한 것인데 현저하게 과소평가되고 있다.
3 몸짓은 인류에게 최고의 영예이다.
4 몸짓이 전하는 정보는 언어가 전하는 정보보다도 중요하다.

해설 필자는 첫째 줄에서 しぐさ의 중요성이 눈에 띄게 과소평가 받아 왔다고 문제를 제기하고, 두 번째 단락의 しかし 이후의 문장을 통해 사람들과의 관계가 다양한 しぐさ에 크게 의존하고 있다고 서술하고 있다. 따라서 답은 2번이 된다.

문3 ①행동의 전문가는 실로 드물다고 하는데 그 이유는 무엇인가?
1 언어로 주고받는 것 이외의 모든 의사 전달 형식은 원시적인 것이라고 간주되고 있기 때문에
2 사실이나 관념을 표현하는 데에 가장 적절한 것은 언어이기 때문에
3 몸짓이 전하는 정보 쪽이 언어가 전달하는 정보보다도 중요하기 때문에
4 몸짓은 의사 전달 방법으로는 원시적인 것이기 때문에

해설 언어분석은 널리 인정받고 있는 과학의 주제이며 언어학 연구자는 어디에나 있다고 표현하고 있으나, 언어 이외(しぐさ)의 의사 전달 형식은 하찮고 뒤떨어진 것이며 원시적인 것으로 간주된다고 했다. 이런 오해가 몸짓에 관한 전문가가 드문 이유라고 했으므로 답은 1번이 된다.

실전 문제 07 수필문

問題 次の文章を読んで、後の問いに対する答えとして、最もよいものを1・2・3・4から一つ選びなさい。

　日本人が島国(しまぐに)に住んでいるという事実は、当然のことながら精神的な影響以上のものをもたらしてきた。中世に絶えず生じていた多くの内乱のいずれかで敗れた武将は、国外に難をのがれることはできなかった。屈辱的なとらわれの身になる以外に残ったたった一つの方法は、自害だった。同様に、恋におちた日本の男は、外国にかけおちして新しい生活を始めようと恋人を説得することはできなかった。

　また、プライバシーなど存在せず、質問に答えたがらないだけで疑惑のもとになる日本の国内では、①隠れて生活することも不可能だった。恋人たちがどんなに遠くまで逃げおおせたとしても、いつも海が２人を取り囲んでいて最終的な逃亡の妨げとなり、結局、彼らは心中(しんじゅう)の道を選ぶことが多かった。しかし、たとえ船を与えられたとしても、敗軍の将や悲運の恋人たちが日本という②島国を出たいと願ったかどうかはうたがわしい。

　日本は特異な国であるという確信がとても強かったので、日本人は、もちろん外国の存在をまったく知らなかったわけではないが、日本が世界のすべてだと考えがちであり、四方を海に囲まれている日本という島国の中で、どれほど苦難にあおうと、外国にいけばより幸せになれるかもしれないということを受け入れられなかった。

問1　次のうち、本文の内容と合うものを一つ選びなさい。

1　敗軍の将や悲恋の恋人たちは、日本を出たいと願っていた。
2　敗軍の将に残された道は、とらわれの身になることだけだった。
3　中世の日本では、質問に答えるだけで疑惑のもとになった。
4　島国を出ることは、日本人にとって受け入れがたい考えだった。

問2　①隠れて生活する事も不可能だったとあるが、それはなぜか。

1　外国に逃げて新しい生活をしてみないと分からないから
2　私生活がなく、質問に答えないとすぐ疑われるから
3　隠れたくても、物理的に隠れられる場所がなかったから
4　隠れることは屈辱的なことであると考えたから

問3　②島国を出たいと願ったかどうかはうたがわしいとあるが、実際にはどうであったと筆者は述べているか。

1　日本が世界の全てであると考えがちであり、島国を出ることは受け入れがたいことであった。
2　外国に行けばより幸せになれるかもしれないと考え、島国を出たいと考えた。
3　島国を出たいと考えたものの、外国の存在を知らなかったので不可能だった。
4　島国を出たいと考えたものの、船を与えてもらうことが出来なかった。

해석 및 해설 07 수필문

지문 해석

　일본인이 섬나라에 살고 있다는 사실은 당연하면서도 정신적인 영향 이상의 것을 초래해 왔다. 중세에 끊임없이 발생한 많은 내란에서 패한 장수는 외국으로 난을 피해 도망갈 수 없었다. 굴욕적인 포로의 몸이 되는 것 외에 남은 단 하나의 방법은 자해였다. 마찬가지로 사랑에 빠진 일본 남자는 외국으로 도망가서 새로운 생활을 시작하자고 애인을 설득할 수 없었다.

　또 프라이버시 등은 존재하지 않았고, 질문에 답하고 싶어하지 않는 것만으로 의혹의 원인이 되는 일본 국내에서는 ①숨어서 생활하는 것도 불가능했다. 연인들이 아무리 멀리 도망간다 해도, 언제나 바다가 두 사람을 둘러싸고 있어 최종적인 도망의 방해 요소가 되어, 결국 그들은 동반 자살의 길을 선택하는 일이 많았다. 그러나 설령 배를 구할 수 있었다 하더라도 패군의 수장이나 비운의 연인들이 일본이라는 ②섬나라를 떠나기를 원했는지는 의문스럽다.

　일본은 특이한 나라라는 확신이 매우 강해서 일본인은, 물론 외국의 존재에 대해 전혀 몰랐던 것은 아니었지만, 일본이 세계의 전부라고 생각하는 경향이 강해, 사방이 바다로 둘러싸여 있는 일본이라는 섬나라 안에서 아무리 고난을 겪어도 외국에 가면 보다 행복해질지도 모른다는 것을 받아들이지 못했다.

단어

島国(しまぐに) 섬나라 | もたらす 초래하다 | 中世(ちゅうせい) 중세 | 絶(た)えず 끊임없이 | 生(しょう)じる 일어나다, 발생하다 | 内乱(ないらん) 내란 | 敗(やぶ)れる 패하다 | 武将(ぶしょう) 장수, 장군 | 難(なん)をのがれる 난을 피하다 | 屈辱的(くつじょくてき) 굴욕적 | とらわれの身(み) 포로의 몸 | 自害(じがい) 자해 | かけおちする 남녀가 눈이 맞아 도망가다 | ～だけで ～하기만 해도, ～하는 것만으로 | 疑惑(ぎわく)のもと 의혹의 원인 | 逃(に)げおおせる 끝까지 도망치다 | ～としても ～라고 해도 | 取り囲む(とりかこむ) 둘러싸다 | 逃亡(とうぼう) 도망 | 妨(さまた)げ 방해, 장애 | 心中(しんじゅう) 동반 자살 | たとえ～ても 설령 ～하더라도 | 敗軍(はいぐん)の将(しょう) 패군의 장군 | 悲運(ひうん) 비운 | うたがわしい 불확실하다 | 特異(とくい)な国(くに) 특이한 나라 | ～がちだ ～경향이 많다 | 苦難(くなん)にあう 고난을 겪다 | ～(よ)うと ～하더라도 | 悲恋(ひれん) 비련

문제 해설

문1 다음 중 본문의 내용과 일치하는 것을 하나 고르시오.
1 패군의 수장이나 비련의 연인들은 일본을 떠나길 원했다.
2 패군의 수장에게 남겨진 길은 포로의 몸이 되는 것뿐이었다.
3 중세 일본에서는 질문에 답하기만 해도 의혹의 원인이 되었다.
4 섬나라를 나가는 것은 일본인에게 받아들이기 힘든 생각이었다.

해설 1번, 두 번째 단락 마지막 문장 [敗軍の将や悲運の恋人たちが日本という島国を出たいと願ったかどうかはうたがわしい]에서 알 수 있듯이 본문과 일치하지 않는다. 2번, 자해의 방법도 있었으므로 본문과 일치하지 않는다. 3번, 두 번째 단락에서 [質問に答えたがらないだけで疑惑のもとになる日本の国内では] 부분을 보면 오히려 답을 하지 않는 것이 의혹의 원인이 되므로, 본문의 내용과 일치하지 않는다. 4번, 마지막 문장에서 외국에 가면 보다 행복해질지도 모른다는 것을 받아들이지 못했다는 부분이 근거가 되므로 답은 4번이 된다.

문2 ①숨어서 생활하는 것도 불가능했다고 하는데, 그 이유는 무엇인가?
1 외국으로 도망가서 새로운 생활을 해 보지 않으면 모르기 때문에
2 사생활이 없고 질문에 대답하지 않으면 바로 의심받기 때문에
3 숨고 싶어도 물리적으로 숨을 수 있는 장소가 없었기 때문에
4 숨는 것은 굴욕적인 일이라고 생각했기 때문에

해설 1번, 질문과 관련이 없는 내용이다. 2번, 해당 문제의 밑줄 앞에 [プライバシーなど存在せず、質問に答えたがらないだけで疑惑のもとになる] 부분으로 보아 2번이 답임을 알 수 있다. 3번과 4번은 본문에서 언급된 바가 없는 내용이다.

문3 ②섬나라를 떠나기를 원했는지 의문스럽다고 하는데, 실제로는 어떠했다고 필자는 진술하고 있는가?
1 일본이 세계의 전부라고 생각하는 경향이 강해 섬나라를 나가는 것은 받아들이기 힘든 일이었다.
2 외국에 가면 보다 행복해질지도 모른다고 생각해서 섬나라를 떠나고 싶다고 생각했다.
3 섬나라를 떠나고 싶다고 생각했지만 외국의 존재를 몰랐기 때문에 불가능했다.
4 섬나라를 떠나고 싶다고 생각했지만 배를 구할 수 없었다.

해설 본문의 마지막 부분인 [日本が世界のすべてだと~ということを受け入れられなかった]가 답의 근거가 되고, 2번은 본문의 내용과 반대이다. 3번, 일본인은 외국의 존재를 알고 있었으므로 답이 아니고, 4번, 두 번째 단락 다섯째 줄 [たとえ船を与えられたとしても] 부분으로 보아, 배를 구할 수 없었다고 단정지을 수는 없다.

실전 문제 08 수필문

問題　次の文章を読んで、後の問いに対する答えとして、最もよいものを1・2・3・4から一つ選びなさい。

　アフリカに生まれた人類の祖先が故郷を離れ、全世界に広がったのはなぜか。「放浪へのあこがれ」というロマンチックな説もあるが、災害心理学者の広瀬弘忠さんはずばり避難のためだと見る。災害、抗争、悪疫からの避難の繰り返しが今日の繁栄を招いたという。その広瀬さんの『人はなぜ逃げおくれるのか』(集英社新書)には、50年代のハリケーンで崩壊した米ルイジアナ州の黒人コミュニティーの研究が紹介されている。経済的貧困で避難できなかった人が多く、人種差別にもとづく社会的格差が災害の被害拡大を招いた古典的事例だからだ。

　それから半世紀を経たというのに、①この"古典的事例"がその何倍もの規模で繰り返されてしまったのは、どうしたことだろう。被災地では今ようやく犠牲者の遺体の確認が始まったばかりである。先進諸国の自然災害で感染症が集団発生したという話も他にあまり聞かない。いつの世も、②災害はその文明の隠れた実相を明るみに出す。被災直後の略奪や無政府状態は、人々がふだん暮らす平和な秩序の底にわだかまっていたものを解き放ってしまった。市民の間の貧富の差が、こと災害下においては生と死を分かつという残酷な現実も浮き彫りにされた。(中略)

　歴史を振り返れば、ヨーロッパなど旧世界の貧困や政治的抑圧から避難してきた人々によって築かれたアメリカである。困窮し、虐げられた人々の③避難所としての文明の初心をどうか忘れないでほしい。

(「ハリケーン」2005年9月9日付 毎日新聞『余録』による)

問1　①この"古典的事例"とはなにか。

1　経済的貧困や人種差別による社会的格差が災害の被害の拡大を呼んだこと
2　災害、抗争、悪疫の繰り返しがアメリカの繁栄をもたらしたこと
3　被災地で犠牲者の遺体の確認が始まったこと
4　アメリカは貧困や政治的抑圧から避難してきた人々によって築かれたこと

問2　②災害はその文明の隠れた実相を明るみに出すとあるが、この文章で言う実相に最も近い例を一つ選びなさい。

1　警察官が道に倒れている市民を助けてあげている。
2　市民が互いに協力して治安の維持に取り組んでいる。
3　スーパーや家電量販店などでお金も払わずにものを持っていく。
4　金持ちの人が貧しい人たちに生活必需品を配っている。

問3　③避難所とはどういうことか。

1　アフリカ出身の人々がアメリカに移住したこと
2　ハリケーンの被害を受けた黒人グループがヨーロッパに避難したこと
3　生活に困ったり、差別を受けたり、抑圧される人々がアメリカに避難していること
4　ヨーロッパの自然災害で感染された人がアメリカに避難していること

해석 및 해설 08 수필문

지문 해석

아프리카에서 태어난 인류의 조상이 고향을 떠나 전 세계로 퍼진 이유는 무엇일까? '방랑으로의 동경'이라는 로맨틱한 설도 있지만, 재해심리학자인 히로세 히로타다 씨는 딱잘라 피난 때문이라고 본다. 재해, 항쟁, 악성 유행병으로부터의 피난의 반복이 오늘날의 번영을 불러왔다고 한다. 그 히로세 씨의 『사람은 왜 미처 도망가지 못한 걸까?』(슈에샤신쇼)에는 50년대에 발생한 허리케인으로 붕괴된 미국 루이지아나주의 흑인 사회 연구가 소개되어 있다. 경제적 빈곤으로 피난갈 수 없었던 사람이 많았고, 인종차별에 토대를 둔 사회적 격차가 재해의 피해 확대를 초래한 고전적 사례이기 때문이다.

그로부터 반세기가 지났는데도 ①이 "고전적 사례"가 그 몇 배나 되는 규모로 반복된 것은 어떻게 된 일일까? 피해지에서는 지금 가까스로 희생자의 사체 확인이 막 시작되었다. 선진제국의 자연재해로 전염병이 집단 발생했다는 이야기도 달리 들어본 적이 없다. 어느 시대나 ②재해는 그 문명의 숨겨진 실상을 세상에 드러낸다. 피해 직후의 약탈이나 무정부 상태는 사람들이 평상시 생활하는 평화로운 질서의 저변에 얽혀 있던 것을 풀어 버렸다. 시민들 사이의 빈부의 차가 특히 재해하에서는 생과 사를 나눈다는 잔혹한 현실도 부각되었다. (중략)

역사를 되돌아보면 유럽 등 구세계의 빈곤과 정치적 억압으로부터 피난해 온 사람들에 의해서 구축된 미국이다. 곤궁하고 학대당한 사람들의 ③피난처로서의 문명의 초심을 아무쪼록 잊지 말기를 바란다.

단어

人類(じんるい) 인류 | 祖先(そせん) 선조, 조상 | 故郷(こきょう)を離(はな)れる 고향을 떠나다 | 放浪(ほうろう) 방랑 | あこがれ 동경 | 災害(さいがい) 재해 | ずばり 딱 잘라 | 避難(ひなん) 피난 | 抗争(こうそう) 항쟁 | 悪疫(あくえき) 악성 유행병 | 繰り返し(くりかえし) 반복 | 繁栄(はんえい)を招(まね)く 번영을 불러오다 | 逃(に)げおくれる 미처 도망치지 못하다 | 崩壊(ほうかい)する 붕괴하다 | 黒人(こくじん)コミュニティー 흑인 사회 | 貧困(ひんこん) 빈곤 | 人種差別(じんしゅさべつ) 인종차별 | ～にもとづく ~에 의거한, ~에 토대를 둔 | 格差(かくさ) 격차 | 被害拡大(ひがいかくだい) 피해 확대 | 古典的(こてんてき) 고전적 | 事例(じれい) 사례 | 半世紀(はんせいき)を経(へ)る 반세기를 지나다 | 規模(きぼ) 규모 | 被災地(ひさいち) 피재지, 피해지 | ようやく 가까스로 | 犠牲者(ぎせいしゃ) 희생자 | ～たばかりだ 막 ~했다 | 感染症(かんせんしょう) 감염증 | 明(あか)るみに出(だ)す 세상에 드러내다 | 略奪(りゃくだつ) 약탈 | 無政府(むせいふ) 무정부 | 秩序(ちつじょ) 질서 | 底(そこ)にわだかまる 저변에 얽히다 | 解き放つ(ときはなつ) 풀어 주다, 해방하다 | 貧富(ひんぷ)の差(さ) 빈부의 차 | 生(せい)と死(し)を分(わ)かつ 생과 사를 나누다 | 残酷(ざんこく)な 잔혹한 | 浮き彫り(うきぼり)にされる 부각되다 | 振り返る(ふりかえる) 돌이켜 생각하다 | 抑圧(よくあつ) 억압 | ～によって築(きず)かれる ~에 의해 구축되다 | 困窮(こんきゅう) 곤궁 | 虐(しいた)げる 학대하다 | 初心(しょしん) 초심 | どうか 아무쪼록, 부디 | 治安(ちあん)の維持(いじ) 치안 유지 | 取り組む(とりくむ) 힘쓰다, 몰두하다 | 量販店(りょうはんてん) 대량 판매점 | 必需品(ひつじゅひん) 필수품 | 移住(いじゅう) 이주

문제 해설

문1 ①"이 고전적 사례"란 무엇인가?
1. 경제적 빈곤이나 인종차별에 의한 사회적 격차가 재해 피해의 확대를 초래한 것
2. 재해, 항쟁, 악성 유행병의 반복이 미국의 번영을 가져온 것
3. 피해지에서 희생자의 사체 확인이 시작된 것
4. 미국이 빈곤이나 정치적 억압으로부터 피난해 온 사람들에 의해 구축된 것

해설 고전적 사례에 대한 내용을 찾으면, 밑줄 친 부분의 윗문장이 된다. 즉 [経済的貧困で避難できなかった~被害拡大を招いた古典的事例だからだ] 부분이 되므로, 1번이 답이 된다.

문2 ②재해는 그 문명의 숨겨진 실상을 세상에 드러낸다고 하는데, 이 문장에서 말하는 실상에 가장 가까운 예를 하나 고르시오.
1. 경찰관이 길에 쓰러져 있는 시민을 도와주고 있다.
2. 시민이 서로 협력하여 치안 유지에 힘쓰고 있다.
3. 슈퍼마켓이나 가전제품 판매점 등에서 돈도 지불하지 않고 물건을 들고 간다.
4. 부자가 가난한 사람들에게 생활필수품을 나눠 주고 있다.

해설 밑줄의 다음 문장 [被災直後の略奪や無政府状態は、人々がふだん暮らす平和な秩序の底にわだかまっていたものを解き放ってしまった]에서 알 수 있듯이, 약탈이나 무정부 상태로 평화의 질서를 깨는 예를 찾으면 3번이 정답이다. 1, 2, 4번은 평화적인 예에 해당한다.

문3 ③피난처란 무엇을 말하는가?
1. 아프리카 출신인 사람들이 미국으로 이주한 것
2. 허리케인 피해를 입은 흑인 그룹이 유럽으로 피난한 것
3. 생활이 힘들거나 차별을 받거나 억압당한 사람들이 미국으로 피난하고 있는 것
4. 유럽의 자연재해로 감염된 사람이 미국으로 피난하고 있는 것

해설 밑줄의 바로 윗문장 [ヨーロッパなど旧世界の貧困や政治的抑圧から避難してきた人々によって築かれたアメリカである] 부분에서 3번이 답임을 알 수 있고, 1, 2, 4번은 본문의 내용과 일치하지 않는다.

실전 문제 09 논설문

問題　次の文章を読んで、後の問いに対する答えとして、最もよいものを1・2・3・4から一つ選びなさい。

　　価格競争、規模拡大競争、品ぞろえ競争。この三つは、中小企業が絶対にしてはならない競争だ。
　　価格競争は一見すると勇ましい。だが、勝っても負けても、わが身を削る単純な消耗戦だ。規模拡大競争も勇ましいが、ともすると自分の体力を無視した背伸び経営となり、不況に弱い体質をつくってしまう。豊富な品ぞろえは格好はいいが、無駄な在庫を抱え、黒字なのに資金繰りが苦しくなって経営破綻を招きかねない。
　　不毛な競争を避け、健全な企業体質にするには、まず新技術を開発し、独自の市場で勝負することだ。新製品でなくても、他の追随を許さない技能を身につける。または、他社に先駆けて最先端の設備を活用する。
　　規模を拡大するときは、常に自己資本と相談することが大事。絶対に財務バランスを崩してはいけない。固定資産は、原則として自己資本の範囲内で調達することを心がける。
　　商品は厳密に選び、無駄な在庫を持たないことが肝心だ。なるべく在庫を持たずに生産販売するには、品質管理を中心とした生産管理技術の定着が欠かせない。
　　新技術の開発、正しい財務戦略、生産管理技術の定着。この三つの戦略が、無用な競争を避けるカギとなる。やってはいけない三つの競争を知り、やらなくてはいけない三つの戦略を実行する。これこそが、①中小企業が勝ち残るための奥義。大企業といえども、この原則を踏み外した企業は、破綻への階段を上るだろう。
　　不況は企業破綻のきっかけにはなるが、原因ではない。真の原因は、経営の仕方そのものにある。②そのことを肝に銘じ、しっかり永続できる企業づくりを目指したい。

　　　　　（「やってはいけない競争」2009年10月31日付 朝日新聞『経済気象台』による）

問1　①中小企業が勝ち残るための奥義とあるが、どういうことか。

1　中小企業を無視した大企業は破綻するだろうということ
2　価格競争、規模拡大競争、品揃え競争をやめて、新技術の開発、正しい財務戦略、生産管理技術の定着に力を入れること
3　新技術の開発、正しい財務戦略、生産管理技術は後回しにして、価格競争、規模拡大競争、品揃え競争に重点を置くこと
4　大企業も中小企業が持っているコツを身につけること

問2　②そのことは何を指しているか。

1　企業破綻の原因は、経営方式にあるということ
2　不況の原因は、企業破綻にあるということ
3　企業破綻の原因は、不況にあるということ
4　不況は企業破綻の原因になって、経営の仕方に影響を及ぼすということ

問3　筆者は企業規模の拡大の際、どんなことが重要だと言っているか。

1　画期的な技能を身につけること
2　自己資本の規模を念頭に置くこと
3　新しい技術を開発すること
4　無駄な在庫が残らないように心がけること

해석 및 해설 09 논설문

지문 해석

　가격 경쟁, 규모 확대 경쟁, 제품 구색 갖추기 경쟁. 이 세 가지는 중소기업이 절대로 해서는 안 되는 경쟁이다.
　가격 경쟁은 얼핏 보면 대담하다. 하지만 이기든 지든 제 살을 깎아 먹는 단순한 소모전이다. 규모 확대 경쟁도 대담하지만, 자칫하면 자신의 체력을 무시한 무리한 경영이 되어 불황에 약한 체질로 만들어 버린다. 제품을 풍부하게 갖춘 것은 보기에는 좋지만, 쓸데없는 재고를 떠안게 되어 흑자가 되어도 자금 조달이 어려워져 경영 파탄을 초래할 수도 있다.
　아무런 성과도 없는 경쟁을 피하고 건전한 기업 체질로 만들기 위해서는 우선 신기술을 개발하여 독자적인 시장에서 승부해야 한다. 신제품이 아니더라도 타의 추종을 불허하는 기능을 갖추어야 한다. 또는 타사에 앞서서 최첨단의 설비를 활용해야 한다.
　규모를 확대시킬 때에는 항상 자기 자본을 염두에 두는 것이 중요하다. 절대로 재무 상태의 균형을 무너뜨려서는 안 된다. 고정자산은 원칙적으로 자기 자본의 범위 내에서 조달하는 것임을 유의해야 한다.
　상품은 엄밀히 선택하여 쓸모없는 재고를 지니지 않는 것이 중요하다. 가능한 한 재고를 떠안지 않고 생산 판매를 하기 위해서는 품질관리를 중심으로 한 생산관리 기술의 정착이 필요하다.
　신기술의 개발, 올바른 재무 전략, 생산관리 기술의 정착. 이 세 가지 전략이 쓸데없는 경쟁을 피하는 열쇠가 된다. 해서는 안 되는 세 가지 경쟁을 인식하고, 해야만 하는 세 가지 전략을 실행한다. 이것이야말로 ①<u>중소기업이 살아남기 위한 비결</u>이다. 대기업이라 할지라도 이 원칙을 벗어난 기업은 파탄으로의 계단을 오르게 될 것이다.
　불황은 기업 파탄의 계기는 되지만 원인은 아니다. 진짜 원인은 경영 방식 그 자체에 있다. ②<u>그것</u>을 명심하고 확실히 영속할 수 있는 기업 만들기를 지향했으면 한다.

단어

品(しな)ぞろえ競争(きょうそう) 제품 구색 갖추기 경쟁 | ～てはならない ～해서는 안 된다 | 一見(いっけん)すると 얼핏 보면 | 勇(いさ)ましい 대담하다 | わが身(み)を削(けず)る 제 살을 깎다 | 消耗戦(しょうもうせん) 소모전 | ともすると 자칫하면, 걸핏하면 | 背伸(せの)び経営(けいえい) 무리한 경영 | 在庫(ざいこ)を抱(かか)える 재고를 떠안다 | 黒字(くろじ) 흑자 | 資金繰(しきんぐ)り 자금 조달 | 破綻(はたん)を招(まね)く 파탄을 부르다 | ～かねない ～할 수도 있다 | 不毛(ふもう)な 아무런 성과도 없는 | ～には ～하려면, ～하기 위해서는 | ～ことだ ～해야 한다, ～하는 것이 상책이다 | 他(た)の追随(ついずい)を許(ゆる)さない 타의 추종을 불허하다 | ～に先駆(さきが)けて ～에 앞서서 | 最先端(さいせんたん) 최첨단 | 財務(ざいむ) 재무 | 原則(げんそく)として 원칙적으로 | 心(こころ)がける 마음을 쓰다, 유의하다 | 厳密(げんみつ)に 엄밀히 | 肝心(かんじん) 중요함 | 戦略(せんりゃく) 전략 | 勝ち残(かちのこ)る 살아남다 | 奥義(おくぎ・おうぎ) 비결 | ～といえども ～라 할지라도 | 踏み外(ふみはず)す 벗어나다 | きっかけ 계기 | 肝(きも)に銘(めい)じる 마음에 새기다, 명심하다 | 企業(きぎょう)づくり 기업 만들기 | 目指(めざ)す 지향하다 | 後回(あとまわ)しにする 뒤로 미루다 | 画期的(かっきてき) 획기적 | 念頭(ねんとう)に置(お)く 염두에 두다

문제 해설

문1 ①중소기업이 살아남기 위한 비결이라고 있는데, 어떤 의미인가?

1. 중소기업을 무시한 대기업은 파탄할 것이라는 것
2. 가격 경쟁, 규모 확대 경쟁, 제품 구색 갖추기 경쟁을 그만두고 신기술의 개발, 올바른 재무 전략, 생산관리 기술의 정착에 힘을 쏟는 것
3. 신기술의 개발, 올바른 재무 전략, 생산관리 기술은 뒤로 미루고 가격 경쟁, 규모 확대 경쟁, 제품 구색 갖추기 경쟁에 중점을 두는 것
4. 대기업도 중소기업이 갖고 있는 비결을 갖추는 것

해설 여섯 번째 단락의 [新技術の開発、正しい財務戦略、生産管理技術の定着。この三つの戦略が、無用な競争を避けるカギとなる]가 중소기업이 살아남기 위한 비결이라고 했으므로 답은 2번이 된다.

문2 ②그것은 무엇을 가리키는가?

1. 기업 파탄의 원인은 경영 방식에 있다는 것
2. 불황의 원인은 기업 파탄에 있다는 것
3. 기업 파탄의 원인은 불황에 있다는 것
4. 불황은 기업 파탄의 원인이 되어 경영 방식에 영향을 끼친다는 것

해설 바로 전 문장인 [真の原因は、経営の仕方そのものにある] 부분에서 1번이 답이 됨을 알 수 있다. 2번, 3번, 4번은 [不況は企業破綻のきっかけにはなるが、原因ではない] 부분에서 알 수 있듯이, 불황은 기업파탄의 계기는 되지만 원인은 아니다.

문3 필자는 기업 규모를 확대할 때, 어떤 것이 중요하다고 말하고 있는가?

1. 획기적인 기능을 갖추는 것
2. 자기 자본의 규모를 염두에 두는 것
3. 새로운 기술을 개발하는 것
4. 쓸모없는 재고가 남지 않도록 신경 쓰는 것

해설 네 번째 단락의 [規模を拡大するときは、常に自己資本と相談することが大事]라는 문장에서 답이 2번이 됨을 알 수 있다.

실전 문제 10 논설문

問題　次の文章を読んで、後の問いに対する答えとして、最もよいものを1・2・3・4から一つ選びなさい。

　菊池雄星くんがプロ野球の道を歩み始めた。石川遼くんは、10代でのプロゴルフ賞金ランキング1位も夢ではない位置にいる。日本のスポーツ界は、18歳の若い力に話題が集中している。その18歳が、全く別の意味で、今、注目されている。20歳にかわり、選挙権年齢を18歳にしてはどうかという議論が政権の違いを飛び越え、再燃してきたからだ。

　世界では、18歳選挙権が主流だが、日本や韓国をはじめ、いくつかの国では、20歳からの選挙権制度を続けている。いずれにしても、もろもろの権利が18歳からスタートすると、18歳の社会行動や消費行動を取り巻く環境も一変する。

　さて、そんな折、相模女子大学の研究チームが、18歳の意識や行動を1年おきに探る①「(注)18歳定点調査」をスタートさせ、18歳を巡る議論に材料を提供している。

　そのなかで、18歳参政権の是非を尋ねている。その結果、回答者の71％が早過ぎると答えている。しかも、「選挙権を持てば、必ず投票に行く」と答えた人の割合はわずか52％であった。大人たちの思いとは別に、②18歳の政治に対する関心はいまひとつ盛り上がっていない。研究チームは、その背景に、彼女たちの「自信のなさ」をあげている。「自分に自信がある方か」という問いに、77％が「自信がない方だ」と答えている。

　失敗して傷つくことを恐れ、安全な道を選ぶ第2次ベビーブーマー以降の世代の特徴に加え、親や学校に守られ、マニュアル通りのことをしておけばよかったのが、いきなり正しい判断や責任を求められても難しいと尻込みをしている状況もあると説明している。いろいろな意味で18歳の今後に注目していきたい。

（「18歳ごころ調査」2009年11月3日付朝日新聞『経済気象台』による）

（注）定点調査：同一の調査地点における状況を確認・記録し、集積データの面的な分布や、経時変化などを調べる調査方法。生物や大気、水質のモニタリング調査が代表的な調査。

問1 ①「18歳定点調査」に対する説明として正しいものはどれか。

1　相模女子大学の研究チームが、毎年行っている。
2　18歳選挙権に対する論議に役立つデータを示している。
3　18歳問題について今後どうするべきか解決策を提供している。
4　いろいろな権利を18歳から与えるべきだと訴えている。

問2 ②18歳の政治に対する関心はいまひとつ盛り上がっていないとあるが、それはなぜか。最も適当なものを選びなさい。

1　プロ野球やゴルフなどのスポーツに夢中になっているから
2　まだ選挙権がないので、政治に対する関心を持つ必要がないから
3　マニュアル通りにすることになれていて、自分の選択に自信がないから
4　可能な限り、責任が伴う判断は避けたいから

問3 18歳に対する筆者の考えに最も近いものはどれか。

1　親や学校側は、今後もマニュアルどおり守ってほしい。
2　いろいろな角度から、関心を持ち続けたい。
3　選挙権を持てば必ず投票に行くはずだから、参政権を与えるべきだ。
4　韓国を始め、全世界では18歳選挙権が主流になっている。

해석 및 해설 10 논설문

지문 해석

　기쿠치 유세이가 프로야구의 길을 걷기 시작했다. 이시카와 료는 10대에 프로 골프 상금 랭킹 1위도 꿈꿀 수 있는 위치에 있다. 일본 스포츠계는 18세의 젊은 위력에 화제가 집중되고 있다. 그 18세가 요즘에는 완전히 다른 의미로 주목받고 있다. 20세를 대신해 선거권 연령을 18세로 하면 어떠한가'라는 논의가 정권이 바뀐 후에도 계속해서 재연되고 있기 때문이다.

　세계적으로는 18세 선거권 부여가 대세이지만, 일본이나 한국을 비롯하여 몇 개국에서는 20세부터의 선거권 제도를 유지하고 있다. 결국 여러 가지 권리가 18세부터 시작된다면, 18세의 사회 행동이나 소비 행동을 둘러싼 환경도 크게 바뀌게 된다.

　그런데 이러한 와중에 사가미 여자대학 연구팀이 18세의 의식과 행동을 2년마다 탐구한 ① '(주)18세 정점 조사'를 실시하여, 18세를 둘러싼 논의에 재료를 제공하고 있다.

　이 조사에서는 18세 참정권의 옳고 그름을 묻고 있다. 그 결과 회답자의 71%가 너무 이르다고 대답했다. 게다가 '선거권을 갖게 되면 반드시 투표하러 간다'라고 대답한 사람의 비율은 불과 52%였다. 어른들의 생각과는 별도로 ②18세의 정치에 대한 관심은 조금도 고조되어 있지 않다. 연구팀은 그 배경에 여성들의 '자신감의 부재'를 들고 있다. '자기에게 자신감이 있는 편인가'라는 질문에 77%가 '자신감이 없는 편이다'라고 대답했다.

　실패로 인한 상처가 두려워 안전한 길을 택하는 제2차 베이비 붐 이후 세대의 특징에 더하여, 부모나 학교의 보호 속에서 매뉴얼대로만 하면 된다고 생각했는데, 갑자기 올바른 판단과 책임을 요구당하게 되면 힘들다고 꽁무니를 빼는 상황도 있다고 설명하고 있다. 여러 의미에서 18세의 이후에 주목해 나가고 싶다.

(주) 정점 조사: 동일한 조사 지점에서의 상황을 확인, 기록하여 수집한 데이터의 면적인 분포, 경과 시간에 따른 변화 등을 살펴보는 조사 방법. 생물이나 대기, 수질의 모니터링 조사가 대표적인 조사.

단어

賞金(しょうきん) 상금 | **~に代(か)わり** ~을 대신하여 | **選挙権**(せんきょけん) 선거권 | **年齢**(ねんれい) 연령 | **飛び越える**(とびこえる) 건너뛰다 | **再燃**(さいねん) 재연 | **~をはじめ** ~을 비롯하여 | **いずれにしても** 결국, 어차피 | **もろもろ** 여러 가지 | **取り巻く**(とりまく) 둘러싸다 | **一変**(いっぺん)**する** 크게 바뀌다 | **そんな折**(おり) 그럴 때 | **~おきに** ~걸러 | **巡**(めぐ)**る** 둘러싸다 | **提供**(ていきょう)**する** 제공하다 | **是非**(ぜひ) 옳고 그름 | **投票**(とうひょう) 투표 | **割合**(わりあい) 비율 | **わずか** 불과, 약간 | **いまひとつ** 조금 부족한 모양 | **盛り上がる**(もりあがる) 고조되다 | **傷**(きず)**つく** 상처입다 | **~に加**(くわ)**え** ~에 더하여 | **~通**(どお)**り** ~대로 | **~ばよかった** ~하면 좋았다 | **いきなり** 갑자기 | **尻込**(しりご)**みをする** 꽁무니를 빼다 | **参政権**(さんせいけん) 참정권

문제 해설

문1 ① '18세 정점 조사'에 대한 설명으로 바른 것은 어느 것인가?

1. 사가미 여자대학의 연구팀이 매년 실시하고 있다.
2. **18세 선거권 부여에 대한 논의에 도움이 되는 데이터를 보여 주고 있다.**
3. 18세 문제에 대해서 앞으로 어떻게 해야 할 것인가 해결책을 제공하고 있다.
4. 여러 가지 권리를 18세부터 부여해야 한다고 주장하고 있다.

해설 1번, 1년 걸러, 즉 2년마다 조사하고 있으므로 맞지 않다. 2번은 밑줄에 이어지는 문장 [18歳を巡る議論に材料を提供している] 부분에서 답이 됨을 알 수 있고, 3번과 4번은 역시 2번 답에서 알 수 있듯이, '정점 조사'는 논의의 재료만을 제공하고 있을 뿐이므로 맞지 않다.

문2 ② 18세의 정치에 대한 관심은 조금도 고조되어 있지 않다고 하는데, 그 이유는 무엇인가? 가장 적당한 것을 고르시오.

1. 프로야구와 골프 등의 스포츠에 몰두해 있기 때문에
2. 아직 선거권이 없어서 정치에 대한 관심을 가질 필요가 없기 때문에
3. **매뉴얼대로 하는 것에 익숙해서 자신의 선택에 자신이 없기 때문에**
4. 가능한 한 책임이 동반되는 판단은 피하고 싶기 때문에

해설 연구팀의 조사에서, 그 배경에 [자신감의 부재]를 들고 있고, 마지막 단락에서 왜 자신이 없는가에 대한 근거를 들고 있으므로, 3번이 답이 됨을 유추할 수 있다. 4번, 판단과 책임에 대해서 어렵다고 꽁무니 빼는 상황을 설명하고 있기는 하지만 책임이 따르는 판단을 피하고 싶어 한다는 내용은 아니므로 4번이 답이 될 수는 없다.

문3 18세에 대한 필자의 생각에 가장 가까운 것은 어느 것인가?

1. 부모나 학교 측은 앞으로도 매뉴얼대로 지키기를 바란다.
2. **여러 각도에서 관심을 계속 가지고 싶다.**
3. 선거권을 갖게 되면 반드시 투표하러 갈 것이기 때문에 참정권을 부여해야 한다.
4. 한국을 비롯해 전 세계에서는 18세 선거권 부여가 대세이다.

해설 결론 부분의 [いろいろな意味で18歳の今後に注目していきたい]라는 내용에서 2번이 답이 됨을 알 수 있다. 1번, 시금까지는 부모와 학교의 보호 속에서 매뉴얼대로 해 온 상황을 설명했을 뿐이고, 3번, 선거권을 갖게 되면 반드시 투표하러 가겠다고 내답한 사람의 비율은 52%에 불과했다는 기술이 있으므로 답이 될 수 없다. 4번, 두 번째 단락 [日本や韓国をはじめ、いくつかの国では、20歳からの選挙権制度を続けている]라는 내용이 있으므로 답이 될 수 없다.

3 | 내용 이해 – 장문 공략하기

문제 유형 분석

내용 이해 – 장문은 1000자 정도의 상당히 긴 지문이지만, 문장의 구성은 중문 정도로 예상된다. 설명문, 수필, 소설 등을 읽고 필자의 생각을 얼마나 이해하고 있는지를 묻는 문제로 한 지문에 4문항이 출제되며, 문제 풀이에 소요되는 시간은 기본적으로 10분 정도이다.

문제 풀이 비법

1. 글 자체의 난이도는 그다지 높지 않으며, 추상적이지 않을 가능성도 높다. 사회문제, 업무나 생활, 학습 등에 관한 설명문이나 과학적인 것에 관한 것도 출제될 가능성이 많다.
2. 중문 문제를 풀 때와 같은 요령으로 먼저 질문을 잘 파악하고 나서, 무엇을 묻고 있는지를 주의깊게 읽어 내려가야 한다. 지문이 길다고 해서 쉽게 포기하거나 집중력을 잃지 않도록 해야 한다.
3. 〈필자가 가장 말하고 싶어 하는 것은 무엇인가?〉〈밑줄 친 부분에 대한 필자의 생각은 무엇인가?〉〈내용에 맞는 것은 무엇인가?〉 등 핵심 내용을 파악해 두어야 문제를 풀 수 있다.
4. 총 4문항인 것을 감안한다면 각 단락마다 한 문항이 출제될 것으로 예상된다.

실전 문제 **01 논설문**

問題　次の文章を読んで、後の問いに対する答えとして、最もよいものを1・2・3・4から一つ選びなさい。

　1990年代以降に進んだグローバリゼーションは決して平等で豊かな社会を生み出さなかった。特に先進国の製造業の労働者は粗略に扱われ、不安定な雇用しか得られない状態が続いた。少し前、例えばギリシャ問題が起きた時、他国の労働者は人ごとと考えていた。しかし、深刻な格差や貧困はどの国でも共通に起きていることに人々が気付き始めた。そのきっかけの一つがブレグジットであり、それがトランプ氏当選の大きな追い風にもなった。世界的に「気付きの連鎖」が起きた年が2016年だった。バラ色の未来を語ってきた①グローバリゼーションのマイナス面に目を向ける動きが広がり、一種の流行現象としてポピュリズムが伸長した。

　米国のポピュリズムは長い伝統があり、1820年代に大衆の不満や反エリーティズムなどに訴えて政治の主流を握ろうとする動きが出てきた。それは現在も変わっていない。ポピュリズムには本来、理性的に自分たちの要求を追求していく建設的なデモクラシーという側面もあるが、トランプ氏は自分たちの利害を感情的に訴える粗野な現状批判に徹した。大衆の絶望が深いほど、忍耐力、寛容さ、多元性に対する理解力は衰え、情緒的な運動が噴き出る。悲しいかな人間は危機の時ほど敵に矛先を向けることで危機感を和らげようとする傾向があり、ブレグジットや米大統領選では人々の不満の矛先が移民に向かった。

　トランプ氏のように熱心に「敵探し」をすることで人気を得ようとする政治家は多い。それに適したメディアがツイッターなどのソーシャル・ネットワーキング・サービス（SNS）だ。陰で罵詈（ばり）雑言をつぶやくことは誰でもあるだろうが、それが表に出て流通するようになった。言葉が行き交う空間が劣化し、政治の世界を短絡的、破壊的にする方向に向かわせた。米大統領選のテレビ討論もかつてないほどひどいものだったが、トランプ氏はずっとそういう言語空間で生きてきた。

　彼の一番の行動原理はディール（取引）だ。だがそれは政治の一面に過ぎず、民主主義社会は本来、多様な意見を調整する議論が重要である。社会全体の方向性や世界情勢を見ながら、多様な意見を自分の意見とすりあわせていく作業をしなければならない。「熟議」という言葉が最近よく使われるよう

になったが、トランプ氏にそうした言葉の体系はない。露骨な取引主義が政治の原理になっていく恐れがある。

(中略)

課題解決に挑まない民主主義は脆弱（ぜいじゃく）で、民主主義自体への信頼を失いかねない状況を招く。欧米で起こっている現象は、グローバリゼーションと開放経済の中で、雇用、貧富の格差など変化に追い込まれた人たちに真剣に向かい合わず、答えを出す努力を怠ってきた結果だ。民主主義の制度そのものや担ってきた政治家、知識層、ジャーナリズムに市民の怒りが向かっている。

問題なのは、こうした国民の不安や怒りを利用し、支持を集める政治家が存在することだ。その政治家は国民の不安に向かい合うように見えるため、多くの市民が期待してしまうが、現実の課題に対して有効な解決手段を持っているわけではない。意味ある改革の時間を無駄に費やし、状況を逆に悪化させてしまう。それが今起こっているポピュリズムの現象だ。

民主的に選挙で選ばれた指導者が権威主義的傾向を強め、国民が本来持っている人権や法的手続きを制約しているというのに、逆に多くの支持を集めている国がある。トルコやフィリピンがそうだ。②トランプ氏の発言に世界が一喜一憂するのは、これまで米国が主導してきた、自由と民主主義を規範とする戦後の国際システムを壊しかねないからだ。ただ、「これで民主主義の未来が失われた」と思う人はまだ少ないだろう。

(2017年1月18日付 毎日新聞による)

問1 ①グローバリゼーションのマイナス面の例として本文の内容と一致するのは次のどれか。

1　優秀な外国人に仕事を奪われて自国民の失業率がますます高くなる。
2　貧富の格差拡大と富の集中、労働者への待遇問題など平等な社会の実現が難しい。
3　市民社会的な共通感覚を育てていくための環境づくりが困難である。
4　自国民の不安や怒りがSNSを通じて表に出て流通するようになる。

問2　今の「ポピュリズム」について筆者はどのように考えているか。

1　理性的に自分たちの要求を追求していく建設的なデモクラシーである。
2　世界情勢を見ながら、多様な意見を調整している。
3　有効な解決手段がないのに、大衆の不満や怒りを利用している。
4　自国民重視の姿勢が広がり、人々の不満の矛先は移民に向かっている。

問3　②トランプ氏の発言に世界が一喜一憂する理由はなぜか。

1　彼の行動原理である「取引主義」が各国の利害に関わっているため
2　「敵探し」をすることで、人気を得ようとする彼の政治姿勢にメディアが協力しているため
3　今起こっているポピュリズムの現象にメリットやデメリットが共存するため
4　米国が築きあげた自由や民主主義制度の根本を揺るがす恐れがあるため

問4　本文の内容と一致しないものを選びなさい。

1　ブレグジットで、人々は深刻な格差や貧困問題に気付き始めるようになった。
2　トランプ氏は米大統領選のテレビ討論会で人気を得て、それが当選の追い風になった。
3　国民の不安や怒りを利用し、支持を集める政治家もいる。
4　権威主義的傾向を強めているのに、逆に支持を集めている国もある。

01 논설문

지문 해석

　1990년대 이후에 진행된 세계화는 결코 평등하고 풍요로운 사회를 만들지 못했다. 특히 선진국의 제조업 노동자는 홀대받고, 불안정한 고용밖에 얻지 못하는 상황이 계속되었다. 예를 들어 얼마 전 그리스 문제가 일어났을 때, 타국의 노동자는 남의 일이려니 생각하고 있었다. 하지만 심각한 격차와 빈곤은 어느 나라에서든 공통적으로 일어나고 있는 일이라고 사람들이 느끼기 시작했다. 그 계기 중의 하나가 브렉시트인데, 그것이 트럼프 씨 당선의 큰 순풍 역할을 해 주었다. 세계적으로 '인지의 연쇄'가 일어난 해가 2016년이었다. 장밋빛 미래를 주장해 왔던 ①세계화의 부정적인 측면에 눈을 돌리는 움직임이 확산되고, 일종의 유행 현상으로서 포퓰리즘이 신장했다.

　미국의 포퓰리즘은 긴 역사가 있고, 1820년대의 대중의 불만과 반 엘리티즘 등에 호소하며 정치의 주류를 장악하려는 움직임이 생겨났다. 그것은 지금도 변함이 없다. 포퓰리즘에는 본래 이성적으로 자신들의 요구를 추구해 가는 건설적인 데모크라시라는 측면도 있지만, 트럼프 씨는 자신의 이해(利害)를 감정적으로 호소하는 거친 현실 비판으로 일관했다. 대중의 절망이 깊을수록 인내심, 관용, 다원성에 대한 이해력은 쇠퇴하고 정서적인 운동이 생겨난다. 안타깝게도 인간은 위기일수록 적게 화살을 돌림으로써 위기감을 누그러뜨리려는 경향이 있는데, 브렉시트나 미국 대통령 선거에서는 사람들의 불만의 화살이 이민으로 향했다.

　트럼프 씨처럼 열심히 '적 찾기'를 통해 인기를 얻으려는 정치인은 많다. 그것에 적합한 미디어가 트위터 등의 소셜 네트워크 서비스(SNS)이다. 뒤에서 갖은 욕설을 하는 일은 누구나 있겠지만, 그것이 밖으로 나와 유통되게 되었다. 말이 오가는 공간이 퇴폐하고, 정치 세계를 단락적, 파괴적으로 만드는 방향으로 가게 했다. 미국 대통령 선거 TV 토론도 일찍이 없었을 만큼 엉망이었지만, 트럼프 씨는 계속 그러한 언어 공간에서 살아 왔다.

　그의 첫 번째 행동 원리는 딜(거래)이다. 하지만 그것은 정치의 한 부분에 지나지 않으며, 민주주의 사회는 본래 다양한 의견을 조정하는 논의가 중요하다. 사회 전체의 방향성과 세계정세를 보며 다양한 의견을 자신의 의견과 견주어 보는 작업을 해야 한다. '숙의(충분히 논의함)'라는 말이 요즘 자주 사용되게 되었는데, 트럼프 씨에게 그와 같은 언어 체계는 없다. 노골적인 거래주의가 정치 원리가 될 우려가 있다.

〈중략〉

　과제 해결에 도전하지 않는 민주주의는 취약해서 민주주의 자체에 대한 신뢰를 잃게 될 상황을 초래한다. 서양에서 일어나고 있는 현상은 세계화와 개방경제 속에서 고용, 빈부의 격차 등의 변화에 내몰리게 된 사람들을 진지하게 바라보지 않고 대답할 노력을 게을리해 온 결과이다. 민주주의 제도 자체와 (그것을) 이끌어 온 정치인, 지식인층, 저널리즘으로 시민들의 분노가 향하고 있다.

　문제는 이러한 국민의 불안과 분노를 이용해 지지를 모으려는 정치인이 존재한다는 것이다. 그 정치인은 국민의 불안과 마주하고 있는 듯이 보이기에 많은 시민들이 기대를 걸지만, 현실 과제에 대해 유효한 해결 수단을 가지고 있는 것은 아니다. 의미 있는 개혁의 시간을 헛되이 쓰고 상황을 역으로 악화시켜 버린다. 그것이 지금 일어나고 있는 포퓰리즘 현상이다.

　민주적인 선거로 뽑힌 지도자가 권위주의적인 경향을 강화하고 국민이 본래 가지고 있는 인권과 법적 절차를 제약하고 있음에도 불구하고, 거꾸로 많은 지지를 받고 있는 나라가 있다. 터키와 필리핀이 그렇다. ②트럼프 씨의 발언에 세계가 일희일비하는 것은 이제껏 미국이 주도해 온 자유와 민주주의를 규범으로 한 전후의 국제 시스템이 허물어질지도 모르기 때문이다. 다만, '이것으로 민주주의의 미래가 사라졌다'고 생각하는 사람은 아직 적을 것이다.

단어

グローバリゼーション 글로벌리제이션, 세계화 | 決(けっ)して 결코 | 平等(びょうどう) 평등 | 豊(ゆた)かな 풍요로운 | 生(う)み出(だ)す 만들어 내다 | 製造業(せいぞうぎょう) 제조업 | 労働者(ろうどうしゃ) 노동자 | 粗略(そりゃく)に扱(あつか)われる 소홀히 대접받다 | 不安定(ふあんてい)な雇用(こよう) 불안정한 고용 | 格差(かくさ) 격차 | 貧困(ひんこん) 빈곤 | ブレグジット 브렉시트 | 追(お)い風(かぜ) 순풍 | 連鎖(れんさ) 연쇄 | 流行現象(りゅうこうげんしょう) 유행 현상 | ポピュリズム 포퓰리즘, 민중주의, 대중주의 | 伸長(しんちょう)する 신장하다 | 反(はん)エリーティズム 반 엘리티즘 | 訴(うった)える 호소하다 | 主流(しゅりゅう)を握(にぎ)る 주류를 장악하다 | 追求(ついきゅう)する 추구하다 | 建設的(けんせつてき)なデモクラシー 건설적인 데모크라시 | 側面(そくめん) 측면 | 利害(りがい) 이해 | 粗野(そや)な現状批判(げんじょうひはん)に徹(てっ)する 거친 현실 비판으로 일관하다 | 絶望(ぜつぼう) 절망 | 忍耐力(にんたいりょく) 인내력 | 寛容(かんよう) 관용 | 多元性(たげんせい) 다원성 | 衰(おとろ)える 쇠퇴하다 | 情緒的(じょうちょてき)な 정서적인 | 噴(ふ)き出(で)る 솟아 나오다 | 悲(かな)しいかな 안타깝게도 | 危機(きき) 위기 | 矛先(ほこさき)を向(む)ける 창끝을 돌리다 | 危機感(ききかん)を和(やわ)らげる 위기감을 완화하다 | 陰(かげ) 그늘, 뒤 | 罵詈雑言(ばりぞうごん) 온갖 욕설 | つぶやく 중얼거리다 | 行(い)き交(か)う 오가다 | 劣化(れっか)する 품질이나 성능 등이 나빠지다 | 短絡的(たんらくてき) 단락적 | 破壊的(はかいてき) 파괴적 | かつてない 이제껏 없다 | 言語空間(げんごくうかん) 언어 공간 | 行動原理(こうどうげんり) 행동 원리 | 調整(ちょうせい)する 조정하다 | 議論(ぎろん) 논의 | 世界情勢(せかいじょうせい) 세계정세 | すりあわせる 견주어보다 | 熟議(じゅくぎ) 숙의(충분히 논의함) | 露骨(ろこつ)な 노골적인 | 取引主義(とりひきしゅぎ) 거래주의 | 課題解決(かだいかいけつ) 과제 해결 | 挑(いど)む 도전하다 | 脆弱(ぜいじゃく) 취약 | 失(うしな)いかねない 상실할지도 모른다 | 開放経済(かいほうけいざい) 개방경제 | 貧富(ひんぷ)の格差(かくさ) 빈부 격차 | 真剣(しんけん)に向(む)かい合(あ)う 진지하게 마주하다 | 怠(おこた)る 게을리하다 | 担(にな)う 떠맡다 | 無駄(むだ)に費(つい)やす 헛되이 쓰다 | 権威主義(けんいしゅぎ) 권위주의 | 人権(じんけん) 인권 | 法的手続(ほうてきつづ)き 법적 절차 | 制約(せいやく)する 제약하다 | 一喜一憂(いっきいちゆう) 일희일비 | 規範(きはん)とする 규범으로 하다 | 壊(こわ)しかねない 허물지도 모른다

문제 해설

문 1 ①세계화의 부정적인 측면의 예로서 본문의 내용과 일치하는 것은 무엇인가?

1 우수한 외국인에게 일자리를 빼앗겨 자국민의 실업률이 점점 높아진다.
2 빈부 격차가 확대되고 부의 집중, 노동자의 대우 문제 등 평등 사회의 실현이 어렵다.
3 시민사회적인 공통 감각을 기르기 위한 환경 구축이 곤란하다.
4 자국민의 불안과 분노가 SNS을 통해 밖으로 표출되어 유통되게 되었다.

해설 1번, 3번, 그와 같은 내용은 본문에 언급되어 있지 않다. 2번, 첫 번째 단락에서 [グローバリゼーションは決して平等で豊かな社会を生み出さなかった。製造業の労働者は粗略に扱われ、~深刻な格差や貧困はどの国でも起きている]라고 설명하며 세계화의 문제점에 대해 지적하고 있으므로 2번이 정답이 된다. 4번, 여기에서는 정치인들이 인기를 얻기 위한 수단으로 SNS가 이용된다고 했으므로 오답이다.

문2 지금의 '포퓰리즘'에 대해 필자는 어떻게 생각하고 있는가?
1 이성적으로 자신들의 요구를 추구해 가는 건설적인 데모크라시이다.
2 세계정세를 보면서 다양한 의견을 조정하고 있다.
3 **유효한 해결 수단도 없으면서 대중의 불만과 분노를 이용하고 있다.**
4 자국민 중시의 자세가 확산되어 사람들의 불만의 화살이 이민으로 향하고 있다.

[해설] 1번, 두 번째 단락에서 [ポピュリズムは本来、理性的に自分たちの要求を~利害を感情的に訴える粗野な現状批判に徹した]라고 언급하며 본래의 포퓰리즘과 지금의 포퓰리즘이 다르다고 언급하고 있으므로 오답이다. 2번, 네 번째 단락에서 [世界情勢を見ながら~作業をしなければならない]라고 했으므로 현재 다양한 의견을 조정하고 있는 것은 아니다. 3번, 끝에서 두 번째 단락에서 [問題なのは、こうした国民の不安や怒りを利用し~それが今起こっているポピュリズムの現象だ]라고 언급하고 있으므로 3번이 정답이다. 4번, 두 번째 단락 마지막 부분에서 [人間は危機の時ほど敵に矛先を向けることで危機感を和らげようとする傾向がある]라고 언급했지만 자국민 중시가 확산되었기 때문이라는 내용은 없으므로 오답이다.

문3 ②트럼프 씨의 발언에 세계가 일희일비하는 이유는 무엇인가?
1 그의 행동 원리인 '거래주의'가 각국의 이해와 관련되어 있기 때문에
2 '적 찾기'를 함으로써 인기를 얻으려고 하는 그의 정치 자세에 미디어가 협력하고 있기 때문에
3 지금 일어나고 있는 포퓰리즘 현상에 일장일단이 있기 때문에
4 **미국이 쌓아 올린 자유와 민주주의 제도의 근본을 흔들 우려가 있기 때문에**

[해설] 밑줄 바로 뒤에 그 이유가 언급되어 있다. [米国が主導してきた~戦後の国際システムを壊しかねないからだ]라고 설명하고 있으므로 4번이 정답이다.

문4 본문의 내용과 일치하지 않는 것을 고르시오.
1 브렉시트로 사람들은 심각한 격차와 빈곤 문제에 대해 인지하기 시작했다.
2 **트럼프 씨는 미국 대통령 선거 TV 토론에서 인기를 얻고, 그것이 당선의 순풍 역할을 했다.**
3 국민의 불안과 분노를 이용해 지지를 얻는 정치인도 있다.
4 권위주의적 경향을 강화하고 있는데 반대로 지지를 얻고 있는 나라도 있다.

[해설] 1번, 첫 번째 단락에서 [深刻な格差や貧困は~気付き始めた。そのきっかけの一つがブレグジット]라고 설명하고 있으므로 본문의 내용과 일치한다. 2번, 1번 내용과 연결되는데 [そのきっかけの一つがブレグジットであり、それがトランプ氏の当選の大きな追い風にもなった]라고 설명하고 있고, TV 토론이 당선에 도움을 준 것은 아니므로 2번이 정답이다. 3번, 끝에서 두 번째 단락에서 [問題なのは、こうした国民の不安や怒りを利用し支持を集める政治家が存在する]라고 언급되어 있다. 4번, 마지막 단락에서 [民主的に選ばれた指導者が~逆に支持を集めている国がある]라고 설명하고 있으므로 본문의 내용과 일치한다.

실전 문제 02 설명문

問題　次の文章を読んで、後の問いに対する答えとして、最もよいものを１・２・３・４から一つ選びなさい。

　進んでこちらが受け入れたり、従ったり、また、時には逆らって縄張りから排除したりする。このことをよく表した日本語に「嫁取り」「婿入り」という言葉がある。これは嫁や婿といった外の人間を自己側の家に迎え入れて家族の一員として認め「われわれ」の仲間とする行為である。文字通りよその縄張りから「取る」ことであり、人の縄張りに「入る」ことである。日本語の「取る」や「入る」には外から内への移行といったニュアンスがある。米の取入れも税金の取り立ても「取る」ことは外の領域から己の側に移し替えることだ。「入る」や「はいる」も、もちろん外から内へと移行していくことはいうまでもない。「嫁入り」「輿入れ」はいうに及ばず、「弟子入り」だの「立ち入り禁止」だの、みな外の領域からの侵入であるにちがいない。
　ところで、結婚相手は本来、縄張りの外の人間であるから、①"私"中心の社会観からすれば"他人"でまだ「一つ釜の飯を食う」仲間、「われわれ」とはなっていない。家中心の古い日本社会の観念からすれば「嫁取り」「嫁入り」で入ってきた新妻は、実権を握る親側の目から見れば"よそ者"で嫁いびりの対象となる。「秋茄子は嫁に食わすな」と差別する心理も芽生えるというものだ。しかし、時が経ち、同じ釜の飯を食う機会が増えれば、やがて打ち解けて家族と同化していく。めでたく三人称「彼女」が、一人称の「われわれ」となったのである。
　日本人の社会観には、古来、このような「私」「われわれ」中心の縄張り意識が伝統的にあって、身内とよそ者と厳格に区別していた。そして、自己側の領域は個人の場合は「家」であり、グループとしては「村」であった。村は「群れ」で仲間として共同体を構成する一群だ。だから、仲間の掟を破れば②「村八分」として排除される。（中略）
　日本では家に入るとき、靴や下駄など下履きを必ず脱いでから入る。これは家の③外と内とを厳格に区別している証拠で、玄関から内側はその家の縄張りで、外の延長ではない。だから外の下足でそのまま縄張りの内に踏み込むことは許されない。しかも、他者の縄張りへと足を踏み入れるのであるから、ことさら「上がる」のような敬意のある動詞を用い、その家へ行くの意味で「先生のお宅へ上がる」のように言う。家はそこに住む人にとっては自己側の空

間、すなわち内側のものなのである。だから、節分の時「福は内、鬼は外」と言って豆を撒くあの風習も掃除機のないその昔、家の中の塵を箒で外に掃き出すやり方も。見ようによっては、自己の縄張りから災いや汚れを外に追いやり、内なる自己の縄張りを守る、内と外とを厳格に区別していた一つの証拠ともいえよう。比喩に他人が内輪の問題や他人の専門領域に無神経にやたらと口を出し、干渉してくることを「人の家に土足で上がってくるようなものだ」と言って喩えることがあるが、これなど、いかに内なる自己の問題を外の他人から守ろうとするかの、一つの現れといってよいのではないか。

　潔癖といえば潔癖であるが、私ないし私たちの「縄張り」つまり、「自分たちの領域」を外の世界から隔離してプライバシーを守ろうとする。だから、家はそこに住む人のくつろげる内部空間として機能する。

(森田良行『日本人の発想、日本語の表現』中央公論社による)

問1　①"私"中心の社会観と言葉の関係性として間違っているものを選びなさい。

1　帰属意識から「はいる」「取る」といった言葉が生まれた。
2　個人主義の社会観であるため、言葉も自分中心である。
3　自己との関係性から言葉を生み出している。
4　外から中へという方向性で人間関係を表現している。

問2　②「村八分」と日本人の思考の特徴について間違っているものを選びなさい。

1　集団志向的であり、所属する集団に依存している。
2　調和を重要視し、秩序を尊重する。
3　共同体の中で異質な存在は、決して認めない。
4　各自の縄張り意識があるため、利己主義的思想を持っている。

問3　③外と内について述べているものとして間違っているのを選びなさい。

1　外と内を区別することは、他人をどのように扱うかという基準になる。
2　外と内を区別することは、敬語や待遇表現の使い分けの基準となる。
3　外と内を区別することは、悪を外に追いやる役割をする。
4　外と内を区別することは、己と他者のプライバシーを守る役割をする。

問4　本文中の日本人の特徴として間違っているものを選びなさい。

1　日本人は秘密主義でプライバシーを守ることを重要視する。
2　日本人は自分を内、他者を外の人間として心理的距離をおく。
3　日本人は他者を、己を基準とした方向性と隔ての程度で示そうとする。
4　日本人は他者を外の世界の人間として己の縄張り外にある者とみなす。

해석 및 해설 | 02 설명문

지문 해석

나서서 우리 쪽에 받아들이거나 따르고, 때로는 반대로 우리 영역으로부터 배제하기도 한다. 이러한 것을 잘 나타내 주는 일본어로 '아내를 들임' '사위 들임(데릴사위)'이라는 말이 있다. 이것은 며느리나 사위라고 하는 외부 사람을 자기 쪽 집에 들여서 가족의 일원으로 인정하고, '우리 쪽' 사람으로 받아들이는 행위이다. 문자 그대로 외부 영역에서부터 '가져오는' 것이고, 다른 사람의 영역에 '들어가는' 것이다. 일본어의 '가져오다'나 '들어가다'에는 외부로부터 안으로의 이행이라는 뉘앙스가 있다. 쌀 수확이나 세금 징수에서도 '가져오다'라는 것은 외부 영역에서 우리 쪽으로 옮겨 온다는 것이다. '들다'나 '들어가다'도 당연히 외부에서 안으로 이행해 가는 것을 뜻함은 말할 것도 없다. '시집 감' '출가'는 말할 것도 없고, '제자 들임'이나 '출입 금지' 모두 외부 영역으로부터의 침입임에 틀림없다.

한편, 결혼 상대는 본래 내 영역 밖의 사람이기 때문에 ①"자기" 중심 사회관에서 보면 "타인"이라서 아직 '한솥밥 먹는' 사이, '우리'가 되지 않는다. 예로부터 가족 중심인 일본 사회의 관념에서 생각해 보면 '아내를 들임' '시집'을 통해 들어온 새 신부는 실권을 잡고 있는 시부모님 눈엔 "외부 사람"이기 때문에 구박의 대상이 된다. '가을에 딴 가지는 며느리에게 먹이지 마라'와 같이 차별하는 심리도 싹트는 것이다. 하지만 시간이 흘러 한솥밥을 먹을 기회가 늘면 이윽고 마음을 터놓게 되고 가족으로 동화되어 간다. 다행히도 3인칭이었던 '그녀'가 1인칭인 '우리'가 되는 것이다.

일본인의 사회관에는, 예로부터 이와 같은 '나' '우리' 중심의 영역 의식이 전통적으로 있어서, 우리 식구와 외부 사람을 엄격하게 구별해 왔다. 그리고 자기 쪽 영역이 개인일 경우에는 '집'이 되고, 집단일 경우에는 '마을'이 되었다. 마을은 '무리'를 지어 동료로서 공동체를 구성하는 한 집단이다. 그러므로 그 무리의 규정을 어기면 ②'집단 따돌림'을 당해 마을에서 배제된다. (중략)

일본에서는 집에 들어갈 때, 신발이나 나막신 등 밖에서 신는 신을 반드시 벗고 들어간다. 이것은 집의 ③안과 밖을 엄격하게 구별하고 있는 증거로, 현관에서부터 안쪽은 그 집의 영역이며 밖의 연장선은 아니다. 그러므로 밖에서 신은 신발 그대로 다른 사람의 영역 안에 들어가는 것은 허용되지 않는다. 게다가 다른 사람의 영역에 발을 들이는 것이므로, 일부러 '올라가다'와 같은 정중한 동사를 사용해 그 집에 간다는 의미로 '선생님 댁에 올라가다'와 같이 표현한다. 집은 그곳에 사는 사람들에게 있어서 자기 쪽 공간, 다시 말해서 안쪽인 것이다. 그래서 세쓰분(입춘·입하·입추·입동의 전날과 같이 기후가 바뀌는 시기) 때 '복은 안으로, 귀신은 밖으로'라고 말하며 콩을 던지는 풍습도, 청소기가 없었던 그 옛날, 집 안의 먼지를 빗자루로 털며 밖으로 내보내는 것도. 보는 방식에 따라서는 자기 영역으로부터 재앙이나 더러움을 밖으로 내쫓고, 안쪽의 자기 영역을 지키기 위해 안과 밖을 엄격하게 구별해 왔던 하나의 증거라고 말할 수 있을 것이다. 비유적으로 다른 사람이 자신의 집안 문제나 타인의 전문 분야에 대해 무신경하게 마구 참견하고 간섭하는 것을 '남의 집에 신발을 신은 채로 들어가는 것과 같은 것이다'라고 빗대어 말하기도 하는데, 이러한 것을 포함해 얼마나 자신들의 문제를 외부 사람으로부터 지키려고 하는지를 알 수 있는 하나의 표현은 아닐까?

결벽이라고 하면 결벽이겠지만, 자신 내지는 우리들의 '영역' 즉, '자신들의 영역'을 외부 세계로부터 격리시켜 프라이버시를 지키려고 한다. 그럼으로써 집은 그곳에 사는 사람들이 편히 쉴 수 있는 내부 공간으로서 기능한다.

단어

受け入れる(うけいれる) 받아들이다 | 従(したが)う 따르다 | 逆(さか)らう 거스르다 | 縄張(なわば)り 내 구역, 영역 | 排除(はいじょ) 배제 | 嫁取(よめと)り 아내를 들임 | 婿入(むこい)り 데릴사위 | われわれ 우리, 우리들 | 仲間(なかま) 동료, 무리 | 行為(こうい) 행위 | 文字通(もじどお)り 글자대로 | よそ 밖 | 取入(とりい)れ 수확 | 税金(ぜいきん) 세금 | 取り立て(とりたて) 징수, 거둠 | 領域(りょういき) 영역 | 己(おのれ) 자기 | 移し替える(うつしかえる) 옮겨 담다 | 嫁入(よめい)り 시집 | 輿入(こしい)れ 출가 | ～に及(およ)ばず ～할 필요가 없다 | 弟子入(でしい)り 제자로 들임 | ～だの～らんとか | 侵入(しんにゅう) 침입 | ～にちがいない ～임에 틀림없다 | 社会観(しゃかいかん) 사회관 | ～からすれば ～로부터 보면 | 一つの釜(かま)の飯(めし)を食(く)う 한솥밥을 먹다 | 観念(かんねん) 관념 | 新妻(にいづま) 새 신부 | 実権(じっけん) 실권 | 握(にぎ)る 잡다 | よそ者(もの) 외부 사람 | 嫁(よめ)いびり 며느리 구박 | 対象(たいしょう) 대상 | 秋茄子(あきなす)は嫁(よめ)に食(く)わすな 가을에 딴 가지는 며느리에게 먹이지 마라(미운 며느리에게 맛있는 가지를 먹이는 것이 아깝다는 의미) | 差別(さべつ) 차별 | 芽生(めば)える 싹트다 | やがて 이윽고 | 打(う)ち解(と)ける 마음을 터놓다 | 同化(どうか) 동화 | めでたい 다행이다, 축하하다 | 三人称(さんにんしょう) 3인칭 | 一人称(いちにんしょう) 1인칭 | 古来(こらい) 예로부터 | 意識(いしき) 의식 | 伝統的(でんとうてき) 전통적 | 身内(みうち) 우리 식구 | 厳格(げんかく) 엄격 | 群(む)れ 무리 | 共同体(きょうどうたい) 공동체 | 構成(こうせい) 구성 | 一群(いちぐん) 한 집단 | 掟(おきて)を破(やぶ)る 규정을 어기다 | 村八分(むらはちぶ) 집단 따돌림 | 下駄(げた) 나막신 | 下履(したば)き 밖에서 신은 신발 | 証拠(しょうこ) 증거 | 下足(げそく) 벗어 놓은 신발 | 踏(ふ)み込(こ)む 발을 들이다 | ことさら 특히, 일부러 | 敬意(けいい) 경의 | 用(もち)いる 사용하다 | お宅(たく)に上(あ)がる 댁에 올라가다(남의 집에 방문하다) | ～にとって ～에게 있어서 | すなわち 다시 말해서 | 内側(うちがわ) 안쪽 | 節分(せつぶん) 입춘·입하·입추·입동의 전날과 같이 기후가 바뀌는 시기 | 福(ふく) 복 | 鬼(おに) 귀신 | 豆(まめ)を撒(ま)く 콩을 던지다 | 風習(ふうしゅう) 풍습 | 塵(ちり) 먼지 | 箒(ほうき) 빗자루 | 掃(は)き出(だ)す 털어 내다 | 見(み)ようによっては 보는 방식에 따라서는 | 災(わざわ)い 재앙 | 追(お)いやる 쫓다 | 内(うち)なる 안쪽 | 比喩(ひゆ) 비유 | 内輪(うちわ) 집안 | 無神経(むしんけい)に 무신경하게 | やたらと 무턱대고 | 口(くち)を出(だ)す 참견하다 | 干渉(かんしょう) 간섭 | 土足(どそく)で 신발을 신은 채로 | 喩(たと)える 비유하다 | いかに 얼마나 | 潔癖(けっぺき) 결벽 | ないし 내지 | 隔離(かくり) 격리 | くつろげる 편히 쉴 수 있다 | 機能(きのう) 기능

> 문제 해설

문1 ①"자기" 중심 사회관이란 단어와 연관성이 있는 것으로 옳지 않은 것을 고르시오.

1 귀속 의식에서 '들어오다' '가져오다'라는 말이 생겨났다.
2 개인주의 사회관이라서 단어도 자기중심적이다.
3 자신과의 관계성에서 단어를 만들어 낸다.
4 외부에서 안이라는 방향성으로 인간관계를 표현하고 있다.

> 해설 개인주의가 아니라 자기 내지는 자신들의 영역을 중시하는 일본의 집단주의에 대해 말하고 있으므로 2번이 정답임을 알 수 있다.

문2 ②'집단 따돌림'과 일본인의 사고방식에 대한 특징으로서 옳지 않은 것을 고르시오.

1 집단 지향적이라서 소속된 집단에 의존한다.
2 조화를 중요시하고 질서를 존중한다.
3 공동체 안에서의 이질적 존재는 절대로 인정하지 않는다.
4 각자의 영역 의식이 있기 때문에 이기주의적 사상을 가지고 있다.

> 해설 '집단 따돌림'이 나와 있는 단락을 살펴보면 예로부터 일본인은 각자의 영역 의식이 아니라, '우리' 중심의 영역 의식을 가지고 있다고 기술하고 있다. 또한, '이기주의적'이란 단어는 본문 어디에도 나오지 않으므로 4번이 정답임을 알 수 있다.

문3 ③안과 밖에 대해서 말하고 있는 것으로 옳지 않은 것을 고르시오.
1 안과 밖을 구별하는 것은 다른 사람을 어떻게 대해야 하는지의 기준이 된다.
2 안과 밖을 구별하는 것은 경어와 대우 표현을 어떻게 구분해서 사용할지의 기준이 된다.
3 **안과 밖을 구별하는 것은 악을 밖으로 쫓아내는 역할을 한다.**
4 안과 밖을 구별하는 것은 자신과 다른 사람의 프라이버시를 지키는 역할을 한다.

[해설] 1번과 2번은 같은 의미로, 네 번째 단락 네 번째 줄 [しかも、他者の縄張りへと足を踏み入れるのであるから~ように言う]의 부분을 보면 안과 밖의 관계성으로 [お宅にはいる]가 아니라, 정중한 동사를 사용해 [お宅に上がる]라고 대우 표현을 달리 한다고 나와 있다. 또한 안과 밖을 엄격하게 구분함으로써 자신들의 영역을 지키려고 했다고 본문에 나와 있으므로 4번도 일치하는 내용이다. 3번은 악이 아니라 귀신이나 재앙을 내쫓는 의미로 안과 밖을 구별한다고 하였으므로 이것이 정답임을 알 수 있다.

문4 본문에서 말하는 일본인의 특징으로 옳지 않은 것을 고르시오.
1 **일본인은 비밀주의라서 프라이버시를 지키는 것을 중요시한다.**
2 일본인은 자신을 안쪽, 다른 사람을 바깥쪽 사람으로 구별해 심리적 거리를 둔다.
3 일본인은 타인을 나를 기준으로 한 방향성과 거리의 정도로 나타내려고 한다.
4 일본인은 타인을 외부 세계의 인간으로 생각하고 자신의 영역 밖에 있는 사람으로 간주한다.

[해설] 자신들의 영역을 외부 세계로부터 격리시켜 프라이버시를 지키려고 한다는 것은 본문에 나와 있지만, 그것을 비밀주의로 이해해서는 안 되므로 1번이 정답이 된다.

실전 문제 03 수필문

問題　次の文章を読んで、後の問いに対する答えとして、最もよいものを1・2・3・4から一つ選びなさい。

　冬といえば鍋。そして鍋というと、待ってました、とばかりに登場するのが①鍋奉行だ。しかし、鍋奉行を自認しているそこのアナタ、単にこまめにアクをすくったり食材を投入するだけの係になっているのでは"奉行"の名がすたる。そこで真の鍋奉行を目指すべく、その奥義を居酒屋のマスターに教えてもらった。

　まずは食材投入の手順。最初に入れるのは昆布だが、ダシをしっかりとろうとして入れっ放しにするのは禁物。昆布はそのままにしておくとぬめりが出てしまい、煮立つ直前に引き上げてしまおう。次は本格的な食材の投入。これは、つみれや肉類など、ダシが出るものから入れるのが正解。その後は根菜類、野菜、豆腐など、火の通りにくい順に入れていこう。これらを一気に入れてしまうのはご法度。肉類を入れたら沸騰するまで待ち、さらに根菜類を入れたらまた沸騰するまで待つ。間隔をあけて投入するのがコツだ。気をつけたいのは魚介類。エビやイカ、カキなどは時間がたつと縮んでしまうので、野菜のあとに入れる。カキについては、入れる前に少量の片栗粉をまぶしておくとふっくらと仕上がる、という裏ワザもある。

　さて、鍋奉行の腕前の見せどころといえば②アクとり。しかし、こまめにアクをすくえばいいかというと、そうでもない。じつは、アクのなかには旨み成分も含まれていて、とり過ぎると旨みまでどんどん捨ててしまうことになる。一度沸騰させてから火を弱めると、アクも小さくなるので、ここではじめてすくえばよい。アクとりの道具にも、気を配りたい。おたまですくうと一緒に水分も取ってしまうので味に影響が出るし、網だと目が粗くてアクをすくい切れない場合がある。最近では、アクの上をなでるだけで、きれいにアクがとりのぞける「アク取りブラシ」なる優れものもあるので、鍋奉行を自認するなら持っていたいところだ。

　ほかにも鍋奉行には大事な勤めがある。火加減の調節だ。土鍋なら全体がほぼ均等の温度になるが、アルミ鍋の場合は鍋肌と中心部で温度差ができてしまう。外側のものを中心部に移すようにして、鍋全体の温度を一定にするのがポイントである。そして最後に大切な鍋奉行の心得。それは鍋の管理に徹し、取り分けは女性にお願いすること。男性の鍋奉行が取り分けるよりも、

それだけで一味違うというものだ。

(暮らしの達人研究班『プロから聞いた黄金の隠しワザ』河出書房新社による)

問1　本文での①鍋奉行の意味として正しいものを選びなさい。

1　入れる具の順番を指示して鍋料理を作らせたり、食べることをせかす人
2　相手が食べたくないものまで無理やりに食べさせる人
3　具や鍋の雑学を説明することが好きで鍋料理が得意な人
4　鍋料理のコツを知っていて鍋料理を作るときに張り切って仕切る人

問2　正しい鍋奉行の作法として正しいものを選びなさい。

1　昆布は粘り成分が溶け出し風味を損なうので沸騰した頃合いで取り出す。
2　野菜は火が通りにくいものから順番に入れなければならないので固いものから入れる。
3　鍋に入れるものは全てに火を通さなければならないので必ず沸騰させる。
4　鍋が沸騰し、一番最初に入れる食材は鶏肉などのダシがでる食材である。

問3　②アクとりについて述べているもののうち間違っているものを選びなさい。

1　単なるえぐみや苦みではなく旨みもあるので、アクはあえて全て除去せず残した方がおいしくなる。
2　面倒なアク取り作業を手軽に行うためにアク取りブラシという調理器具も開発されている。
3　おたまでアクを取り除くとスープまで取り除いてしまうため鍋の味が損なわれる。
4　アクをとるタイミングも重要で、素材を入れ沸騰しているときに行うのが良い。

問4　本文の内容として間違っているものを選びなさい。

1　下ごしらえとしてカキは少量の片栗粉をまぶすと縮みを防いでくれる。
2　鍋奉行の重要な役割は鍋のお湯の温度を一定に保つことである。
3　鍋を小皿に取り分ける時は女性にしてもらうのが一番良い。
4　鍋の食材はよく火を通すためにも柔らかいものを最後に入れるのが良い。

해석 및 해설　03 수필문

지문 해석

　겨울 하면 전골. 그리고 전골 하면 기다렸다는 듯이 등장하는 것이 ①나베부교(전골 요리할 때의 요리 담당자)이다. 하지만 스스로 나베부교라고 인정하고 있는 거기 당신, 단순히 정성껏 거품을 걷어 내거나 재료를 투입하는 역할만으로는 "부교"라는 이름에 걸맞지 않다. 그래서 진정한 나베부교를 지향하기 위해 그 비결을 이자카야 주인에게 배웠다.
　우선, 식재료를 넣는 순서. 맨 처음 넣는 것은 다시마인데, 육수를 제대로 내겠다고 넣어둔 채로 오래 두는 것은 금물이다. 다시마는 그대로 두면 점액이 나와서 끓기 직전에 걷어 내도록 하자. 다음은 본격적인 재료의 투입. 이것은 어묵이나 육류 등 육수가 나오는 것부터 넣는 것이 정답이다. 그 다음에 근채류, 야채, 두부 등 잘 익지 않는 순서로 넣자. 이것들을 한 번에 넣는 것은 절대 금물. 육류를 넣었다면 끓을 때까지 기다렸다가, 거기에 근채류를 넣고 또 끓을 때까지 기다린다. 간격을 두고 넣는 것이 포인트다. 주의해야 할 것은 어패류이다. 새우나 오징어, 굴 등은 시간이 지나면 쪼그라들기 때문에 야채 다음에 넣는다. 굴에는 넣기 전에 소량의 녹말을 묻혀 두면 통통한 상태로 완성시킬 수 있는 숨은 비법도 있다.
　한편, 나베부교의 솜씨 발휘는 ②거품을 걷어 낼 때 드러난다. 그런데 정성스레 거품을 걷어 내기만 해서 되는 것도 아니다. 실은 거품 안에는 맛을 내는 성분도 들어 있어서 너무 많이 걷어 내면 그러한 맛까지 버리게 되는 것이다. 한 번 끓이고 나서 불을 줄이면 거품도 적어지므로 그때 처음으로 걷어 내면 되는 것이다. 거품을 걷어 내는 도구에도 주의를 기울여야 한다. 국자로 걷어 내면 수분도 함께 사라지므로 맛에 영향을 주고, 망으로 걷어 내면 촘촘하지 않아서 거품이 잘 걷어지지 않는 경우도 있다. 최근에는 거품 위를 살짝 건드리는 것만으로 깔끔하게 거품을 걷어 낼 수 있는 '거품 걷어 내는 브러시' 같은 훌륭한 물건도 있으니, 스스로 나베부교라고 인정하는 사람이라면 가지고 싶을 것이다.
　그 밖에도 나베부교의 중요한 임무가 있다. 화력 조절이다. 뚝배기라면 전체가 거의 균등한 온도가 되지만, 알루미늄 냄비의 경우는 냄비 겉 표면과 중심부에 온도 차가 생겨 버린다. 바깥쪽에 있는 것을 중심부로 옮기거나 해서 냄비 전체의 온도를 일정하게 하는 것이 포인트이다. 그리고 마지막으로 중요한 것은 나베부교의 마음가짐. 그것은 냄비 관리를 철저히 하고, 음식 나눠 담는 것은 여성에게 부탁할 것. 남성 나베부교가 담아 주는 것보다 여성이 해 주는 것만으로도 맛이 달라지기 때문이다.

단어

鍋(なべ) 냄비, 전골 요리 | ～とばかりに ～라는 듯이 | 鍋奉行(なべぶぎょう) 전골 요리 담당자 | 自認(じにん) 스스로 인정함 | 単(たん)に 단순히 | こまめに 정성껏 | アクをすくう 거품을 뜨다 | 投入(とうにゅう) 투입 | 係(かかり) 담당 | 名(な)がすたる 이름에 걸맞지 않다 | 目指(めざ)す 지향하다 | ～べく ～위해 | 奥義(おくぎ/おうぎ) 비결, 깊은 뜻 | 手順(てじゅん) 순서 | 昆布(こんぶ) 다시마 | ダシ 육수 | ～っ放(ぱな)し ～한 채로 | 禁物(きんもつ) 금물 | ぬめり 점액 | 煮立(にた)つ 끓다 | 引き上げる(ひきあげる) 건지다 | つみれ 어묵, 동그랑땡 | 正解(せいかい) 정답 | 根菜類(こんさいるい) 근채류 | 火(ひ)が通(とお)る 익다 | 法度(はっと) 금지 | 沸騰(ふっとう)する 펄펄 끓다 | 間隔(かんかく) 간격 | コツ 요령, 포인트 | 魚介類(ぎょかいるい) 어패류 | 縮(ちぢ)む 쪼그라들다 | 片栗粉(かたくりこ)をまぶす 녹말을 묻히다 | ふっくらと 통통하게 | 仕上(しあ)がる 완성되다 | 裏(うら)ワザ 숨은 비법 | 腕前(うでまえ) 솜씨 | アクとり 거품 걷어 내기 | 旨(うま)み (맛있는) 맛 | 含(ふく)む 포함되다 | 気(き)を配(くば)る 주의하다, 배려하다 | おたま 국자 | 網(あみ) 망 | 目(め)が粗(あら)い 망의 눈이 촘촘하지 않다 | ～切(き)れない ～(완전히) 할 수 없다 | なでる 쓰다듬다 | ～なる ～같은 | 優(すぐ)れる 훌륭하다, 우수하다 | 勤(つと)め 임무 | 火加減(ひかげん)の調節(ちょうせつ) 화력 조절 | 土鍋(どなべ) 뚝배기 | 均等(きんとう) 균등 | アルミ鍋(なべ) 알루미늄 냄비 | 鍋肌(なべはだ) 냄비 안쪽의 측면 | 心得(こころえ) 마음가짐 | 徹(てっ)する 철저하게 하다 | 取り分け(とりわけ) 나눠 담기 | 一味違(ひとあじちが)う 어딘가 다르다

문제 해설

문1 본문에서 나온 ①나베부교의 의미로서 옳은 것을 고르시오.

1. 넣을 재료의 순서를 지시해 전골 요리를 만들게 하거나 먹는 것을 재촉하는 사람
2. 상대방이 먹고 싶어 하지 않는 것까지 무리하게 먹이는 사람
3. 식재료나 냄비에 대한 지식을 설명하기를 좋아하며 전골 요리를 잘하는 사람
4. **전골 요리의 요령을 잘 알고 있으며 전골 요리를 만들 때에 나서서 요리를 도맡아 하는 사람**

해설 1번, 남에게 순서를 지시하거나 먹게끔 재촉하지 않으며, 2번, 무리하게 음식을 먹이지 않으며, 3번, 식재료나 냄비에 대한 지식을 설명하기를 좋아하는 것을 뜻하지 않으므로 4번이 정답이 된다.

문2 올바른 나베부교의 방식으로서 옳은 것을 고르시오.

1. 다시마는 점액 성분이 녹아 풍미를 망치기 때문에 물이 끓는 시점에 꺼낸다.
2. **야채는 잘 익지 않는 것부터 순서대로 넣어야 하므로 딱딱한 것부터 넣는다.**
3. 전골에 넣는 것은 모두 잘 익혀야 하므로 반드시 펄펄 끓인다.
4. 전골이 끓고 나서 가장 먼저 넣을 재료는 닭고기 등 육수를 내는 식재료이다.

해설 다시마는 점액이 나와서 펄펄 끓기 전에 꺼내야 하므로 1번과 3번은 정답이 아니며, 가장 먼저 넣어야 할 재료는 다시마이므로 4번도 정답이 아니다.

문3 ③거품 걷어 내기에 대해서 말하는 것 중 옳지 않은 것을 고르시오.

1. 알싸하고 쓴맛만 내는 것이 아니라, 맛있는 맛도 내기 때문에 굳이 전부 걷어 내지 말고 남기는 편이 맛있어진다.
2. 성가신 거품 걷어 내는 작업을 수월하게 하기 위해서 거품 걷어 내는 브러시라는 조리 도구도 개발되었다.
3. 국자로 거품을 걷어 내면 국물까지 줄어들기 때문에 전골의 맛도 망친다.
4. **거품을 걷어 내는 타이밍도 중요해서, 재료를 넣고 펄펄 끓고 있을 때 하는 것이 좋다.**

해설 거품을 걷어 내는 시기는 세 번째 단락 넷째 줄 [一度沸騰させてから〜ここではじめてすくえばいい]의 부분을 보면 알 수 있다. 한 번 끓인 다음 불을 줄이고 나서 걷어 내라고 나와 있으므로 4번이 정답임을 알 수 있다.

문4 본문의 내용과 일치하지 않는 것을 고르시오.

1. 사전 준비로서 굴은 소량의 녹말을 묻혀 두면 쪼그라드는 것을 방지할 수 있다.
2. **나베부교의 중요한 역할은 전골의 물 온도를 일정하게 유지하는 것이다.**
3. 전골을 작은 접시에 나눠 담을 때에는 여성에게 부탁하는 것이 가장 좋다.
4. 전골의 식재료는 잘 익도록 부드러운 것을 마지막에 넣는 것이 좋다.

해설 네 번째 단락 첫째 줄 [ほかにも鍋奉行には大事な勤めがある〜鍋全体の温度を一定にするのがポイントである]의 부분을 보면 나베부교의 중요한 임무는 물의 온도가 아니라 냄비 전체의 온도를 일정하게 하는 것을 의미하므로 2번이 정답임을 알 수 있다.

実戦問題 04 수필문

問題　次の文章を読んで、後の問いに対する答えとして、最もよいものを1・2・3・4から一つ選びなさい。

　①自分のまわりの世界を見る技術をもう一度身につけるのは、いたって簡単である。そうした技術を身につけるためには練習が必要であり、また、いくつか悪い習慣をやめる必要があるが。そして「もう一度身につける」というこの表現は、正しい表現であると思う。たいていの人は、大人になってからよりも子どもの時のほうがはるかに、多くの物事を注意深く見ていたのだから。子どもの一日は未知と驚きに満ちている。探検をしたい、冒険をしたいという願望があるために、私たちの誰もが、自分の周りの世界を意識する生来の能力を持っていた。しかし大人になったいま、私たちは、新しい考えや新しい状況に刺激を受けにくくなっている。自分の周りにある物事の驚異が目に入らなくなっているのだ。

　私たちの②感覚を目覚めさせる第一歩は、子どもの時に持っていた観察の能力を再発見することである。そうするためには、自分がこれから何を見、何を感じようとしているのかを、それが実際に起こる前に予想するのをやめる必要がある。そうした予想は、私たちの感じる能力を妨げるのだ。

　一例をあげると、ある肌寒い夜、私は何人かの学生をつれて山にハイキングに行った。私は彼らに、これから山の小川（おがわ）を渡らなければならないと言った。彼らは、さぞ冷たいだろうと不満を言い始めた。私たちは小川にたどり着き、学生たちはいやいやながらも勢いよく足を踏み入れた。私が温泉に入らせたことに彼らが気づいた時、学生たちはほとんど膝（ひざ）まで小川に浸かっていた。あとで学生たちはみな、③最初は冷たい水を感じたと言った。

　私たちはまた、より多くのものを見るために役立つ「しるし」に気づく必要がある。かつて私はハイキングに出かけて、ストーキング・ウルフという名前のインディアンの友人から6メートルほど離れて歩いていた。私たちが大きな松の木の下を通った時、ストーキング・ウルフが振り向いて、「そいつの邪魔をしないように」と言った。驚いて、私はそこらじゅうを見回した。私が見落としていたシカかキツネか、それとも何か他の動物がいるのか。最後に私が木の枝をのぞきこむと、私たちから3メートルと離れていないところに美しいフクロウの姿が見えた。ストーキング・ウルフには上を見なくてもそこにフクロウがいることが分かっていたので、私はびっくりした。どうしてそこにフクロウがいるのが分かったのかとたずねると、「ハツカネズミに聞きなさい」と彼は答えた。足元に目を向けることで、恐ろしい敵であるフクロウ

から逃げたハツカネズミの足跡が、彼には見えていたのだ。
　今度散歩をする時は、どこであろうと、しっかり目をあけていなさい。あらゆる光景・音・感覚を意識しなさい。これまで気づかなかった多くの、美しく興味深いものに驚くことだろう。

問1　①<u>自分のまわりの世界を見る技術をもう一度身につけるための方法</u>として、本文の内容と合わないものはどれか。

1　どこであろうとあらゆる光景・音・感覚を意識する。
2　今までに身につけてきた悪い習慣をやめる。
3　新しい考えや新しい状況に刺激を受けにくくする練習をする。
4　これから見たり感じたりすることについて、予想するのをやめる。

問2　②<u>感覚を目覚めさせる方法</u>として最も適切なものはどれか。

1　子供のときから持っていた悪い習慣を一つ一つ直してみる。
2　自分がこれから何を見たり感じようとしているのか、予想してみる。
3　肌寒い夜、山の小川に冷たいだろうと思いながら入ってみる。
4　自分の周りの世界を意識的に注意深く観察してみる。

問3　③<u>最初は冷たい水を感じた</u>のはなぜか。

1　予想する練習をしたおかげで、ありのままを感じる能力がするどくなったから
2　浸かっているうちに暖かく感じるようになったが、最初は冷たい水だったから
3　冷たいだろうと予想していた通り、実際の小川も冷たい水だったから
4　冷たいだろうと予想をしたため、ありのままを感じる能力が妨げられてしまったから

問4　次のうち、本文中に述べられていない内容のものを一つ選びなさい。

1　子どもの時よりも、大人になってからのほうがはるかに、多くの物事を注意深く見ている。
2　大人になると、新しい考えや新しい状況に刺激を受けにくくなる。
3　大人になると、自分の周りにある物事の驚異が目に入らなくなる。
4　より多くのものを見るために必要な「しるし」に気づく必要がある。

> 해석 및 해설　04 수필문

> 지문 해석

　①자기 주변의 세계를 보는 기술을 다시 한 번 익히는 것은 매우 간단하다. 그러한 기술을 익히기 위해서는 연습이 필요하고, 또 몇 가지 나쁜 습관을 그만둘 필요가 있겠지만. 그리고 '한 번 더 익힌다'라는 이 표현은, 바른 표현이라고 생각한다. 대부분의 사람들은 어른이 되고 나서보다도 어릴 때 훨씬 많은 사물을 주의 깊게 보았기 때문이다. 아이의 하루는 미지와 경이로 가득 차 있다. 탐험을 하고 싶다, 모험을 하고 싶다는 바람이 있기 때문에 우리 누구나가 자기 주변의 세계를 의식하는 선천적 능력을 갖고 있었다. 그러나 어른이 된 지금, 우리는 새로운 생각이나 새로운 상황에 자극을 받기 어려워지고 있다. 자기 주변에 있는 사물의 경이가 보이지 않게 된 것이다.

　우리의 ②감각을 깨우게 하는 첫걸음은 어릴 적에 가지고 있던 관찰 능력을 재발견하는 것이다. 그러기 위해서는 자기가 앞으로 무엇을 보고, 무엇을 느끼려고 하는지를, 그것이 실제로 일어나기 전에 예상하는 것을 그만둘 필요가 있다. 그러한 예상은 우리들이 느끼는 능력을 방해한다.

　한 예를 들면, 어느 쌀쌀한 날 밤, 나는 몇 명의 학생을 데리고 산에 하이킹을 갔다. 나는 그들에게 앞으로 산의 실개천을 건너야만 한다고 했다. 그들은 필시 차가울 거라고 불평하기 시작했다. 우리는 실개천에 다다랐고, 학생들은 마지못해하면서도 힘차게 발을 들여놓았다. 내가 온천에 들어가게 한 것을 그들이 알아차렸을 때, 학생들은 거의 무릎까지 실개천에 담그고 있었다. 나중에 학생들은 모두 ③처음에는 물이 차갑다고 느꼈다고 했다.

　우리는 또 보다 많은 것을 보기 위해서 도움이 되는 '표시'를 알아차릴 필요가 있다. 옛날에 나는 하이킹하러 나가서 스토킹 울프라는 이름의 인디언 친구에게서 6미터 정도 떨어져서 걷고 있었다. 우리가 커다란 소나무 아래를 지나갈 때, 스토킹 울프가 뒤돌아보고서, '그 녀석을 방해하지 않도록' 하고 말했다. 놀라서, 나는 그쪽 주변을 둘러보았다. 내가 미처 보지 못했던 사슴인지 여우인지, 그렇지 않으면 뭔가 다른 동물이 있는 것인지. 마지막으로 내가 나뭇가지를 들여다보자, 우리로부터 3미터도 떨어져 있지 않는 곳에 아름다운 부엉이의 모습이 보였다. 스토킹 울프는 위를 보지 않고도 거기에 부엉이가 있는 것을 알고 있었기 때문에, 나는 깜짝 놀랐다. 어떻게 거기에 부엉이가 있는 것을 알았는지 묻자, '생쥐에게 물어봐'라고 그는 대답했다. 발밑으로 눈을 돌림으로써, 무서운 적인 부엉이로부터 도망간 생쥐의 발자국이 그에게는 보였던 것이다.

　다음에 산책을 할 때는, 어디든간에 확실히 눈을 뜨고 계세요. 모든 광경·소리·감각을 의식해 보세요. 지금까지 알아채지 못한 많은 아름답고 흥미로운 것에 놀랄 거예요.

> 단어

いたって 극히,대단히 ｜ はるかに 훨씬 ｜ 物事(ものごと) 사물, 매사 ｜ 注意深(ちゅういぶか)く 주의 깊게 ｜ 未知(みち) 미지 ｜ 満(み)ちる 가득 차다 ｜ 冒険(ぼうけん) 모험 ｜ 願望(がんぼう) 소원, 바람 ｜ 生来(せいらい) 선천적으로, 본디 ｜ ～にくい ～하기 어렵다 ｜ 驚異(きょうい) 경이 ｜ 妨(さまた)げる 방해하다 ｜ 肌寒(はだざむ)い 쌀쌀하다 ｜ 小川(おがわ)を渡(わた)る 실개천을 건너다 ｜ さぞ～だろう 필시 ～일 것이다 ｜ 不満(ふまん) 불만 ｜ たどり着(つ)く 겨우 도착하다 ｜ いやいや 마지못해, 싫으나 할 수 없이 ｜ ～ながらも ～이지만, ～이면서도 ｜ 勢(いきお)いよく 기세 좋게 ｜ 踏(ふ)み入(い)れる 안으로 들어가다 ｜ 浸(つ)かる 잠기다 ｜ しるし 표시, 기호 ｜ 邪魔(じゃま) 방해 ｜ 見回(みまわ)す 둘러보다 ｜ 見落(みお)とす 빠뜨리고 보다 ｜ それとも 그렇지 않으면 ｜ のぞきこむ 들여다보다 ｜ 足元(あしもと) 발밑 ｜ 足跡(あしあと) 발자국, 종적 ｜ 今度(こんど) 이번, 다음 번 ｜ 興味深(きょうみぶか)い 흥미롭다

문제 해설

문1 ①자기 주변의 세계를 보는 기술을 다시 한 번 익히기 위한 방법으로서, 본문의 내용과 맞지 않는 것은 어느 것인가?

1. 어디든간에 모든 광경·소리·감각을 의식한다.
2. 지금까지 익혀온 나쁜 습관을 그만둔다.
3. **새로운 생각이나 새로운 상황에 자극을 잘 받지 않게 하는 연습을 한다.**
4. 이제부터 보거나 느낀 것에 대해서 예상하는 것을 그만둔다.

해설 첫 번째 단락 뒷부분에 [新しい考えや新しい状況に刺激を受けにくくなっている]라고는 했지만, 자극을 잘 받지 않게 연습을 한다는 내용은 없으므로 답은 3번이 된다.

문2 ②감각을 깨우게 하는 방법으로써 가장 적절한 것은 어느 것인가?

1. 어릴 때부터 지니고 있던 나쁜 습관을 하나 하나 고쳐 본다.
2. 자기가 이제부터 무엇을 보고 느끼려고 하는지 예상해 본다.
3. 쌀쌀한 밤에 산속의 실개천에 차가울 거라고 생각하며 들어가 본다.
4. **자신의 주변 세계를 의식적으로 주의 깊게 관찰해 본다.**

해설 감각을 깨우게 하는 첫걸음은 [子どもの時に持っていた観察の能力を再発見することである]라고 했으며, 결론 부분에서 [どこであろうと、しっかり目をあけていなさい。あらゆる光景·音·感覚を意識しなさい]라고 언급한 데서 4번이 답이 됨을 유추할 수 있다. 2번과 3번은 미리 예상을 하는 것이므로 필자가 경계하는 내용이다.

문3 ③처음에는 물이 차갑다고 느꼈다는 것은 왜인가?

1. 예상하는 연습을 한 덕택에 실제 느끼는 능력이 예리해졌기 때문에
2. 담그고 있는 동안에 따뜻하게 느껴지게 됐지만 처음에는 물이 차가웠기 때문에
3. 차갑겠지 하고 예상한 대로 실제의 실개천도 물이 차가웠기 때문에
4. **차가울 거라고 예상했기 때문에 실제 느끼는 능력을 방해받았기 때문에**

해설 필자의 [これから山の小川を渡らなければならない]라는 말에 학생들은 [さぞ冷たいだろう]라고 미리 예상을 했고, 필자의 [予想は、私たちの感じる能力を妨げるのだ]라고 표현한 것에서 4번이 답이 됨을 알 수 있다.

문4 다음 중 본문 중에 서술되어 있지 않은 내용을 하나 고르시오.

1. **어릴 적보다도 어른이 되고 나서가 훨씬, 많은 사물을 주의 깊게 보고 있다.**
2. 어른이 되면 새로운 생각이나 새로운 상황에 자극을 받기 어려워진다.
3. 어른이 되면 자기 주변에 있는 사물의 경이가 보이지 않게 된다.
4. 보다 많은 것을 보기 위해 필요한 '표시'를 알아차릴 필요가 있다.

해설 넷째 줄에 [大人になってからよりも子どもの時のほうがはるかに、多くの物事を注意深く見ていた]라는 내용이 있으므로 1번이 답이 된다.

실전 문제 05 설명문

問題　次の文章を読んで、後の問いに対する答えとして、最もよいものを１・２・３・４から一つ選びなさい。

　　人間の想像力は、他のどの生き物よりも高度に発達しているといっても過言ではない。動物も夢を見るし、人間に近い霊長類は確かに創意工夫の能力をある程度は発揮する。しかし人間の想像力の範囲は、最も頭の良い霊長類の見せる想像力の範囲をはるかに越えている。人間の想像力の発達は生物学的な適応であることは明らかだが、この発達のためにある代償を払わなければならなかったのもまた事実である。想像力は人間に柔軟性を与えたが、しかしその際に、人間から満足感を奪ったのである。
　　進化の段階で私たち人間よりも低い位置にある生き物の行動は、①あらかじめ組み込まれたパターンによって大きく支配されている。こうしたパターンの中には、ニワシドリの誇示行動やスズメバチの狩猟の習性のように、見事で精巧なものもある。動物がこうした大昔からのパターンに従うかぎり、その行動は、鍵が錠前に合うようにぴったりと環境に適合している。環境が変化しなければ、生存と繁殖のための動物の基本的な欲求はほとんど自動的に満たされる。しかし環境が変化すると、行動があらかじめ組み込まれたパターンに支配されている動物は不利な立場に置かれる。なぜなら、変化する環境に容易に適応できないからである。人間は、行動が主として学習と世代間の文化の伝達によって支配されているために、動物よりもはるかに柔軟性がある。赤ん坊には、生存を確保するために、一定の数の生得的な反応が与えられている。
　　しかし②人間の行動の最も特徴的な性質は、学習することが非常に多く、先天的に決められていることは非常に少ないことである。だからこそ人間は、必要とするものがほとんどあるいはまったく与えられない場所で、赤道から極地まで、極端な気候の下でもこれまで生存することができたのだ。人間は地球を完全に離れることさえ成し遂げ、宇宙に長期間生存する方法を身につけている。こうした環境では、創意工夫と技術の行使が要求される。基本的な欲求を満たす際に、知力と想像力が先天的なパターンにとってかわらなければ、生存は確保できないのだ。
　　しかし人間が柔軟性、つまり固定した生得的な行動パターンの圧制からの解放を得るために支払った代償は、環境への完全な適応あるいは欲求の完全な充足という意味での「幸福」が、短期的にしか体験されないことである。

問1 ①あらかじめ組み込まれたパターンに関する内容として、本文と合わないものを一つ選びなさい。

1　ニワシドリの誇示行動やスズメバチの狩猟のような見事で精巧な習性
2　本来、鍵が錠前に合うようにぴったりと環境に適合しているものである。
3　環境が変化しても、変化する環境に容易に適応できるようになっている。
4　進化の段階で人間よりも低い段階にいる動物達はこれに大きく支配されている。

問2　本文の中で人間の行動はどのようなものに支配されていると述べられているか。

1　学習と世代間の文化の伝達によって支配されている。
2　あらかじめ組み込まれたパターンによって支配されている。
3　基本的な欲求を満たす先天的なパターンによって支配されている。
4　動物たちと同じように大昔からのパターンによって支配されている。

問3　②人間の行動の最も特徴的な性質とはどのようなものか。

1　先天的に決められたパターンによって大きく支配されている。
2　学習することが非常に少なく、先天的に決められていることは非常に多い。
3　先天的に決められていることはごくわずかであり、学習することがたいへん多い。
4　学習することが多くても、極端な気候の下では生存することができない。

問4　次のうち、本文の内容に合わないものを一つ選びなさい。

1　赤ん坊には、生存を確保するために一定の数の生得的な反応が与えられている。
2　人間は前もって組み込まれた形式に支配されている。
3　人間に近い霊長類も創意工夫の能力をある程度は発揮する。
4　人間の想像力は、他のどの生き物よりも発達している。

해석 및 해설 — 05 설명문

지문 해석

　인간의 상상력은 다른 어떤 생물보다도 고도로 발달해 있다고 해도 과언이 아니다. 동물도 꿈을 꾸고, 인간에 가까운 영장류는 확실히 창의 연구 능력을 어느 정도는 발휘한다. 그러나 인간의 상상력의 범위는 가장 머리가 좋은 영장류가 보이는 상상력 범위를 훨씬 넘어서고 있다. 인간의 상상력의 발달은 생물학적인 적응인 것은 분명하지만, 이 발달을 위해 어떤 대가를 치르지 않으면 안 되었던 것도 또한 사실이다. 상상력은 인간에게 유연성을 부여했지만, 그러나 그때 인간으로부터 만족감을 빼앗았던 것이다.

　진화 단계에서 우리 인간보다도 낮은 위치에 있는 생물의 행동은 ①미리 짜여진 패턴에 의해 크게 지배되고 있다. 이러한 패턴 속에는 바우어새의 과시 행동이나 말벌의 수렵 습성처럼 뛰어나고 정교한 것도 있다. 동물이 이러한 태고부터의 패턴에 따르는 한, 그 행동은 열쇠가 자물쇠에 맞듯이 환경에 아주 적합하다. 환경이 변화하지 않으면, 생존과 번식을 위한 동물의 기본적인 욕구는 거의 자동적으로 충족된다. 그러나 환경이 변화하면, 행동이 미리 짜여진 패턴에 지배되고 있는 동물은 불리한 입장에 놓인다. 왜냐하면, 변화한 환경에 쉽게 적응할 수 없기 때문이다. 인간은 행동이 주로 학습과 세대 간의 문화 전달에 의해 지배되기 때문에 동물보다도 월등히 유연성이 있다. 아기에게는 생존을 확보하기 위해 일정 수의 선천적인 반응이 주어져 있다.

　그러나 ②인간 행동의 가장 특징적인 성질은 학습하는 것이 매우 많고, 선천적으로 정해져 있는 것은 상당히 적다는 것이다. 그렇기 때문에 인간은 필요로 하는 것이 거의 혹은 전혀 주어지지 않은 장소에서, 적도에서 극지까지 극단적인 기후에서도 지금까지 생존할 수 있었던 것이다. 인간은 지구를 완전히 떠나는 것까지도 이루어, 우주에서 장기간 생존하는 방법을 익혔다. 이러한 환경에서는 창의 연구와 기술의 행사가 요구된다. 기본적인 욕구를 채울 때에 지력과 상상력이 선천적인 패턴으로 바뀌지 않는다면 생존은 확보될 수 없는 것이다.

　그러나 인간이 유연성, 즉 고정된 선천적인 행동 패턴의 압제에서 해방을 얻기 위해 지불한 대가는 환경에 대한 완전한 적응, 혹은 욕구의 완전한 충족이라는 의미의 '행복'을 단기적으로밖에 체험할 수 없는 것이다.

단어

想像力(そうぞうりょく) 상상력 | **～といっても** ~라고 해도 | **過言(かごん)** 과언 | **夢(ゆめ)を見(み)る** 꿈을 꾸다 | **霊長類(れいちょうるい)** 영장류 | **創意(そうい)** 창의 | **発揮(はっき)する** 발휘하다 | **範囲(はんい)** 범위 | **適応(てきおう)** 적응 | **明(あき)らか** 명백함 | **代償(だいしょう)を払(はら)う** 대가를 치르다 | **柔軟性(じゅうなんせい)** 유연성 | **奪(うば)う** 빼앗다 | **あらかじめ** 이미, 사전에 | **組み込まれる(くみこまれる)** 짜여지다 | **支配(しはい)する** 지배하다 | **誇示(こじ)** 과시 | **狩猟(しゅりょう)** 수렵 | **精巧(せいこう)な** 정교한 | **大昔(おおむかし)** 아주 옛날, 태고 | **～かぎり** ~하는 한 | **錠前(じょうまえ)に合(あ)う** 자물쇠에 맞다 | **ぴったりと** 꼭, 딱 | **適合(てきごう)する** 적합하다 | **繁殖(はんしょく)** 번식 | **欲求(よっきゅう)** 욕구 | **満(み)たす** 충족시키다 | **不利(ふり)な** 불리한 | **容易(ようい)に** 쉽게 | **主(しゅ)として** 주로 | **赤ん坊(あかんぼう)** 갓난아기 | **生得的(せいとくてき)** 천성적인, 타고난 | **反応(はんのう)** 반응 | **先天的(せんてんてき)** 선천적 | **赤道(せきどう)** 적도 | **極地(きょくち)** 극지 | **成し遂げる(なしとげる)** 이루다, 달성하다 | **行使(こうし)** 행사 | **確保(かくほ)** 확보 | **圧制(あっせい)** 압제 | **充足(じゅうそく)** 충족

문제 해설

문1 ① 미리 짜여진 패턴에 관한 내용으로 본문과 일치하지 않는 것을 하나 고르시오.

1. 바우어새의 과시 행동이나 말벌의 수렵과 같은 뛰어나고 정교한 습성
2. 본래, 열쇠가 자물쇠에 맞듯이 환경에 아주 적합한 것이다.
3. **환경이 변화해도 변화하는 환경에 쉽게 적응할 수 있도록 되어 있다.**
4. 진화 단계에서 인간보다도 낮은 단계에 있는 동물들은 이것에 크게 지배되고 있다.

해설 두 번째 단락 여덟째 줄 [変化する環境に容易に適応できないからである]라는 부분에서 알 수 있듯이, 동물은 환경에 쉽게 적응할 수 없으므로 3번이 답이 된다.

문2 본문 중에 인간의 행동은 어떤 것에 지배되고 있다고 서술되어 있는가?

1. **학습과 세대 간의 문화 전달에 의해 지배되고 있다.**
2. 미리 짜여진 패턴에 의해 지배되고 있다.
3. 기본적인 욕구를 충족시키는 선천적인 패턴에 의해 지배되고 있다.
4. 동물들과 마찬가지로 태고부터의 패턴에 의해 지배되고 있다.

해설 두 번째 단락 마지막 네 줄을 보면 [人間は、行動が主として学習と世代間の文化の伝達によって支配されている]라고 서술되어 있으므로 답은 1번이 된다. 2~4번은 인간보다 낮은 위치에 있는 생물의 특징이다.

문3 ② 인간 행동의 가장 특징적인 성질이란 어떤 것인가?

1. 선천적으로 정해진 패턴에 의해 크게 지배되고 있다.
2. 학습하는 것이 매우 적고, 선천적으로 정해진 것은 상당히 많다.
3. **선천적으로 정해져 있는 것은 극히 적고, 학습하는 것이 매우 많다.**
4. 학습하는 것이 많아도, 극단적인 기후 아래에서는 생존할 수 없다.

해설 바로 뒷 문장에 [学習することが非常に多く、先天的に決められていることは非常に少ないことである]라고 서술되어 있으므로 답은 3번이 된다.

문4 다음 중 본문의 내용과 일치하지 않는 것을 하나 고르시오.

1. 갓난아기한테는 생존을 확보하기 위해 일정 수의 선천적인 반응이 주어져 있다.
2. **인간은 미리 짜여진 형식에 의해 지배되고 있다.**
3. 인간에 가까운 영장류도 창의 연구 능력을 어느 정도는 발휘한다.
4. 인간의 상상력은 다른 어떤 생물보다도 발달해 있다.

해설 두 번째 단락에서 인간보다 낮은 위치에 있는 생물의 행동이 '미리 짜여진 패턴'에 의해 지배되고 있다고 했다. 따라서 답은 2번이 된다.

실전 문제 06 수필문

問題　次の文章を読んで、後の問いに対する答えとして、最もよいものを1・2・3・4から一つ選びなさい。

　　顔の表情は、コミュニケーションの主要な要素である。顔はふつう、人との交わり(社会的相互作用)において最初に観察される身体の部分である。しかし顔の表情を正しく解釈することは、表情の意味に共通の体系を有する人々の間でさえ、極めて困難で複雑なことである。
　　①この問題は、異なる文化圏の人々と遭遇した際にいっそう顕著になる。学者たちは、10の基本的な感情(喜び、悲しみ、怒り、恐怖、軽蔑、嫌悪、当惑、興味、決意、そして驚き)の通常の表情が、異なる文化圏においても同じように解釈されるということで意見が一致する。
　　人々が自分の本当の感情を②仮面で隠そうとするときに、困難は増大する。仮面で隠すというのは、ある顔の表情を、別の顔の表情で隠そうとすることである。人は顔を仮面で隠そうとする時に、興味深い一連の技巧を用いる。人は顔の表情によるメッセージを、その激しさや持続時間を制御することによって調整する。人は本当の感情を表さなかったり、あるいは違う表しかた、たとえば、怒りを感じているのに嬉しそうな顔をすることで、自分の本当の感情を偽る。
　　人はまた、別の表情を加えることによって顔の表情を変えもする。人との交わりにおいて、日本人は一般に、感情の強い表情や直接的な表情を、抑圧しないまでも、③抑制することを求められている。自分の感情を制御できない人は人間として未熟であると考えられている。怒り、嫌悪、あるいは軽蔑といった否定的な感情の強い表情は(言葉によるよらないに関わらず)、他人を当惑させるおそれがあるのだ。喜びの表現でさえも、それが他人を不愉快にしないように抑制されるべきなのである。
　　行動のこうした社会的規範に従う最善の方法は、仮面で隠す技法を利用することである。したがって日本人は、自分は意識していなくても、一見したところ意味不明な表情を頻繁に見せるが、それはよく西欧人によって理解不可解と言われるものである。これは他人を不快にしたり当惑させたりするのを避けるために、強い感情を緩和する試みの一つなのである。

(中略)
　勿論、表情の種類・順序・タイミング・持続時間・表出頻度などから感情の変化を推定するといったこともなくはないが、ここではそういう科学的な分析は論外にし、日本人の非常に節制された感情の現れ方に注目したいものである。

問1　①この問題とはどのようなことか。

1　本当の感情を隠している人の表情を正しく解釈すること
2　自分の感情とは異なる表情をつくりだすこと
3　人との交わりにおいて顔の表情を正しく解釈すること
4　異なる文化圏の人々の顔の表情を正しく解釈すること

問2　②仮面で隠そうとするとはどのようにすることか。

1　本心を悟られないために、顔に仮面をかぶってかくすこと
2　表情をより悟りやすくするため、仮面で表情を強調すること
3　ある顔の表情を、より大げさに表現すること
4　怒りを感じている人が、表面的には嬉しそうな顔をしたりすること

問3　③抑制することを求められている理由として、本文と違っているものを一つ選びなさい。

1　自分の感情を抑制できない人は人間として未熟だと考えられているから
2　否定的な感情の強い表情は他人を当惑させる可能性があるから
3　一見意味不明な表情は、西洋人にとって理解不可能だから
4　喜びの表現も他人に不快感を与えるおそれがあるから

問4　日本人が他人と接する際の考え方として、筆者の考えに一番近いものをどれか。

1　喜びの表現は、隠すことなく相手に伝えるべきだ。
2　自分の感情を抑えるのに、社会的規範に従う必要はない。
3　自分の感情を制御できない人は、人間として成熟していないという認識がある。
4　他人を不愉快にすることは、軽蔑される行為である。

해석 및 해설 | 06 수필문

지문 해석

　얼굴 표정은, 커뮤니케이션의 주요 요소이다. 얼굴은 보통, 사람과의 교류(사회적 상호작용)에서 처음으로 관찰되는 신체 부분이다. 그러나 얼굴 표정을 바르게 해석하는 것은, 표정의 의미에 공통의 체계를 가지는 사람들 사이에서조차 극히 어렵고 복잡한 것이다.

　①이 문제는 다른 문화권 사람들과 조우했을 때 한층 더 현저해진다. 학자들은 10개의 기본적인 감정(기쁨, 슬픔, 분노, 공포, 경멸, 혐오, 당혹, 흥미, 결의, 그리고 놀람)의 통상적인 표정이 다른 문화권에서도 동일하게 해석된다는 것에 의견이 일치한다.

　사람들이 자기의 진짜 감정을 ②가면으로 숨기려고 할 때에 어려움은 증대한다. 가면으로 숨긴다는 것은 어떤 얼굴 표정을 다른 얼굴 표정으로 숨기려고 하는 것이다. 사람은 얼굴을 가면으로 숨기려고 할 때에, 흥미로운 일련의 기교를 이용한다. 사람은 얼굴 표정에 의한 메시지를, 그 격렬함이나 지속 시간을 제어함으로써 조정한다. 사람은 진실된 감정을 표현하지 않기도 하고 혹은 다른 표현 방법, 예를 들면 분노를 느끼는데 기쁜 듯한 얼굴을 함으로써 자신의 진짜 감정을 속인다.

　사람은 또, 다른 표정을 보탬으로써 얼굴 표정을 바꾸기도 한다. 사람과의 교류에서 일본인은 일반적으로 감정이 강한 표정이나 직접적인 표정을, 억누름까지는 아니어도 ③억제할 것을 요구받고 있다. 자기의 감정을 제어할 수 없는 사람은 인간으로서 미숙하다고 생각한다. 분노, 혐오, 혹은 경멸이라는 부정적인 감정이 강한 표현은(말에 좌우지되지 않고) 타인을 당혹시킬 우려가 있다. 기쁨의 표현조차도, 그것이 타인을 불쾌하게 하지 않도록 억제되어야 한다.

　행동의 이러한 사회적 규범에 따르는 최선의 방법은, 가면으로 숨기는 기법을 이용하는 것이다. 따라서 일본인은 자기는 의식하지 않아도, 얼핏 의미 불명의 표정을 빈번히 보여 주는데, 그것은 흔히 서구인이 이해 불가라고 하는 것들이다. 이것은 타인을 불쾌하게 하거나 당혹시키거나 하는 것을 피하기 위해, 강한 감정을 완화하는 시도 중의 하나이다.

(중략)

　물론, 표정의 종류·순서·타이밍·지속 시간·표출 빈도 등에서 감정의 변화를 추정한다고 하는 경우도 없지는 않지만, 여기에서는 그러한 과학적인 분석은 논외로 하고, 일본인의 매우 절제된 감정의 표현 방식에 주목하고 싶다.

단어

要素(ようそ) 요소 | **交(まじ)わり** 사귐, 교류 | **~において** ~에서 | **解釈(かいしゃく)する** 해석하다 | **体系(たいけい)を有(ゆう)する** 체계를 지니다 | **極(きわ)めて** 극히 | **異(こと)なる** 다르다 | **遭遇(そうぐう)する** 조우하다, 뜻하지 않게 만나다 | **~際(さい)に** ~때에 | **顕著(けんちょ)** 현저 | **怒(いか)り** 분노 | **軽蔑(けいべつ)** 경멸 | **嫌悪(けんお)** 혐오 | **当惑(とうわく)** 당혹 | **仮面(かめん)で隠(かく)す** 가면으로 감추다 | **増大(ぞうだい)する** 증대하다 | **一連(いちれん)の** 일련의 | **技巧(ぎこう)を用(もち)いる** 기교를 사용하다 | **激(はげ)しさ** 격렬함 | **持続(じぞく)** 지속 | **制御(せいぎょ)する** 제어하다 | **調整(ちょうせい)する** 조정하다 | **偽(いつわ)る** 속이다 | **抑圧(よくあつ)する** 억압하다 | **~ないまでも** ~까지는 않더라도 | **抑制(よくせい)する** 억제하다 | **未熟(みじゅく)** 미숙 | **~といった** ~라는, ~등의 | **否定的(ひていてき)** 부정적 | **~に関(かか)わらず** ~에 관계없이 | **~おそれがある** ~할 우려가 있다 | **~でさえ** ~조차 | **不愉快(ふゆかい)にする** 불쾌하게 하다 | **技法(ぎほう)** 기법 | **一見(いっけん)する** 얼핏 보다 | **頻繁(ひんぱん)に** 빈번하게 | **西欧人(せいおうじん)** 서구인 | **緩和(かんわ)する** 완화하다 | **試(こころ)み** 시도 | **頻度(ひんど)** 빈도 | **節制(せっせい)** 절제 | **悟(さと)る** 깨닫다 | **大(おお)げさ** 과장되게 | **成熟(せいじゅく)** 성숙

> 문제 해설

문1 ①이 문제란 어떠한 것인가?
1. 진짜 감정을 숨기고 있는 사람의 표정을 바르게 해석하는 것
2. 자기 감정과는 다른 표정을 만들어 내는 것
3. **사람과의 교류에서 얼굴 표정을 바르게 해석하는 것**
4. 다른 문화권 사람들의 얼굴 표정을 바르게 해석하는 것

> 해설 필자는 앞부분에서 얼굴 표정이 커뮤니케이션의 주요 요소라는 명제를 제시하고, 타인과의 교제에서 얼굴 표정을 바르게 해석하는 것이 쉽지 않다는 것을 거론하고 있으므로 3번이 답이 된다.

문2 ②가면으로 숨기려고 한다는 어떻게 한다는 것인가?
1. 본심을 깨달을 수 없기 때문에 얼굴에 가면을 쓰고 숨기는 것
2. 표정을 보다 깨닫기 쉽게 하기 위해 가면으로 표정을 강조하는 것
3. 어떤 얼굴 표정을 보다 과장되게 표현하는 것
4. **분노를 느끼고 있는 사람이 겉으로는 기쁜 듯한 얼굴을 하기도 하는 것**

> 해설 가면으로 숨긴다는 것은 [ある顔の表情を、別の顔の表情で隠そうとすることである]라고 표현했으며 세 번째 단락 마지막 부분에서 [怒りを感じているのに嬉しそうな顔をすることで、自分の本当の感情を偽る]라고 했으므로 답은 4번이 된다.

문3 ③억제할 것을 요구받고 있는 이유로서, 본문과 다른 것을 하나 고르시오.
1. 자기 감정을 억제할 수 없는 사람은 인간으로서 미숙하다고 생각되기 때문에
2. 부정적인 감정이 강한 표정은 타인을 당혹하게 할 가능성이 있기 때문에
3. **얼핏 봐서 의미 불명의 표정은 서양인에게 이해 불가능하기 때문에**
4. 기쁨의 표현도 타인에게 불쾌감을 줄 우려가 있기 때문에

> 해설 3번은 하나의 현상일 뿐 이유라고 할 수 없다.

문4 일본인이 타인과 접촉할 때의 사고방식으로, 필자의 생각에 가장 가까운 것은 어느 것인가?
1. 기쁨의 표현은 숨김없이 상대에게 전달해야 한다.
2. 자기의 감정을 억누르는 데에 사회적 규범에 따를 필요는 없다.
3. **자기 감정을 제어할 수 없는 사람은 인간으로서 성숙하지 않다는 인식이 있다.**
4. 타인을 불쾌하게 하는 것은 경멸받을 행위이다.

> 해설 네 번째 단락의 [人との交わりにおいて～自分の感情を制御できない人は人間として未熟であると考えられている] 부분에서 3번이 답이 됨을 알 수 있다.

실전 문제 07 설명문

問題　次の文章を読んで、後の問いに対する答えとして、最もよいものを1・2・3・4から一つ選びなさい。

　①二十代三十代の若い人でも、仕事が続けられなくなるくらい深刻な物忘れに悩む人が増加しているというニュースをよく耳にするようになりました。原因は会話不足ではないかとされているようですが、これはどう理解すればよいのでしょうか？

　年齢を重ねれば物忘れがひどくなることはよく知られています。話したいことが思い出せなくなると、自分もトシかな、と考えたりします。記憶場所となる脳細胞（のうさいぼう）の成長が20歳くらいで終わり、後は少しずつ死滅しています。

　しかし、世の中には、90歳を越えてもしゃんとしている人もいます。そんな人たちの特徴は、好奇心が旺盛（おうせい）で異性への興味を失わない、ということのようです。つまり、忘れる以上に新しいことを覚えることができたらボケない、と言えると思います。

　ところが、②若年性健忘症（じゃくねんせいけんぼうしょう）の場合、同じ物忘れでも脳には何の異常もない、とされています。コンピューター風に言えば、ハードには問題ないが、記憶したことを思い出すための検索用ソフトに問題がある、という言い方ができると思います。若年者は当然のことながら肉体が若いため使える脳細胞が少なくなっている、とは考えられません。一度覚えたことを思い出すためのメカニズムに何らかの異常が起きている、と考えるのが自然です。

　人はどうやって覚えたことを検索し、思い出しているのでしょうか？

　怒ったときに、かつて怒ったときの記憶が蘇（よみがえ）るように、感情が記憶に強く関与していることは知られています。また音や匂いや皮膚感覚も記憶を鮮明に蘇らせてくれます。覚えたことを思い出すための、検索のためのキーワードには、感情や感覚が複雑に絡み合っている、と言えると思います。

　適切なキーワードを組み合わせないと目的の情報がなかなか見つからないように、生活に感情や感覚の変化が少なくなると、物を思い出しにくくなる、と言えそうです。たとえば苦手な人に自分から話しかけてみることが苦くてよい刺激になりそうです。

　しかしなぜ③意識してまで自分に刺激を与える必要があるのでしょうか？　それはこういうことではないか、と考えています。乗り物は我々の脚力（きゃくりょく）を拡張してくれる便利な機械であると同時に、頼りすぎると我々の足腰を弱らせてしまう危険な機械でもあります。一方、炊飯器（すいはんき）からPCまで我々を取り巻く便利な機械の多くにはコンピューターが組み込まれていますが、これらは我々

の脳力を拡張してくれる便利な機械であると同時に、頼りすぎるとその分、脳の働きを弱めてしまう危険な機械でもあります。若年性健忘症という脳力の低下の原因はそれではないかと思います。

(2005年3月10日 心理コラム「若年性健忘症の原因は何か?」による)

問1 ①二十代三十代の若い人でも、仕事が続けられなくなるくらい深刻な物忘れに悩む人が増加しているとあるが、その原因として筆者があげているものは何か。

1　記憶場所となる脳細胞が20歳くらいで終わって、後は死滅してしまうから
2　年をとるほど好奇心が薄れ、異性への興味を失ってしまうから
3　我々を取り巻く便利な機械に頼りすぎて、脳の働きを弱めてしまったから
4　忘れる以上に新しいことを覚えることができなくなってしまったから

問2 ②若年性健忘症の原因として本文の内容と合っているものを一つ選びなさい。

1　記憶場所となる脳細胞の成長が20歳くらいで終わること
2　忘れる以上に新しいことを覚えることができること
3　肉体が若いため、使える脳細胞が少なくなっていないこと
4　脳内のメカニズムに起きている何らかの異常

問3 ③意識してまで自分に刺激を与える必要があるのでしょうか?とあるが、実際はどうなのか。

1　生活に感情や感覚の変化が少なくなると物を思い出しにくくなるので、その必要があるといえる。
2　我々を取り巻く便利な機械が脳力を拡張してくれるため、その必要はない。
3　便利な機械に頼りすぎさえしなければ、その必要はない。
4　無理に刺激を与えようとするとストレスを受けるので、その必要はない。

問4 次のうち、本文の内容と一致するものを一つ選びなさい。

1　若年性健忘症の原因は脳細胞の異常で使える脳細胞が少なくなっているからだ。
2　記憶は感情とは強く結びついているが、匂いや音や皮膚感覚は関与していない。
3　若者の物忘れは、使える脳細胞が減っているのが原因だとは考えられない。
4　若者の深刻な物忘れは会話不足に起因しており、他の原因は考えられない。

해석 및 해설 07 설명문

지문 해석

①20대 30대 젊은 사람이라도, 일을 계속할 수 없을 정도로 심각한 건망증으로 고민하는 사람이 증가하고 있다는 뉴스를 자주 듣게 되었습니다. 원인은 대화 부족이 아닌가 하지만, 이것은 어떻게 이해하면 좋을까요?

나이를 먹으면 건망증이 심해진다는 것은 잘 알려져 있습니다. 말하고 싶은 것을 생각해 내지 못하면, 나도 나이를 먹었나 하고 생각하기도 합니다. 기억 장소가 되는 뇌세포의 성장이 20세 정도에서 끝나고, 후에는 조금씩 사멸하고 있습니다.

그러나 세상에는 90세를 넘어서도 정정한 사람도 있습니다. 그런 사람들의 특징은 호기심이 왕성하고 이성에 대한 흥미를 잃지 않는다는 것 같습니다. 즉, 잊는 것 이상으로 새로운 것을 기억할 수 있다면 둔해지지 않는다고 말할 수 있을 거라 생각합니다.

그런데 ②약년성 건망증의 경우, 똑같은 건망증이라도 뇌에는 아무런 이상도 없다고 되어 있습니다. 컴퓨터 식으로 말하면 하드에는 문제가 없지만, 기억한 것을 떠올리기 위한 검색용 소프트에 문제가 있다고 표현할 수 있을 것 같습니다. 젊은 사람은 당연하지만 신체가 젊기 때문에 사용할 수 있는 뇌세포가 적어지고 있다고는 생각할 수 없습니다. 한번 기억한 것을 떠올리기 위한 메커니즘에 뭔가 이상이 일어나고 있다고 생각하는 것이 자연스럽습니다.

사람은 어떻게 해서 기억한 것을 검색하고, 떠올리고 있을까요?

화났을 때에, 예전에 화났던 기억이 되살아나듯이, 감정이 기억에 강하게 관여하고 있다는 것은 알려져 있습니다. 또한 소리나 냄새, 피부 감각도 기억을 선명하게 되살려 줍니다. 기억한 것을 생각해 내기 위한 검색용 키워드에는 감정이나 감각이 복잡하게 얽혀 있다고 말할 수 있습니다.

적절한 키워드를 끼워 맞추지 않으면 목적의 정보가 좀처럼 찾아지지 않듯이, 생활에 감정이나 감각의 변화가 적어지면, 사물을 생각해 내기 어려워진다고 말할 수 있을 것 같습니다. 예를 들면 말하기 껄끄러운 사람에게 자기가 말을 걸어 보는 것이 쓰고 좋은 자극이 될 듯합니다.

그러나 왜 ③의식하면서까지 자신에게 자극을 줄 필요가 있는 걸까요? 그것은 이런게 아닐까 생각합니다. 교통기관은 우리들의 다릿심을 확장해 주는 편리한 기계임과 동시에, 너무 의지하면 우리들의 하체를 약하게 만들어 버리는 위험한 기계이기도 합니다. 한편, 전기밥솥에서 PC까지 우리들을 둘러싼 편리한 기계의 대부분에는 컴퓨터가 짜 맞춰져 있는데, 이것들은 우리들의 뇌력을 확장해 주는 편리한 기계임과 동시에 지나치게 의지하면 그만큼 뇌의 기능을 약화시키는 위험한 기계이기도 합니다. 약년성 건망증이라는 뇌력 저하의 원인은 그것이 아닐까 합니다.

단어

深刻(しんこく)な 심각한 | 物忘(ものわす)れ 건망증 | 増加(ぞうか)する 증가하다 | 耳(みみ)にする 듣다 | ～不足(ぶそく) ～부족 | 脳細胞(のうさいぼう) 뇌세포 | 死滅(しめつ)する 사멸하다 | しゃんとする 정정하다 | 好奇心(こうきしん) 호기심 | 旺盛(おうせい) 왕성 | ボケる 둔해지다, 망령들다 | 若年性(じゃくねんせい) 약년성 | 健忘症(けんぼうしょう) 건망증 | 思い出(おもいだ)す 떠올리다 | 検索用(けんさくよう) 검색용 | 若年者(じゃくねんもの) 젊은이 | 肉体(にくたい) 육체 | 蘇(よみがえ)る 되살아나다 | 関与(かんよ)する 관여하다 | 匂(にお)い 냄새 | 皮膚(ひふ) 피부 | 鮮明(せんめい)に 선명하게 | 絡み合う(からみあう) 서로 얽히다 | 組み合わせる(くみあわせる) 짜 맞추다 | 刺激(しげき) 자극 | ～てまで ～하면서까지 | 乗り物(のりもの) 탈것, 교통기관 | 脚力(きゃくりょく) 다릿심 | 拡張(かくちょう)する 확장하다 | 足腰(あしこし)を弱(よわ)らせる 하체를 약하게 하다 | 炊飯器(すいはんき) 밥솥 | 取り巻く(とりまく) 둘러싸다 | 組み込む(くみこむ) 짜 넣다, 편입시키다 | 脳力(のうりょく) 뇌의 힘, 뇌력 | その分(ぶん) 그만큼 | 脳(のう)の働(はたら)き 뇌의 기능

문제 해설

문1 ①20대 30대의 젊은 사람이라도, 일을 계속할 수 없을 정도로 심각한 건망증으로 고민하는 사람이 증가하고 있다고 되어 있는데, 그 원인으로 필자가 거론하고 있는 것은 무엇인가?

1. 기억 장소가 되는 뇌세포가 20세 정도에서 끝나고 후에는 사멸해 버리기 때문에
2. 나이를 먹을수록 호기심이 줄어들고 이성에 대한 흥미를 잃어버리기 때문에
3. 우리들을 둘러싼 편리한 기계에 너무 의지해서 뇌의 작용을 약화시켰기 때문에
4. 잊는 것 이상으로 새로운 것을 기억할 수 없게 되었기 때문에

[해설] 문장 끝부분에 [若年性健忘症]의 원인에 대한 필자의 생각을 서술하고 있다. 20대, 30대는 [若年]에 해당하므로, 3번이 답이 됨을 알 수 있다. 이렇게 앞부분에 있는 밑줄의 답은 글 뒷부분에 나오는 경우가 많다.

문2 ②약년성 건망증의 원인으로서 본문의 내용과 일치하는 것을 하나 고르시오.

1. 기억 장소가 되는 뇌세포의 성장이 20세 정도에서 끝나는 것
2. 잊는 것 이상으로 새로운 것을 기억할 수 있는 것
3. 신체가 젊기 때문에 사용할 수 있는 뇌세포가 적어지지 않은 것
4. 뇌 속의 메커니즘에 일어나고 있는 뭔가의 이상

[해설] 질문 이후에 [一度覚えたことを思い出すためのメカニズムに何らかの異常が起きている] 부분에서 4번이 답임을 알 수 있다.

문3 ③의식하면서까지 자신에게 자극을 줄 필요가 있는 걸까요? 라고 되어 있는데, 실제로는 어떠한가?

1. 생활에 감정이나 감각의 변화가 적어지면 사물을 생각해 내기 어려워지기 때문에 그럴 필요가 있다고 할 수 있다.
2. 우리들을 둘러싼 편리한 기계가 뇌력을 확장해 주기 때문에 그럴 필요는 없다.
3. 편리한 기계에 너무 의지만 하지 않으면 그럴 필요는 없다.
4. 무리하게 자극을 주려고 하면 스트레스를 받기 때문에 그럴 필요는 없다.

[해설] 자극에 관계되는 글이 질문 바로 윗단락에 있다.

문4 다음 중 본문의 내용과 일지하는 것을 하나 고르시오.

1. 약년성 건망증의 원인은 뇌세포의 이상으로 사용할 수 있는 뇌세포가 적어지고 있기 때문이나.
2. 기억은 감정과는 강하게 묶여 있지만 냄새나 소리, 피부 감각은 관여하지 않는다.
3. 젊은이의 건망증은 사용할 수 있는 뇌세포가 줄어들고 있는 것이 원인이라고는 생각할 수 없다.
4. 젊은이의 심각한 건망증은 대화 부족에 기인하고 있고 다른 원인은 생각할 수 없다.

[해설] 1번, 약년성 건망증의 원인은 뇌의 기능이 약해지기 때문이고, 2번, [関与していない]가 아니라, 관여한다로 바꾸어야 한다. 3번, 1번과 반대되는 [若年者は当然のことながら~とは考えられません]에서 3번이 답임을 알 수 있다. 4번, 네 번째 단락의 다섯째와 여섯째 줄에서 한번 기억한 것을 떠올리기 위한 매커니즘에 무언가의 이상이 일어나고 있다고 했으므로 맞지 않다.

Memo

4 | 종합 이해 공략하기

문제 유형 분석

종합 이해 – 신문의 칼럼이나 기사 등의 같은 주제에 대한 두 가지 이상의 글을 읽고 공통점이나 차이점을 비교하거나, 복수의 지문 내용을 종합해서 이해하는 능력을 요구한다. 합계 600자 정도의 비교적 평이한 내용이므로 글 자체는 그다지 어렵지 않지만, '내용 이해' 파트와 다른 형태의 문제라 자칫 당황할 수 있다. 전체를 신속하게 읽거나 또는 문제에 따라 부분을 깊이 있게 읽는 방식으로 이해한다. 3문항이 출제되며 문제 풀이 시간은 10분 정도이다.

문제 풀이 비법

1. 신문의 기사나 칼럼, 상담 등의 지문을 A와 B 두 가지 이상의 글로 나누어 공통적으로 언급되는 내용은 무엇인지, 혹은 양쪽에 모두 언급되어 있는 것은 무엇인지 등의 문제가 나온다. 이 문제에서는 선택지를 먼저 읽고 지문 중에 선택지에 쓰인 부분이 나오면 그것을 체크하면서 읽어야 A와 B의 비교가 쉬워진다

2. 〈A와 B의 내용은 어떻게 다른가?〉에 대한 질문은 선택지와 질문을 읽고 나서 지문을 읽어야 한다. 선택지를 보고 나서, 찬성인가 반대인가 등의 의견을 말할 때 사용하는 문말 표현에 주의해 가면서 읽어야 한다.

3. A에는 언급되었지만 B에서는 언급되지 않았거나, 혹은 그 반대의 경우를 묻는 질문 등 비교 통합 문제로 다소 어려울 것 같지만, 글 자체는 평이하다고 생각하면 된다. 정답이 A인지 B인지 모를 경우에는 질문을 먼저 읽고, 질문과 관계있는 부분을 체크하면서 지문을 읽으면 된다.

実戦問題 01 説明文

問題　次のAとBはそれぞれ別のコラムである。AとBの両方を読んで、後の問いに対する答えとして、最もよいものを1・2・3・4から一つ選びなさい。

A

　イスラームは、人間の霊的な側面のみを高位におくことをせず、精神的にも社会的にも普通の日常生活の中にこそ宗教的な修業の場があるとする在家の宗教であり、出家や(注1)隠遁生活を評価しない。神に喜ばれる人間の生き方とは、現実の社会の中で神の教えに従って人生を全うすることである。したがって、イスラームでは宗教教義が宗教的儀礼や精神修業だけではなく、日常生活、社会のあり方、政治や経済、国際関係、戦争や紛争にいたるまで直接指示を与える。いわば「政教一致」を理想としているので、イスラームは一般的な宗教の枠内には納まらない多様性がある。

　イスラームの根本的な思想は、信仰告白の「神のほかに神はない。ムハンマドは神の使徒である」という言葉に要約されるように、神と人間を仲介する「神の子」「メシア」など救世主の思想はない。

　(注1) 隠遁：世俗から離れてひっそりと送る暮らし

B

　イスラーム世界はどこでも、家族にかかわる領域では、イスラーム法が実際に効力を持っている。現在では家庭こそがイスラームの伝統をもっともよく保持する場であるということができる。

　イスラームでは家族の役割分担は明瞭にされている。男性は夫、父、息子として家族の暮らしを支え、家計を維持する役割と責任を負い、女性は妻、母、娘として家事を担い、子女の養育に携わるものである。伝統的な生物学的な役割分担を無視したり否定したりするような男女の平等感は想定されていない。

　イスラーム圏に住んでいれば、意図的に宗教を教えなくても社会全体が宗教に従っているので、子供は無意識のうちにさまざまな儀礼を身につけて育つ。イスラームでは信仰だけで、言い換えれば、精神性だけで充分とはせ

ず、日常生活の中で宗教的な儀礼を果たすように教えている。ムスリムにとっては毎日の生活そのものが信仰生活である。着るもの、食べるもの、親子関係、周囲の人々に対する礼儀作法、あいさつの仕方など、日常生活の中には宗教的な要素が多い。

(塩尻和子他『イスラームの生活を知る事典』による)

問1　イスラーム世界について本文のAとBではどのような立場をとっているか。

1　AもBもイスラーム世界はムハンマドを神格化し、政教分離されていると述べている。

2　AもBもイスラーム世界は普段の日常生活と深く関わった修業に励むことが大事だと述べている。

3　Aはイスラーム世界の思想の側面を強調し、Bは儀式の重要性について述べている。

4　Aはイスラーム世界の家族全体の役割について説明し、Bは男女の役割について詳しく述べている。

問2　次のうちAとBどちらにも触れられていない内容は何か。

1　イスラームは一般の宗教とは異なる様々な要素がある。

2　イスラームに人類を救済するメシアのような思想はない。

3　イスラーム圏では社会全体が宗教に従うよう、子供の時から教育を受ける。

4　イスラームでは家族の役割が明確に分けられ、それを守らなければならない。

해석 및 해설 01 설명문

지문 해석

A

　이슬람은 인간의 영적인 측면만을 고위에 두지 않고, 정신적으로나 사회적으로나 보통의 일상생활 속에 그 종교적인 수양의 장이 있다고 하는 재가의 종교이며, 출가와 (주1)은둔 생활을 평가하지 않는다. 신이 기뻐할 만한 인간의 삶의 방식이란 현실 사회 안에서 신의 가르침에 따라 인생을 영위하는 것이다. 따라서 이슬람에서는 종교 교의가 종교적 의례와 정신 수양뿐 아니라 일상생활, 사회의 존재 방식, 정치와 경제, 국제 관계, 전쟁과 분쟁에 이르기까지 직접적인 지시를 내린다. 이를테면 '정교일치'를 이상으로 삼고 있기 때문에 이슬람은 일반적인 종교의 틀에는 속하지 않는 다양성이 있다.

　이슬람의 근본적인 사상은 신앙 고백인 '신 이외의 신은 없다. 무함마드는 신의 사도이다.'라는 말로 요약되는 것처럼 신과 인간을 중개하는 '신의 아들', '메시아' 등의 구세주 사상은 없다.

(주1) 은둔 : 속세에서 벗어나 조용히 생활하는 것

B

　이슬람 세계는 어디든 가족과 관련된 영역에서는 이슬람법이 실제로 효력을 지니고 있다. 현재는 가정이야말로 이슬람의 전통을 더욱 잘 지키고 있는 장소라 할 수 있겠다.

　이슬람에서의 가족의 역할 분담은 명료하다. 남성은 남편, 아버지, 아들로서 가족의 생활을 지탱하고, 가계를 유지하는 역할과 책임을 가지며, 여성은 아내, 어머니, 딸로서 가사일을 담당하고 자녀 양육에 관여한다. 전통적이고 생물학적인 역할 분담을 무시하거나 부정하는 남녀 평등 감각은 상정되어 있지 않다.

　이슬람권에 살고 있으면 의도적으로 종교를 가르치지 않아도 사회 전체가 종교를 따르고 있기 때문에 아이들은 무의식적으로 여러 가지 의례를 몸에 익히며 자란다. 이슬람에서는 신앙만으로, 다시 말해, 정신성만으로는 충분하다고 여기지 않고 일상생활 속에서 종교적인 의례를 완수하도록 가르치고 있다. 무슬림에게 있어서는 매일의 생활 그 자체가 신앙생활인 것이다. 입는 것, 먹는 것, 부모 자식 관계, 주위 사람들에 대한 예의범절, 인사법 등 일상생활 속에 종교적인 요소가 많다.

단어

イスラーム 이슬람 | **霊的(れいてき)** 영적 | **側面(そくめん)** 측면 | **宗教的(しゅうきょうてき)** 종교적 | **修業(しゅうぎょう)** 수업 | **在家(ざいか)** 재가 | **出家(しゅっけ)** 출가 | **隠遁生活(いんとんせいかつ)** 은둔 생활 | **評価(ひょうか)する** 평가하다 | **喜(よろこ)ぶ** 기뻐하다 | **生(い)き方(かた)** 삶의 방식 | **従(したが)う** 따르다, 복종하다 | **全(まっと)うする** 다하다, 완수하다 | **教義(きょうぎ)** 교의 | **儀礼(ぎれい)** 의례 | **精神(せいしん)** 정신 | **国際関係(こくさいかんけい)** 국제관계 | **戦争(せんそう)** 전쟁 | **紛争(ふんそう)** 분쟁 | **～にいたる** ~에 이르다 | **直接指示(ちょくせつしじ)** 직접 지시 | **いわば** 다시 말해, 이를테면 | **政教一致(せいきょういっち)** 정교일치 | **理想(りそう)** 이상 | **枠組(わくぐ)み** 틀, 짜임 | **納(おさ)まる** (어떤 범위 안에) 들어가다 | **多様性(たようせい)** 다양성 | **根本的(こんぽんてき)な** 근본적인 | **思想(しそう)** 사상 | **信仰告白(しんこうこくはく)** 신앙고백 | **ムハンマド** 무함마드 | **神(かみ)の使徒(しと)** 신의 사도 | **要約(ようやく)される** 요약되다 | **仲介(ちゅうかい)する** 중개하다 | **メシア** 메시아 | **救世主(きゅうせいしゅ)** 구세주 | **～にかかわる** ~에 관련되다 | **領域(りょういき)** 영역

実際(じっさい)に 실제로 | 伝統(でんとう) 전통 | 保持(ほじ)する 유지하다, 보유하다 | 役割分担(やくわりぶんたん) 역할 분담 | 明瞭(めいりょう) 명료 | 支(ささ)える 지탱하다, 유지하다 | 維持(いじ)する 유지하다 | 責任(せきにん)を担(にな)う 책임을 지다 | 養育(よういく) 양육 | 携(たずさ)わる 관계하다, 관여하다 | 生物学的(せいぶつがくてき)な 생물학적인 | 平等(びょうどう) 평등 | 想定(そうてい)される 상정되다 | 意図的(いとてき)に 의도적으로 | 無意識(むいしき) 무의식 | 身(み)につける 몸에 익히다 | 育(そだ)つ 자라다 | 信仰(しんこう) 신앙 | 十分(じゅうぶん)とはせず 충분하다고 여기지 않고 | 果(は)たす 완수하다, 달성하다 | 作法(さほう) 예절, 방법 | 要素(ようそ) 요소

문제 해설

문1 이슬람 세계에 대해서 본문 A와 B는 어떤 입장을 취하고 있는가?

1. A도 B도 이슬람 세계는 무함마드를 신격화하고 정교분리되어 있다고 말하고 있다.
2. A도 B도 이슬람 세계는 보통의 일상생활과 깊게 관련된 수양에 힘쓰는 것이 중요하다고 말하고 있다.
3. A는 이슬람 세계의 사상적 측면을 강조하고, B는 의식의 중요성에 대해서 말하고 있다.
4. A는 이슬람 세계의 가족 전체의 역할에 대해서 설명하고, B는 남녀의 역할에 대해서 자세하게 말하고 있다.

해설 A의 넷째 줄 [現実の社会の中で神の教えに従って人生を全うすること], B의 밑에서 넷째 줄 [日常生活の中で宗教的な儀礼を果たすように教えている]로 보아 정답은 2번이 된다. A의 밑에서 다섯째 줄에서 [政教一致]를 이상으로 삼는다고 했으므로 1번은 오답이다. 또한 A의 첫째 줄에서 이슬람은 일상생활이야말로 종교적 수행의 장소가 된다고 했으므로 사상적 측면만을 강조한다는 3번도 오답이 된다. 가족의 역할과 남녀의 역할에 대해서 설명한 것은 둘 다 B이므로 4번도 오답이다.

문2 다음 중 A와 B 어느 쪽에도 언급되어 있지 않은 내용은 무엇인가?

1. 이슬람은 일반 종교와는 다른 다양한 요소를 가지고 있다.
2. 이슬람에 인류를 구제하는 메시아와 같은 사상은 없다.
3. 이슬람권에서는 사회 전체가 종교를 따르도록 어릴 때부터 교육을 받는다.
4. 이슬람에서는 가족의 역할이 명확하게 나뉘어 있고 그것을 지켜야 한다.

해설 B의 세 번째 단락에서 [イスラーム圏に住んでいれば、意図的に宗教を教えなくても社会全体が宗教に従っているので、子供は無意識のうちにさまざまな儀礼を身につけて育つ]라고 되어 있으므로 교육을 받는다는 내용의 3번이 오답이다.

실전 문제 02 기사문

問題　次のAとBはそれぞれ別の新聞のコラムである。AとBの両方を読んで、後の問いに対する答えとして、最もよいものを1・2・3・4から一つ選びなさい。

A

　保育施設の子どもらが出す音や声を巡り、「うるさい」との苦情を受けたことがある自治体が、全国主要146自治体のうち109自治体（約75％）に上ることが、読売新聞の調査でわかった。苦情が原因で、保育施設の開園を中止・延期したケースも計16件あり、施設の整備や運営が年々難しくなっている状況が浮き彫りになった。調査は昨年11～12月、保育ニーズの高い政令指定都市や県庁所在市、東京23区などの都市部に、昨年4月1日時点の待機児童数が50人以上の市町村を加えた計150自治体に実施し、146自治体から回答を得た。2012～16年度の5年間に、建設計画段階のものを含む保育所や認定こども園への苦情を受けたことがあるのは109自治体。うち、5年間すべての件数を把握している43自治体では、12年度の計37件から15年度は計88件、16年度は12月までに既に計89件と増加傾向だった。

(2017年1月8日付 読売新聞による)

B

　塩崎恭久厚生労働相は12日の閣議後の記者会見で、千葉県市川市で私立保育園が地域住民から「子供の声でうるさくなる」などとして反対され開園を断念したことについて、「子どもは親だけでなく地域も育てるという考えが大事だ。市や保育園を運営する側が粘り強く地域に理解を得る努力をしてほしい」と注文を付けた。
　この保育園は4月1日に市川市で開園する予定だったが、予定地が市中心部に近い住宅街で、昨年8月ごろから反対運動が始まったという。塩崎氏は「理解が深められるよう何らかの支援ができるなら相談に応じたい」とも述べた。

(2016年4月12日付 毎日新聞による)

問1　AとBのどちらの記事にも触れられている内容はどれか。

1　待機児童数が50人以上の市町村が計150箇所あること
2　保育施設の経営状況が悪化し、保育施設の運営が難しいということ
3　保育施設の騒音問題により、保育施設の開園が難しいということ
4　保育施設の開園には保育施設運営者が周囲に協力を要請しなければならないということ

問2　AとBそれぞれの内容として一致しないものを選びなさい。

1　Aではクレームのせいで、16箇所の保育施設が開園を中止・延期し施設の整備や運営が年々難しくなっていると述べている。
2　Bでは保育施設建設予定地が市中心部に近い住宅街であったことから昨年8月ごろから保育施設開園に関する反対運動が始まったと述べている。
3　Aでは5年間に109の自治体が保育施設の建設計画段階でクレームを受けたと述べている。
4　Bでは厚生労働相が子どもは親だけでなく地域も育てるという考えが大事であり、市や保育園側が地域に理解を呼びかけるべきだと述べた。

해석 및 해설 02 기사문

지문 해석

A

　보육 시설의 아이들이 내는 소리를 둘러싸고 '시끄럽다'라는 민원을 받은 적이 있는 자치단체가 전국 주요 146개의 자치단체 중 109개(약 75%)에 이른다는 것이 요미우리 신문 조사로 밝혀졌다. 그러한 민원이 원인이 되어 보육 시설의 개원을 중지, 연기한 케이스도 합계 16건 있고 시설의 정비나 운영이 해를 거듭할수록 어려워지고 있는 상황이 부각되었다. 조사는 작년 11월~12월 보육 시설의 필요성이 높은 정령지정도시나 현청 소재지, 도쿄 23구 등의 도심부에 작년 4월 1일 시점의 대기 아동 수가 50명 이상인 시정촌을 합한 합계 150개의 자치단체에 실시해 146개의 자치단체로부터 회답을 얻었다. 2012년~16년까지 5년간 건설 계획 단계를 포함해 어린이집이나 인정 어린이집에 대한 민원을 받은 적이 있는 것은 109개의 자치단체. 그중 5년간 모든 건수를 파악하고 있는 43개의 자치단체에서는 12년도의 합계 37건으로 시작해 15년도는 합계 88건, 16년도는 12월까지 이미 합계 89건으로 증가 경향을 보이고 있다.

B

　시오자키 야스히사 후생노동성 대신은 12일 각의 후 기자회견에서 치바현 이치가와시에서 사립 어린이집이 지역 주민들로부터 '아이들 소리로 동네가 시끄러워진다'는 이유로 반대를 받아 개원을 단념한 것에 대해서, '아이들은 부모뿐만 아니라 지역도 키운다는 마인드가 중요하다. 시나 어린이집을 운영하는 쪽이 끈기 있게 지역의 이해를 얻도록 노력하길 바란다'라고 요청했다.

　이 어린이집은 4월 1일 이치가와시에 개원할 예정이었지만, 예정지가 시 중심부에 가까운 주택가로 작년 8월경부터 반대 운동이 시작됐다고 한다. 시오자키 씨는 '깊은 이해를 얻을 수 있도록 할 수 있는 지원이 있다면 상담에 응하고 싶다'고도 말했다.

단어

保育施設(ほいくしせつ) 보육 시설 | **~を巡**(めぐ)**って** ~을 둘러싸고 | **苦情**(くじょう) 불평, 민원 | **自治体**(じちたい) 자치단체 | **開園**(かいえん) 개원 | **延期**(えんき) 연기 | **整備**(せいび) 정비 | **運営**(うんえい) 운영 | **状況**(じょうきょう) 상황 | **浮**(う)**き彫**(ぼ)**りになる** 부각되다 | **政令**(せいれい) 정령(일본국 헌법에 의거해 내각이 제정하는 명령) | **待機児童**(たいきじどう) 대기 아동 | **加**(くわ)**える** 더하다, 추가하다 | **得**(え)**る** 얻다 | **建設計画段階**(けんせつけいかくだんかい) 건설 계획 단계 | **含**(ふく)**む** 포함하다 | **保育所**(ほいくじょ) 보육 시설, 어린이집 | **認定**(にんてい)**こども園**(えん) 어린이집과 유치원의 장점만을 취한 기관 | **把握**(はあく) 파악 | **既**(すで)**に** 이미 | **増加傾向**(ぞうかけいこう) 증가 경향 | **厚生労働相**(こうせいろうどうしょう) 후생노동성 대신 | **閣議**(かくぎ) 각의 | **地域**(ちいき) 지역 | **断念**(だんねん) 단념 | **粘**(ねば)**り強**(づよ)**い** 끈기 있다 | **住宅街**(じゅうたくがい) 주택가 | **支援**(しえん) 지원

> **문제 해설**

문1 A와 B 양쪽 기사에 공통적으로 언급된 내용은 무엇인가?
1. 대기 아동 수가 50명 이상인 시정촌이 합계 150곳 있다는 것
2. 보육 시설의 경영 상황이 악화되어 보육 시설의 운영이 어렵다는 것
3. **보육 시설의 소음 문제로 인해 보육 시설의 개원이 어렵다는 것**
4. 보육 시설의 개원에는 보육 시설 운영자가 주위의 협력을 요청해야 한다는 것

해설 1번은 A에, 4번은 B에만 나와 있는 내용이고, 경영 상황의 악화에 대한 내용은 어느 쪽에서도 나오지 않으므로 3번이 정답임을 알 수 있다.

문2 A와 B 각각의 내용으로서 일치하지 않는 것을 고르시오.
1. A에서는 클레임 때문에 16군데의 보육 시설이 개원을 중지, 연기해 시설 정비나 운영이 점점 어려워지고 있다고 말하고 있다.
2. B에서는 보육 시설 건설 예정지가 시 중심부에 가까운 주택지라서 작년 8월경부터 보육 시설 개원에 관한 반대 운동이 시작됐다고 말하고 있다.
3. **A에서는 5년간 109개의 자치단체가 보육 시설의 건설 계획 단계에서 클레임을 받았다고 말하고 있다.**
4. B에서는 후생노동성 대신이 아이들은 부모뿐만 아니라 지역도 키운다는 마인드가 중요하고, 시나 어린이집 측이 지역에 이해를 얻도록 노력해야 한다고 말했다.

해설 A의 여덟째 줄 [2012~16年度の5年間に~109自治体] 부분을 보면 건설 계획 단계를 포함한 그 외에 단계에서도 민원을 접수받았다고 나와 있으므로 3번이 정답임을 알 수 있다.

실전 문제 03 설명문

問題　次のAとBはそれぞれ別のコラムである。AとBの両方を読んで、後の問いに対する答えとして、最もよいものを１・２・３・４から一つ選びなさい。

A

　翻訳を与える教授法ほどやさしい教え方はない。時間の無駄もない。しかし、学習者の将来を考えるとこの方法はいくつかの危険性を含んでいる。
　一つには、内容のみを理解したことに満足し、文の構造上の問題点を理解しないまま学習が終了したと思い込んでしまう。これでは、応用がきかない。時としては、原文よりも訳された母語の方に関心が注がれ、外国語は断片的にしか学ばない。また、常に一語一語母語に直さないと理解できなくなる習慣を身につけてしまう恐れがある。「日本語で考える」ことが果たしてどこまで可能かは、意見の分かれるところであるが、言葉が使われる状況によって理解しようとはせず、母語に置き換えねば気がすまない学習者は作らない方がいいだろう。例えば、「本」の意味を知るのに実物を見せても納得せず、"book"という言葉を与えられて始めて理解する英語圏の学習者もいる。

B

　翻訳の技術を学ぶことは、翻訳に頼って日本語を学習するのとは別の次元に属する。自国で日本語の知識を生かして仕事をするためには、翻訳力が不可欠である場合も多い。このような時に役立つ翻訳の技術は上級または専門コースで別に教えられねばならない。翻訳の上手下手は、日本語よりむしろ学習者の母語の能力による。
　クラスで学習者の母語をあまりたびたび使用すると、その言語を学習者から学びとろうとしているという誤解を受けることもありうる。また、このような考えをはっきり口にする学習者もいることは知っておいた方がよいだろう。
　以上の点をふまえた上で、母語を与えた方が明確な理解ができ、時間の面でも特に経済的であると判断した場合や理解の確認などのために母語は効果的に利用したい。

(石田敏子「日本語教授法」による)

問1 **翻訳教授法**について、AとBはどのような立場をとっているか。

1　AもBも翻訳教授法は、母語を与えた方が言語習得に役立つと述べている。
2　時間が経済的に使えるという点ではAもBも一致しているが、翻訳を与える教授法については異なる立場をとっている。
3　Aは翻訳を与えるのは学習意欲を低下させると述べているが、Bは理解や確認のために、母語を効果的に利用した方がいいと述べている。
4　AもBも学習者自身が創造的に考えるよう、母語を与えない方が望ましいと述べている。

問2　次のうちAにもBにも述べられていない内容は次のどれか。

1　翻訳を与える教授法は時間の節約はできるが、母語に頼るあまり応用がきかなくなる。
2　日本語の知識で仕事をするためには、翻訳の能力が備わっていなければならない。
3　翻訳教授法は習得言語より、母語の方に関心が集中してしまう恐れがある。
4　日本語の学習がしっかりできていればいるほど、翻訳技術を身につけることが容易である。

해석 및 해설 03 설명문

지문 해석

A

　번역을 주는 교수법만큼 가르치기 쉬운 방법은 없다. 시간 낭비도 없다. 하지만 학습자의 장래를 생각하면 이 방법은 몇 가지 위험성을 내포하고 있다.
　첫째, 내용만을 이해한 것에 만족해 문장의 구조상의 문제점을 이해하지 않은 채 학습이 수료되었다고 믿어 버리게 된다. 이렇게 하면 응용이 안 된다. 경우에 따라서는 원문보다도 번역된 모어 쪽에 관심이 집중돼서 외국어는 단편적으로밖에 배우지 못한다. 또 항상 단어 하나하나 모어로 고치지 않으면 이해하지 못하게 되는 습관을 기르게 될 우려가 있다. '일본어로 생각하는' 것이 과연 어디까지 가능한지는 의견이 분분하지만 말이 사용되는 상황에 따라 이해하려고 하지 않고, 모어로 바꾸어야만 직성이 풀리는 학습자는 만들지 않는 편이 좋을 것이다. 예를 들어 '책'의 의미를 알기 위해 실물을 보여 줘도 납득하지 않고 'book'이라는 말을 준 다음에야 이해하는 영어권 학습자도 있다.

B

　번역 기술을 배우는 것은 번역에 의존해서 일본어를 학습하는 것과는 다른 차원에 속한다. 자국에서 일본어 지식을 살려 일을 하기 위해서는 번역 능력이 불가결한 경우도 많다. 이럴 때에 도움이 되는 번역 기술은 상급 또는 전문 코스에서 따로 배워야 한다. 번역을 잘하고 못하고는 일본어보다 오히려 학습자의 모어 능력에 달려 있다.
　클래스에서 학습자의 모어를 너무 자주 사용하면, 그 언어를 학습자로부터 배우려고 한다는 오해를 받을 수도 있다. 또한 이런 생각을 분명히 말하는 학습자가 있다는 것도 알아 두는 편이 좋을 것이다.
　이러한 점에 입각해, 모어를 주어야만 명확하게 이해할 수 있고 시간적인 면에서도 특히, 경제적이라고 판단한 경우와 이해의 확인 등을 위해서 모어는 효과적으로 이용하고 싶다.

단어

翻訳(ほんやく) 번역 | **与**(あた)**える** 주다 | **教授法**(きょうじゅほう) 교수법 | **時間**(じかん)**の無駄**(むだ) 시간 낭비 | **危険性**(きけんせい) 위험성 | **含**(ふく)**む** 포함하다 | **文**(ぶん)**の構造上**(こうぞうじょう)**の問題**(もんだい) 문장의 구조상 문제 | **応用**(おうよう)**がきかない** 응용이 안 되다 | **原文**(げんぶん) 원문 | **関心**(かんしん)**が注**(そそ)**がれる** 관심이 집중되다 | **断片的**(だんぺんてき)**に** 단편적으로 | **学**(まな)**ぶ** 배우다 | **恐**(おそ)**れがある** 우려가 있다 | **果**(は)**たして** 과연 | **置**(お)**き換**(か)**えねば** 바꾸지 않으면 | **気**(き)**がすまない** 만족하지 않다, 흡가분해지지 않다 | **実物**(じつぶつ) 실물 | **納得**(なっとく)**せず** 납득하지 않고 | **頼**(たよ)**る** 의지하다 | **別**(べつ)**の次元**(じげん) 다른 차원 | **生**(い)**かす** 살리다, 활용하다 | **不可欠**(ふかけつ)**である** 불가결하다 | **技術**(ぎじゅつ) 기술 | **上級**(じょうきゅう) 상급 | **教**(おし)**えられねばならない** 배워야 한다 | **はっきり** 분명히, 똑바로 | **口**(くち)**にする** 말하다 | **ふまえる** 판단의 근거로 삼다, 입각하다 | **明確**(めいかく)**な** 명확한 | **効果的**(こうかてき) 효과적

문제 해설

문1 번역 교수법에 대해 A와 B는 어떤 입장을 취하고 있는가?

1 A도 B도 번역 교수법은 모어를 주는 것이 언어 습득에 도움이 된다고 말하고 있다.
2 시간을 경제적으로 쓸 수 있다는 점에서는 A도 B도 일치하지만, 번역을 주는 교수법에 대해서는 다른 입장을 취하고 있다.
3 A는 번역을 주는 것은 학습 의욕을 저하시킨다고 말하고 있지만, B는 이해와 확인을 위해서 모어를 효과적으로 이용하는 편이 좋다고 말하고 있다.
4 A도 B도 학습자 자신이 창조적으로 생각하도록 모어를 주지 않는 게 바람직하다고 말하고 있다.

해설 1번, A의 첫째 줄에서 [翻訳を与える教授法は学習者の将来を考えるといくつかの危険性を含んでいる]라고 되어 있으므로 1번은 오답이다. 2번, A의 첫째 줄에서 [時間の無駄もない], B의 끝에서 셋째 줄 [時間の面でも特に経済的であると判断した場合]에서 알 수 있듯이 시간을 경제적으로 쓸 수 있다는 면에서는 공통된 의견을 보이지만 A는 [翻訳を与える教授法は学習者の将来を考えるといくつかの危険性を含んでいる]라고 했고, B는 [理解の確認のために母語は効果的に利用したい]라고 언급하며 다른 입장을 취하고 있으므로 정답은 2번이 된다. 3번, 학습 의욕을 저하시키는 것이 아니라 [文の構造上の問題点を理解しないまま学習が終了したと思い込んでしまう]라고 했으므로 오답이다. 4번, B는 [理解の確認のために母語は効果的に利用したい]라고 했으므로 오답이다.

문2 다음 중 A와 B 어느 쪽에도 언급되어 있지 않은 내용은 무엇인가?

1 번역을 주는 교수법은 시간 절약은 가능하나 모어에 의존하는 나머지 응용이 안 된다.
2 일본어 지식으로 일을 하기 위해서는 번역 능력이 갖추어져 있어야 한다.
3 번역 교수법은 습득 언어보다 모어에 관심이 집중될 우려가 있다.
4 일본어 학습이 제대로 되어 있으면 있을수록 번역 기술을 익히는 것이 용이하다.

해설 1번, A의 첫째 줄에서 [時間の無駄もない], 넷째 줄에 [これでは、応用がきかない]라고 언급되어 있다. 2번, B의 둘째 줄에 [自国で日本語の知識を生かして仕事をするためには、翻訳力が不可欠である場合も多い]라고 언급되어 있다. 3번, A의 다섯째 줄에 [原文よりも訳された母語の方に関心が注がれ]라고 언급되어 있다. 4번, B의 넷째 줄 [日本語よりむしろ学習者の母語の能力による]라는 언급은 있지만 4번 내용은 아니므로 정답은 4번이 된다.

실전 문제 04 기사문

問題　次のAとBはそれぞれ別の新聞のコラムである。AとBの両方を読んで、後の問いに対する答えとして、最もよいものを1・2・3・4から一つ選びなさい。

A

　世界のマグロ漁業は国際的に管理されている。マグロ漁を認められた漁船は登録され、登録されていない漁船の漁獲は国際的に取引できない。国ごとに漁獲量を割り当てられ、違反すれば罰則を科せられる。昨年、日本は登録された漁船によるミナミマグロの取りすぎを認め、割当量の削減を受け入れた。
(中略)
　さらにやせたマグロを捕らえて、太らせて売る「蓄養(ちくよう)」が地中海や中南米で拡大し、世界的なマグロ漁業管理の抜け道になっている。そうした現状に対して、世界のマグロ消費の4分の1を占める日本が、管理機関の合同会合を主催したのは責務でもあった。

(毎日新聞 2007年1月28日)

B

　マグロの資源管理はこれまで、中西部太平洋や大西洋、インド洋などの海域ごとに行われてきたが、漁船の動きや流通がグローバル化した現代社会では効果的に限界が出始めていた。持続可能なマグロ漁とするために、日本が呼びかけ、開催にこぎつけたのが今回の合同会合だった。マグロ漁をめぐっては、日本などのはえ縄漁(なわぎょ)を主体とする国と、巻き網漁(まあみぎょ)を多用する国との間で意見の違いがある。
　近年、海外で盛んになり始めた蓄養も乱獲の一因である。マグロの人気は、健康な食への関心の高まりを反映して世界的なものになりつつある。このままの状態で資源管理に失敗すると、漁に耐えられない水準まで激減してしまう。

(産経新聞 2007年1月29日)

問1　次のうち、AとBのどちらの記事にも触れられていない内容はどれか。

1　国別に漁獲量が割り当てられ、違反すれば罰則を科せられる。
2　やせたマグロを捕らえて太らせて売る「蓄養」が広がっている。
3　マグロ漁をめぐっては国ごとに意見の差はあるが、その人気は食生活とはまったく関係のないことだ。
4　はえ縄漁を主体とする国と巻き網漁を多用する国との間で意見の隔たりがある。

問2　マグロ漁について述べた内容として本文と合っていないものはどれか。

1　登録されている漁船の漁獲だけ国際的な取引ができる。
2　日本は2006年に、決まっている漁獲量のとりすぎを認め、割当量が削減された。
3　最近蓄養が地中海や中南米で拡大して乱獲の一因になっている。
4　マグロ漁をめぐる合同会合で参加国の意見が一致している。

問3　Aの筆者とBの筆者の主張として、本文の内容と合っているものはどれか。

1　Aの筆者は、健康な食への関心の高まりがマグロの人気を呼んでいると述べている。
2　Aの筆者は、マグロ漁業の管理機関の合同会合を日本が主催したのは日本の責務でもあると述べている。
3　Bの筆者は、日本が登録された漁船によるマグロの取りすぎを認めたと述べている。
4　Bの筆者は、蓄養が世界的なマグロ漁業管理の抜け道になっていると述べている。

해석 및 해설 04 기사문

지문 해석

A

세계 참치 어업은 국제적으로 관리되고 있다. 참치잡이를 허가받은 어선은 등록이 되고, 등록되지 않은 어선의 어획은 국제적으로 거래할 수 없다. 나라마다 어획량을 할당해 위반하면 벌칙을 받는다. 작년, 일본은 등록된 어선에 의한 남해 참치 어획량을 초과한 것을 인정해 할당량 삭감을 수용했다. (중략)

게다가 마른 참치를 잡아 살찌워 파는 '축양'이 지중해나 중남미에서 확대되어, 세계적인 참치 어업 관리의 맹점이 되고 있다. 이러한 현황에 대해 세계 참치 소비의 4분의 1을 차지하는 일본이 관리 기관의 합동 회합을 주최한 것은 책무이기도 했다.

B

참치 자원 관리는 지금까지 중서부 태평양과 대서양, 인도양 등의 해역별로 행해 왔지만, 어선의 움직임이나 유통이 글로벌화된 현대사회에서는 효과적으로 한계가 나타나기 시작했다. 지속 가능한 참치잡이를 하기 위해 일본이 제안하여 개최에 이른 것이 이번 합동 회합이었다. 참치잡이를 둘러싸고, 일본 등의 주낙어업을 주로 하는 나라와 선망어업을 많이 이용하는 나라 간에 의견차가 있다.

최근, 해외에서 성행하기 시작한 양식도 난획의 한 원인이다. 참치의 인기는 건강한 먹거리에 대한 높은 관심을 반영하여 세계적으로 확산되고 있다. 이 상태에서 자원 관리에 실패하면 어획을 감당할 수 없는 수준까지 격감하고 만다.

단어

マグロ漁業(ぎょぎょう) 참치 어업 | **漁船**(ぎょせん) 어선 | **漁獲**(ぎょかく) 어획 | **取引**(とりひき) 거래 | **〜ごとに** 〜마다 | **割り当てる**(わりあてる) 할당하다 | **違反**(いはん)**する** 위반하다 | **罰則**(ばっそく)**を科**(か)**する** 벌칙을 과하다 | **割当量**(わりあてりょう) 할당량 | **削減**(さくげん) 삭감 | **受け入れる**(うけいれる) 받아들이다 | **捕**(と)**らえる** 잡다 | **蓄養**(ちくよう) 축양, 양식 | **地中海**(ちちゅうかい) 지중해 | **中南米**(ちゅうなんべい) 중남미 | **拡大**(かくだい)**する** 확대하다 | **抜け道**(ぬけみち) 맹점, 빠져 나갈 수단 | **〜に対**(たい)**して** 〜에 대해, 〜에게 | **消費**(しょうひ) 소비 | **占**(し)**める** 차지하다 | **合同会合**(ごうどうかいごう) 합동 회합 | **主催**(しゅさい)**する** 주최하다 | **責務**(せきむ) 책무 | **資源**(しげん) 자원 | **太平洋**(たいへいよう) 태평양 | **大西洋**(たいせいよう) 대서양 | **海域**(かいいき) 해역 | **流通**(りゅうつう) 유통 | **呼**(よ)**びかける** 호소하다, 제안하다 | **開催**(かいさい) 개최 | **〜にこぎつける** 〜에 이르다 | **〜をめぐって** 〜을 둘러싸고 | **はえ縄漁**(なわぎょ) 주낙어업(얼레에 감은 낚싯줄에 여러 개의 낚시를 달아 물속에 넣어 두고 물살에 따라 감았다 풀었다 하며 낚는 어업) | **主体**(しゅたい)**とする** 주체로 하다 | **巻**(ま)**き網漁**(あみぎょ) 선망어업(그물을 던져 잡는 어업) | **盛**(さか)**んになる** 성해지다 | **乱獲**(らんかく) 난획 | **一因**(いちいん) 한 원인 | **健康**(けんこう)**な** 건강한 | **反映**(はんえい)**する** 반영하다 | **〜つつある** 〜하고 있다 | **耐**(た)**える** 감당하다, 견디다 | **水準**(すいじゅん) 수준 | **激減**(げきげん)**する** 격감하다 | **隔**(へだ)**たり** 차이, 간격

문제 해설

문1 다음 중 A와 B 어느 쪽 기사에도 언급되지 않은 내용은 어느 것인가?

1. 국가별로 어획량이 할당되어 위반하면 벌칙을 받는다.
2. 마른 참치를 잡아 살찌워 파는 '양식'이 확산되고 있다.
3. 참치잡이를 둘러싸고 나라마다 의견의 차이는 있지만, 그 인기는 식생활과는 전혀 관계없다.
4. 주낙어업을 주로 하는 나라와 선망어업을 많이 이용하는 나라 간에 의견차가 있다.

해설 1번, A의 둘째 줄 [国ごとに漁獲量を~罰則を科せられる]에 언급되어 있다. 2번, A의 여섯째 줄 [さらにやせた~中南米で拡大し]에 언급되어 있다. 3번, A에서는 일본의 참치 소비가 세계의 1/4을 차지한다고 했으므로 식생활과 관계가 있음을 알 수 있고, B에서는 참치의 인기가 먹거리에 대한 관심을 고조시킨다고 언급되어 있으므로 식생활과 전혀 관계가 없다는 것은 맞지 않다. 4번, B의 넷째 줄에 [マグロ漁をめぐっては~意見の違いがある]라고 언급되어 있다.

문2 참치잡이에 대해 서술한 내용으로 본문과 일치하지 않는 것은 어느 것인가?

1. 등록되어 있는 어선의 어획만 국제적인 거래가 가능하다.
2. 일본은 2006년에 정해져 있는 어획량을 초과한 것을 인정해 할당량이 삭감되었다.
3. 최근 양식이 지중해나 중남미에서 확대되어 난획의 한 원인이 되고 있다.
4. 참치잡이를 둘러싼 합동 회합에서 참가국의 의견이 일치하고 있다.

해설 1번, A의 첫째 줄 [マグロ漁を認められた~国際的に取引できない]에서 본문과 일치함을 알 수 있다. 2번, A의 셋째 줄 [昨年、日本は登録された~削減を受け入れた]에서, 기사가 쓰인 시점이 2007년이므로 작년 즉, 2006년임을 알 수 있고 이는 본문과 일치한다. 3번, A의 여섯째 줄 [「蓄養」が地中海や中南米で拡大し]와 B의 두 번째 단락 [近年、海外で盛んになり始めた蓄養も乱獲の一因である]를 참고하여 본문과 일치함을 알 수 있다. 4번, 이와 같은 내용은 A, B 어디에도 언급되어 있지 않다.

문3 A의 필자와 B의 필자 주장으로 본문의 내용과 일치하는 것은 어느 것인가?

1. A의 필자는 건강한 먹거리에 대한 높은 관심이 참치의 인기를 불러왔다고 서술하고 있다.
2. A의 필자는 참치 어업의 관리 기관의 합동 회합을 일본이 주최한 것은 일본의 책무이기도 하다고 서술하고 있다.
3. B의 필자는 일본이 등록된 어선에 의한 참치 포획의 초과를 인정했다고 서술하고 있다.
4. B의 필자는 양식이 세계적인 참치 어업 관리의 맹점이 되고 있다고 서술하고 있다.

해설 1번, B의 두 번째 단락 [マグロの人気は、健康な食への関心の高まりを反映して]에 언급되어 있다. 2번, A의 마지막 문장인 [世界のマグロ消費の４分の１を~主催したのは責務でもあった]와 선택지의 내용이 일치한다. 3번, A의 셋째 줄 [日本は登録された漁船によるミナミマグロの取りすぎを認め]에 언급되어 있다. 4번, A의 여섯째 줄 [「蓄養」が地中海や~抜け道になっている]에 언급되어 있다.

실전 문제 05 기사문

問題 次のAとBはそれぞれ別の新聞のコラムである。AとBの両方を読んで、後の問いに対する答えとして、最もよいものを1・2・3・4から一つ選びなさい。

A

　ブログはネット上の日記形式のページで、閲覧者が自由に感想などを書き込める。そこに多くの人たちとの意見交換の場としての楽しさがあるが、一方で常に、落とし穴が潜んでいることを念頭に置き、自制する必要がある。自衛策として、根も葉もない中傷は気にしない方がいいという意見もある。しかしうわさ話がエスカレートして、顔写真や住所などまでが書き込まれ、身の危険も感じるような極めて悪質なケースさえある。表現の行き過ぎは犯罪になることを肝に銘じたい。(中略)
　ネットの情報は、サイトの運営管理者らの責任について業界団体がガイドラインを作成し、書き込みの削除やサイトの閉鎖措置を含むルール作りが始まっている。また、多くの人の目に触れるネットの特性から、行き過ぎた中傷や批判には歯止めがかかる自浄作用に期待する声もある。

(産経新聞 2009年2月8日)

B

　根拠のないデマを流して、身近な誰かを誹謗中傷する。著名人の発言が気に入らなかったとして、やり玉にあげる。おもしろ半分で始まった書き込みが、敵意をむき出しにした攻撃へとエスカレートすることもある。それをあおる人たちまでいるから厄介だ。(中略)
　背景にあるのは、名乗らずに発信できるネット社会の特性だろう。だが、自分だけは姿の見えにくい場所に立って、一方的に悪口を浴びせたり事実に反する書き込みをしたりするのは、あまりにも卑怯ではないか。もちろん、ネットそのものの役割は前向きにとらえたい。だれもが世界に向けて自分の意見を発信できる。この新しいメディアによって、表現や言論の舞台は大きく広がった。その場はしっかりと守らなければならない。

(朝日新聞 2009年2月6日)

問1　表現の場としてのネットそのものの役割について、AとBではどのような見解を示しているか。

1　Aでは否定はしていないものの明らかにもしておらず、Bでは前向きにとらえたいとの考えを明らかにしている。
2　A・Bともにネットそのものの役割を否定している。
3　A・Bともにネットそのものの役割に関して明言していない。
4　Bでは前向きにとらえる考えを、Aでは完全に否定する考えを記している。

問2　次のうち本文の内容と合っていないものはどれか。

1　ブログはネット上の日記形式のページだが、表現の行き過ぎは犯罪になりかねない。
2　ブログを通して世界に向けて自分の意見を発信できるようになり、表現や言論の場は大きく広がった。
3　閲覧者が自分の感想などを自由に書き込むことができ、多くの人たちとの意見交換の場としての楽しさがある。
4　ネット上では名乗らず発信できるから、ディスカッションの練習には最適の空間である。

問3　次のうち、AでもBでも触れられていない内容はどれか。

1　身の危険も感じるような極めて悪質なケースさえあるという内容
2　表現の行き過ぎは犯罪になることを肝に銘じたいという内容
3　書き込みの削除やサイトの閉鎖措置を含むルール作りが始まったという内容
4　ネット上での誹謗中傷などは名乗らなければ発信できないという内容

해석 및 해설 05 기사문

지문 해석

A

블로그는 인터넷상의 일기 형식의 페이지로 열람자가 자유롭게 감상 등을 쓸 수 있다. 그 점에 많은 사람들과의 의견 교환의 장으로서 즐거움이 있지만, 한편으로 항상 함정이 숨어 있다는 것을 염두에 두고 자제할 필요가 있다. 자위책으로 아무런 근거도 없는 중상(모략)은 신경 쓰지 않는 게 좋다는 의견도 있다. 그러나 소문이 점차 확대되고, 얼굴 사진과 주소 같은 것까지 게시되어 신변의 위험도 느낄 정도로 극히 악질적인 경우마저 있다. 도를 넘는 표현은 범죄가 된다는 것을 명심하길 바란다. (중략)

인터넷 정보는 사이트의 운영 관리자들의 책임에 대해 업계 단체가 지침을 작성하고, 게시물 삭제나 사이트 폐쇄 조치를 포함한 규정 마련을 시작하고 있다. 또 많은 사람들의 눈에 띈다는 인터넷의 특성으로부터 지나친 중상(모략)이나 비판에는 제동을 거는 자정 작용에 기대하는 목소리도 있다.

B

근거 없는 헛소문을 흘리고, 가까운 누군가를 비방하고 중상한다. 저명인의 발언이 마음에 들지 않았다고 하여 공격 대상으로 삼는다. 재미 삼아 시작한 게시글이 적의를 드러낸 공격으로 확대되는 일도 있다. 그것을 부채질하는 사람들까지 있기 때문에 시끄럽다. (중략)

배경에 있는 것은 이름을 밝히지 않고 발신할 수 있는 인터넷 사회의 특성일 것이다. 그러나 자기 혼자만 보이지 않는 곳에 서서, 일방적으로 욕을 퍼붓거나 사실에 반하는 글을 쓰거나 하는 것은 너무나 비겁하지 않은가? 물론 인터넷 그 자체의 역할은 긍정적으로 생각하고 싶다. 누구나가 세상을 향해 자신의 의견을 표현할 수 있다. 이 새로운 매체에 의해 표현과 언론의 무대는 크게 확대되었다. 그 점은 확실히 지키지 않으면 안 된다.

단어

閲覧者(えつらんしゃ) 열람자 | 書(か)き込(こ)む(かきこむ) 써 넣다, 인터넷 상에 글을 써서 올리다 | 交換(こうかん)の場(ば) 교환의 장 | 落(お)とし穴(あな)(おとしあな) 함정 | 潜(ひそ)む 잠재하다 | 念頭(ねんとう)に置(お)く 염두에 두다 | 自制(じせい)する 자제하다 | 自衛策(じえいさく) 자위책 | 根(ね)も葉(は)もない 아무 근거도 없다 | 中傷(ちゅうしょう) 중상, 남을 헐뜯음 | うわさ話(ばなし) 남의 이야기, 소문 | エスカレートする 점차 확대되다 | 顔写真(かおじゃしん) 얼굴 사진 | 身(み)の危険(きけん) 신변의 위험 | 悪質(あくしつ)な 악질적인 | 犯罪(はんざい) 범죄 | 肝(きも)に銘(めい)じる 마음에 새기다 | 書(か)き込(こ)み(かきこみ)の削除(さくじょ) 게시물 삭제 | 閉鎖措置(へいさそち) 폐쇄 조치 | ルール作(づく)り 규정 마련 | 目(め)に触(ふ)れる 눈에 띄다 | 批判(ひはん) 비판 | 歯止(はど)めがかかる 제동이 걸리다 | 自浄作用(じじょうさよう) 자정 작용 | 根拠(こんきょ) 근거 | デマ 헛소문, 유언비어 | 身近(みぢか)な 가까운 | 誹謗(ひぼう) 비방 | 著名人(ちょめいじん) 저명인 | やり玉(だま)にあげる 비난이나 공격의 대상으로 삼다 | おもしろ半分(はんぶん)で 반 재미로, 재미 삼아 | 敵意(てきい)をむき出(だ)す 적의를 드러내다 | 攻撃(こうげき) 공격 | あおる 부채질하다 | 厄介(やっかい)だ 성가시다, 번거롭다 | 名乗(なの)らずに 이름을 밝히지 않고 | 悪口(わるくち)を浴(あ)びせる 욕을 먹이다 | 卑怯(ひきょう) 비겁 | 役割(やくわり) 역할 | 前向(まえむ)きに 긍정적으로 | とらえる 잡다, 파악하다 | 舞台(ぶたい) 무대

문제 해설

문1 표현의 장으로서의 인터넷 그 자체의 역할에 대해 A와 B에서는 어떤 견해를 나타내고 있는가?

1. A에서는 부정은 하지 않지만 명확하게도 밝히지 않고, B에서는 긍정적으로 생각하고 싶다는 뜻을 명확하게 하고 있다.
2. A·B 모두 인터넷 그 자체의 역할을 부정하고 있다.
3. A·B 모두 인터넷 그 자체의 역할에 관해 명확히 언급하고 있지 않다.
4. B에서는 긍정적으로 생각하는 견해를, A에서는 완전히 부정하는 견해를 기술하고 있다.

해설 1번, A 둘째 줄의 [そこに多くの人たちとの意見交換の場としての楽しさがあるが]와 같이 부정은 하지 않고 약간의 언급만 하고 지나가며, B는 중략 이후의 두 번째 단락 셋째 줄에서 [ネットそのものの役割は前向きにとらえたい]라고 명확히 언급하고 있다.

문2 다음 중 본문의 내용과 일치하지 않는 것은 어느 것인가?

1. 블로그는 인터넷상의 일기 형식의 페이지지만, 지나친 표현은 범죄가 될 수도 있다.
2. 블로그를 통해 세계를 향해 자신의 의견을 표현할 수 있게 되어, 표현과 언론의 장은 크게 확대되었다.
3. 열람자가 자신의 감상 등을 자유롭게 게재할 수 있어, 많은 사람들과 의견을 교환하는 장으로서의 즐거움이 있다.
4. 인터넷상에서는 이름을 밝히지 않고 발신할 수 있기 때문에 토론 연습에는 최적의 공간이다.

해설 1번, A에서 첫째 줄 [ブログはネット上の日記形式のページで]와 중략의 바로 앞 문장의 [表現の行き過ぎは犯罪になることを肝に銘じたい]를 적절히 조합하여 1번의 내용은 본문과 일치함을 알 수 있다. 2번은 B의 두 번째 단락 넷째 줄에 [だれもが世界に~舞台は大きく広がった] 부분, 3번은 A의 첫째 줄 [閲覧者が自由に~楽しさがあるが] 부분을 보면 본문과 일치함을 확인할 수 있다. 4번, B의 두 번째 단락 [名乗らずに発信できるネット社会の特性]에 대해서 언급한 부분은 있지만, 그것이 토론하기에 좋은 최적의 공간이 된다는 내용은 없으므로, 답은 4번이 된다.

문3 다음 중 A에도 B에도 언급되지 않은 내용은 어느 것인가?

1. 신변의 위험도 느낄 정도로 극히 악질적인 경우조차 있다는 내용
2. 지나친 표현은 범죄가 된다는 것을 명심하길 바란다는 내용
3. 게시글 삭제나 사이트 폐쇄 조치를 포함한 규정 마련이 시작되었다는 내용
4. 인터넷상에서의 비방이나 중상(모략) 등은 이름을 밝히지 않으면 발신할 수 없다는 내용

해설 1번, A의 다섯째 줄 [うわさ話がエスカレートして~悪質なケースさえある]에 언급되어 있다. 2번, A의 중략의 바로 앞 문장 [表現の行き過ぎは犯罪になることを肝に銘じたい]에 언급되어 있다. 3번, A의 중략 바로 다음 문장 [ネットの情報は、~ルール作りが始まっている]에 언급되어 있다. 4번, B의 두 번째 단락 [名乗らずに発信できるネット社会の特性]의 예로 든 것 중에 [根拠のないデマを流して、身近な誰かを誹謗中傷する]라는 내용이 있기는 하지만, 선택지의 내용과 틀리므로 4번이 답이 됨을 알 수 있다.

실전 문제 06 기사문

問題　次のAとBはそれぞれ別の新聞のコラムである。AとBの両方を読んで、後の問いに対する答えとして、最もよいものを1・2・3・4から一つ選びなさい。

A

　携帯電話の使い方で家の人との約束を守っている子供の方が正答率が高い傾向が見られている。全国学力テストの結果分析で、文部科学省はこのように成績と生活の相関を示す。「読書がすき」「宿題をする」「朝食を毎日食べる」「家の人に学校の出来事を話している」…これらは「正答率が高い傾向が見られる」子どもたちという。
　（中略）
　肝心なのは、では子供をどう読書好きになるよう導くか、家族とのコミュニケーションをどう促すかなど、具体策だ。文科省は調査結果に授業の工夫例もつけてはいるが、学校現場に必要なのは、より細かく多様で有効な処方箋である。

（毎日新聞2009年8月28日）

B

　小学6年と中学3年対象の全国学力テストの結果が公表された。全国規模の一斉テストが復活して3年目となり、大阪や沖縄など成績の悪い県が上位に学ぶなど効果が見え始めている。さらに活用し、公教育の充実を図りたい。
　（中略）
　上位県では学校の指導のほか、家庭での学習を習慣づける工夫や規則正しい生活習慣が学力向上に影響していることが今回も裏付けられた。
　（中略）
　また沖縄では秋田と教員の相互交換を始めた。教育界ではこれまであまりなかった取り組みだ。大阪や沖縄はまだ全国平均を下回り、応用力など課題は多い。だが基礎をまず固めることが学力アップにつながることは専門家も指摘している。さらに授業や家庭との連携など工夫してほしい。

（産経新聞2009年8月28日）

問1　AとBのどちらの記事にも触れられている内容はどれか。

1　家庭での生活習慣が、成績や学力向上に関与しているということ
2　どのような子どもが、テストの正答率が高い傾向があるのかということ
3　全国規模の一斉テストが復活して３年目であるということ
4　子どもの成績を向上させるための具体策や有効な処方箋

問2　A記事とB記事で全国学力テストの結果を分析して得た結論はどれか。

1　大阪や沖縄など成績の悪い県が上位に学ぶなど効果が見え始めているということ
2　学校現場に必要なのはより細かく多様で有効な処方箋であるということ
3　全国学力テストをさらに活用し、公教育の充実を図るべきだということ
4　家庭での学習習慣や規則正しい生活習慣が学力向上に影響を及ぼすということ

問3　次のうち本文の内容と合っているものはどれか。

1　文科省の調査結果は非常に細かくて具体的である。
2　家族に学校の出来事を話している子が正答率が高い傾向がある。
3　これは全国のすべての学生を対象にした調査結果である。
4　全国学力テストの結果、成績向上と生活とはまったく関係がないということが明らかになった。

해석 및 해설 06 기사문

> **지문 해석**

A

휴대전화 사용법에서 가족과의 약속을 지키는 어린이가 정답률이 높은 경향을 보이고 있다. 전국 학력 평가 결과 분석에서 문부과학성은 이렇게 성적과 생활의 상관을 제시했다. '독서를 좋아한다' '숙제를 한다' '아침을 매일 먹는다' '가족에게 학교에서 있었던 일을 이야기한다'…이것들은 '정답률이 높은 경향을 보이는' 아이들이라고 한다.

(중략)

중요한 것은, 그러면 아이들을 어떻게 독서를 좋아하게 지도할 것인가, 가족과의 커뮤니케이션을 어떻게 촉진할 것인가 등의 구체적인 방안이다. 문부과학성은 조사 결과에 교수법의 예도 내놓고는 있지만, 학교 현장에 필요한 것은 보다 자세하고 다양하며 효과 있는 처방전이다.

B

초등학교 6학년과 중학교 3학년을 대상으로 한 전국 학력 평가 결과가 공표되었다. 전국 규모의 일제고사가 부활한 지 3년째가 되고, 오사카나 오키나와 등 성적이 나쁜 현이 상위 현을 본받는 등 효과가 보이기 시작하고 있다. 더욱 활용하여 공교육의 내실을 꾀하고 싶다.

(중략)

상위 현에서는 학교 지도 외에 가정에서 학습 습관을 들이는 방안이나 규칙적인 생활 습관이 학력 향상에 영향을 준다는 것이 이번에도 입증되었다.

(중략)

또 오키나와에서는 아키타와 교원의 상호 교환을 시작했다. 교육계에서는 지금까지 그다지 없었던 시도이다. 오사카나 오키나와는 아직 전국 평균을 밑돌고 응용력 등 과제는 많다. 그러나 기초를 우선 다져 놓는 것이 학력 향상으로 이어지는 것은 전문가도 지적하고 있다. 더욱 수업과 가정과의 제휴 등을 연구해 주었으면 한다.

> **단어**

正答率(せいとうりつ) 정답률 | 傾向(けいこう) 경향 | 分析(ぶんせき) 분석 | 相関(そうかん) 상관 | 朝食(ちょうしょく) 아침밥 | 出来事(できごと) 일어난 일, 사건 | 肝心(かんじん) 중요함 | 導(みちび)く 지도하다, 이끌다 | 促(うなが)す 촉구하다, 촉진시키다 | 具体策(ぐたいさく) 구체적인 방안 | 多様(たよう) 다양함 | 有効(ゆうこう)な 유효한, 효과 있는 | 処方箋(しょほうせん) 처방전 | 公表(こうひょう)する 공표하다 | 規模(きぼ) 규모 | 一斉(いっせい)テスト 일제고사 | 復活(ふっかつ)する 부활하다 | 公教育(こうきょういく) 공교육 | 充実(じゅうじつ)を図(はか)る 내실을 꾀하다 | 指導(しどう) 지도 | 習慣(しゅうかん)づける 습관 들이다 | 規則(きそく) 규칙 | 向上(こうじょう) 향상 | 裏付(うらづ)ける 뒷받침하다, 입증하다 | 基礎(きそ)を固(かた)める 기초를 다지다 | 連携(れんけい) 제휴 | 影響(えいきょう)を及(およ)ぼす 영향을 끼치다

문제 해설

문1 A와 B기사에 모두 언급되어 있는 내용은 어느 것인가?
1 가정에서의 생활 습관이 성적이나 학력 향상에 관여하고 있다는 내용
2 어떤 어린이가 시험 정답률이 높은 경향에 있는지에 대한 내용
3 전국 규모의 일제고사가 부활한 지 3년째라는 내용
4 어린이의 성적을 향상시키기 위한 구체적인 방안과 효과 있는 처방전

해설 1번, A의 셋째 줄 [朝食を毎日食べる～子どもたちという]에, B의 두 번째 단락 [家庭での学習を～今回も裏付けられた]에 모두 언급되어 있으므로, 답이 됨을 알 수 있다. 2번, A의 셋째 줄 [読書がすき～子どもたちという]에만 언급되어 있다. 3번, B의 첫째 줄 [全国規模の一斉テストが復活して３年目となり]에만 언급되어 있다. 4번, A의 마지막 문장 [学校現場に必要なのは～有効な処方箋である]에만 언급되어 있다.

문2 A 기사와 B 기사에서 전국 학력 평가 결과를 분석하여 얻은 결론은 어느 것인가?
1 오사카나 오키나와 등 성적이 나쁜 현이 상위 현을 본받는 등 효과가 보이기 시작한다는 것
2 학교 현장에 필요한 것은 보다 세세하고 다양하며 효과 있는 처방전이라는 것
3 전국 학력 평가를 더욱 활용하여 공교육의 내실을 꾀해야 한다는 것
4 가정에서의 학습 습관이나 규칙적인 생활 습관이 학력 향상에 영향을 끼친다는 것

해설 1번, B의 둘째 줄 [大阪や沖縄など～見え始めている]에만 언급되어 있는 내용이다. 2번, A의 마지막 문장 [学校現場に～処方箋である]에만 언급되어 있는 내용이다. 3번, B의 셋째 줄 [さらに活用し、公教育の充実を図りたい]에만 언급되어 있는 내용이다. 4번, A, B 모두 예시를 들어 가며 4번 선택지와 같은 결론을 내리고 있으므로 답은 4번이 된다.

문3 다음 중 본문의 내용과 일치하는 것은 어느 것인가?
1 문부과학성의 조사 결과는 매우 세세하고 구체적이다.
2 가족에게 학교에서 있었던 일을 이야기하는 아이가 정답률이 높은 경향이 있다.
3 이것은 전국의 모든 학생을 대상으로 한 조사 결과이다.
4 전국 학력 평가 결과, 성적 향상과 생활과는 전혀 관계가 없다는 것이 밝혀졌다.

해설 1번, 이 보기를 이끌어 낼 단서를 찾을 수 없다. 2번, A의 셋째 줄 [家の人に学校の出来事を～子どもたちという]에서 본문의 내용이 일치함을 알 수 있다. 3번, B의 첫 번째 문장 [小学６年と～結果が公表された]와 같이 전국 모든 학생이 아니라 초등 6학년과 중학 3학년을 대상으로 하였다. 4번, 오히려 선택지의 내용과는 반대로, 성적 향상과 생활과는 관계가 밀접하다.

실전 문제 07 기사문

問題　次のAとBはそれぞれ別の新聞のコラムである。AとBの両方を読んで、後の問いに対する答えとして、最もよいものを1・2・3・4から一つ選びなさい。

A

　　①バイオエタノールを混合したガソリンの試験販売がスタートする。10年度までに全国で販売される予定だ。地球温暖化対策の一環だが、問題もある。トウモロコシやサトウキビなどの植物は二酸化炭素(CO_2)を吸収して成長する。こうした植物を原料としたエタノールなどバイオ燃料を燃焼させても、そこから出るCO_2は京都議定書で定めた削減対象とはならない。
　政府は、10年度に原油換算で50万キロリットルのバイオ燃料を輸出用に導入する計画だ。このうち21万キロリットルを石油業者が供給することになっている。
　バイオエタノールを混合したガソリンは沖縄などで利用が始まっているが、27日からは首都圏の50ヶ所のスタンドで試験販売がスタートする。10年度にはガソリン販売の2割がバイオガソリンになるという。

(毎日新聞 2007年4月27日)

B

　　植物から作った①バイオエタノールを混ぜたガソリンの試験販売が連休前の27日から首都圏50カ所のガソリンスタンドで始まった。石油資源の逼迫と地球温暖化問題に対応するための方策だ。大気中の二酸化炭素を増やさないバイオエタノールは、世界で生産・利用が始まっている。首都圏への導入は、環境新時代の潮流が日本にも押し寄せてきたことを実感させる出来事だ。(中略)
　バイオエタノールの利用は世界的な潮流だが、留意しなければならない点もある。原料がトウモロコシなどに偏りすぎると、食糧価格の高騰や食糧不足などを招く可能性があることだ。バイオ燃料が普及する一方で、途上国での飢餓が拡大しかねない。あってはならないことである。

(産経新聞 2007年4月28日)

問1　AとBのどちらの記事にも触れられている内容はどれか。

1　原料であるトウモロコシなどの植物が二酸化炭素を吸収して成長すること
2　バイオ燃料の販売は、地球温暖化問題に対応するための方策であるということ
3　原料が偏ると、食糧価格の高騰や食糧不足を招きかねないということ
4　バイオ燃料を燃焼させて出たCO_2は、京都議定書で定めた削減対象とならないということ

問2　バイオ燃料利用の留意点について、AとBはどのような立場をとっているか。

1　AもBも、ともに明確に記していない。
2　AもBも、ともに明確に記している。
3　Aは批判的であるが、Bは明確に述べていない。
4　Bは明確に述べているが、Aは明確にしていない。

問3　①バイオエタノールに関する説明として正しいものを一つ選びなさい。

1　バイオエタノールを混ぜたガソリンの販売が全国で一斉に始まった。
2　バイオエタノールの利用はすでに世界的にも定着している。
3　バイオエタノールの利用は原料を多様化しないと、途上国の食糧確保に悪影響が出る恐れがある。
4　バイオエタノールの利用は地球温暖化の対策として大いに役立つから、もっと積極的に普及させるべきだ。

해석 및 해설 07 기사문

지문 해석

A

①바이오 에탄올을 혼합한 가솔린 시험 판매가 시작된다. 2010년도까지 전국에서 판매될 예정이다. 지구 온난화 대책의 일환이지만 문제도 있다. 옥수수나 사탕수수 등의 식물은 이산화탄소(CO_2)를 흡수해 성장한다. 이러한 식물을 원료로 한 에탄올 등 바이오 연료를 연소시켜도 거기서 나오는 CO_2는 교토의정서에서 정한 감축 대상이 되지 않는다.

정부는 2010년도에 원유 환산으로 50만 킬로리터의 바이오 연료를 수출용으로 도입할 계획이다. 이 중 21만 킬로리터를 석유업자가 공급하기로 되어 있다.

바이오 에탄올을 혼합한 가솔린은 오키나와 등에서 이용이 시작되었는데, 27일부터는 수도권 50군데의 주유소에서 시험 판매가 시작된다. 2010년도에는 가솔린 판매의 20%가 바이오 가솔린이 된다고 한다.

B

식물로 만든 ①바이오 에탄올을 섞은 가솔린의 시험 판매가 연휴 전인 27일부터 수도권 50개소의 주유소에서 시작되었다. 석유자원의 핍박과 지구온난화 문제에 대응하기 위한 방책이다. 대기 중의 이산화탄소를 증가시키지 않는 바이오 에탄올은 세계적으로 생산·이용이 시작되고 있다. 수도권으로의 도입은 환경 신시대의 조류가 일본에도 밀려왔다는 것을 실감케 하는 일이다. (중략)

바이오 에탄올의 이용은 세계적인 조류지만, 유의하지 않으면 안 되는 점도 있다. 원료가 옥수수 등에 너무 편중되면 식량 가격의 폭등이나 식량 부족 등을 초래할 가능성이 있다는 것이다. 바이오 연료가 보급되는 한편으로, 개발 도상국에서의 기아가 확대될 수 있다. 있어서는 안 되는 일이다.

단어

バイオエタノール 바이오 에탄올 | **混合(こんごう)** 혼합 | **温暖化(おんだんか)** 온난화 | **一環(いっかん)** 일환 | **トウモロコシ** 옥수수 | **サトウキビ** 사탕수수 | **植物(しょくぶつ)** 식물 | **二酸化炭素(にさんかたんそ)** 이산화탄소 | **吸収(きゅうしゅう)する** 흡수하다 | **バイオ燃料(ねんりょう)** 바이오 연료 | **燃焼(ねんしょう)させる** 연소시키다 | **京都議定書(きょうとぎていしょ)** 교토의정서 | **定(さだ)める** 정하다 | **削減(さくげん)** 삭감 | **原油換算(げんゆかんさん)** 원유 환산 | **輸出用(ゆしゅつよう)** 수출용 | **導入(どうにゅう)する** 도입하다 | **石油(せきゆ)** 석유 | **供給(きょうきゅう)する** 공급하다 | **~ことになっている** ~하기로 되어 있다 | **混(ま)ぜる** 섞다 | **首都圏(しゅとけん)** 수도권 | **資源(しげん)** 자원 | **逼迫(ひっぱく)** 핍박 | **方策(ほうさく)** 방책, 방법 | **増(ふ)やす** 늘리다 | **潮流(ちょうりゅう)** 조류 | **押し寄せる(おしよせる)** 몰려오다, 쇄도하다 | **出来事(できごと)** 일어난 일, 사건 | **偏(かたよ)る** 치우치다 | **食糧(しょくりょう)** 식량 | **高騰(こうとう)** 고등, 폭등 | **招(まね)く** 초래하다 | **普及(ふきゅう)する** 보급하다 | **~一方(いっぽう)で** ~하는 한편으로 | **途上国(とじょうこく)** 개발도상국 | **飢餓(きが)** 기아 | **~かねない** ~할지도 모른다, ~할 수 있다 | **~てはならない** ~해서는 안 된다

문제 해설

문1 A와 B 기사에 모두 언급되어 있는 내용은 어느 것인가?
1 원료인 옥수수 등의 식물이 이산화탄소를 흡수해 성장하는 것
2 바이오 연료 판매는 지구온난화 문제에 대응하기 위한 방책이라는 것
3 원료가 편중되면, 식량 가격의 폭등이나 식량 부족을 초래할 수 있다는 것
4 바이오 연료를 연소시켜 나온 CO_2는 교토의정서에서 정한 감축 대상이 되지 않는다는 것

해설 1번, A의 셋째 줄 끝의 [トウモロコシやサトウキビなどの植物は二酸化炭素(CO_2)を吸収して成長する] 부분에만 언급되어 있다. 2번, A의 둘째 줄 [地球温暖化対策の一環だが] 부분과, B의 둘째 줄 뒤 부분에 [地球温暖化問題に対応するための方策だ]로 두 글 모두에 언급되어 있다. 3번, B의 두 번째 단락 둘째 줄의 [原料がトウモロコシなどに ~可能性があることだ] 부분에만 언급되어 있다. 4번, A의 넷째 줄 [こうした植物を~削減対象とはならない] 부분에만 언급되어 있다.

문2 바이오 연료 이용의 유의점에 대해 A와 B는 어떤 입장을 취하고 있는가?
1 A도 B도 모두 명확하게 기술하고 있지 않다.
2 A도 B도 모두 명확하게 기술하고 있다.
3 A는 비판적이지만, B는 명확하게 서술하고 있지 않다.
4 B는 명확하게 서술하고 있지만, A는 명확하게 하고 있지 않다.

해설 B의 두 번째 단락 첫째 줄 [留意しなければならない点もある]를 보면 알 수 있듯이 유의점을 명확히 서술하고 있지만, A는 명확히 제시하고 있지 않으므로 4번이 답이 된다.

문3 ①바이오 에탄올에 관한 설명으로 바른 것을 하나 고르시오.
1 바이오 에탄올을 섞은 가솔린의 판매가 전국에서 일제히 시작되었다.
2 바이오 에탄올의 이용은 이미 전세계적으로도 정착되어 있다.
3 바이오 에탄올의 이용은 원료를 다양화하지 않으면, 개발도상국의 식량 확보에 악영항을 미칠 우려가 있다.
4 바이오 에탄올의 이용은 지구온난화 대책으로서 크게 도움이 되므로 좀 더 적극적으로 보급시켜야 한다.

해설 1번, A의 두 번째 단락 [10年度までに全国で販売される予定だ] 부분에서 알 수 있듯이 2010년도까지의 예정 사항이며, B에서는 둘째 줄 [首都圏50カ所のガソリンスタンドで始まった]라고 명확히 밝혀 주고 있다. 2번, B의 셋째 줄 [バイオエタノールは、世界で生産・利用が始まっている] 부분에서 알 수 있듯이 아직 시작 단계로 보기처럼 정착됐다고는 할 수 없다. 3번, B의 중략 이후의 [原料がトウモロコシなどに~可能性があることだ] 부분이 답의 근거가 된다. 4번, 필자가 보기와 같이 주장한 바는 없다.

Memo

5 | 주장 이해 공략하기

문제 유형 분석

주장 이해 – 주장 이해 문제는 사설, 평론 등 추상적이고 논리적인 1000자 정도의 장문을 읽고 전체적으로 전달하려고 하는 주장, 의견을 얼마나 파악해 낼 수 있는지를 묻는 문제이다. 전체적 내용, 키워드, 논리 전개 등을 파악하는 것이 주장 이해 파트를 해결하는 데 무엇보다 중요하다. 독해 문제 중에서 제일 난이도가 높은 파트로 단어 수준도 높은 편이다.
한 지문에 4문항이 출제되며, 문제 풀이는 15분 정도로 잡는다.

문제 풀이 비법

1. 어려운 단어나 표현도 나오겠지만 대체로 이야기의 전개를 스스로 추측하는 것이 중요하다. 단어 하나하나에 신경을 쓰다 보면 전체 흐름이 끊어지므로 단락에서 무엇을 말하고자 하는지 파악해야 한다.
2. 주장 이해 문제에서는 필자가 말하고자 하는 바가 반드시 글 마지막 부분에 오는 것은 아니므로 주의해야 한다. 기존의 장문 독해와 비슷한 문제가 출제될 것이라 생각한다.
3. 필자 관련 문제, 즉 필자의 주장이나 생각 등을 묻는 문제는 반드시 출제되겠지만, 너무 극단적이거나 대담한 의견은 정답이 아닐 가능성이 높기 때문에 선택지에서 제외하고 고르는 센스도 갖추는 것이 좋을 듯하다.
4. 문장 하나보다는 몇 개의 부분을 통합함으로써 정답을 고르는 문제도 나올 가능성이 있으므로, 단락마다 그 내용을 짧게 메모하는 것도 전체를 이해하는 데 도움을 준다.

실전 문제 01 평론문

問題　次の文章を読んで、後の問いに対する答えとして、最もよいものを1・2・3・4から一つ選びなさい。

　①「文化論」とは、日本の文化について論じたり、説明したりすること、日本論、日本文化論、日本人論などの言説や、それに依拠した議論を指す。日本での日本語教育は、言語と密接に結び付いた「文化」の問題を教室外の社会や、「日本事情」教育に委ねてしまい、ことばと文化の問題に真剣に対峙してこなかったきらいがある。

　その一方で、日本語のクラスに時折、「文化」の問題が無造作に顔を出すことがある。たとえば、敬語使用を嫌う学習者に対して、「タテ社会」である日本社会では敬語は必要であると説いたり、「くれる」という授受表現が日本人の「ウチ」意識の強さを表していると説明したりする場合である。しかし、こうした「文化論」の援用が、以下のような「文化論」の前提を暗黙のうちに承認してしまっていることには注意が必要である。

　「文化論」の第一の前提は、「日本の社会（日本人）は〇〇である。」といえるように、「日本の社会」や「日本人」が単一・均質であるとみなす点である。「文化」は国家や国籍を単位として語られやすい。これは、「文化」が近代国家の統合を推進する装置として、「国家語」とともに形成された、「創造された伝統」であることからきている。「国家語」である「日本語」を教えるクラスとしては、「ことば」と「文化」の両面で、学習者の「同化」を迫ることのないよう、最大の注意を払わなければならない。

　第二の前提は「文化論」が「文化」をすでに出来上がった静態的なものとみている点である。「文化論」は、たかが数十年前か百数十年前かに方向づけられた「伝統」を、「日本人」の「国民性」や「日本社会」の不易の規範であるかのように語る。しかし、「文化」は「ことば」と同様、たえず異なるものとの交流・摩擦を通じて変容していくものなのである。

　第三の前提は、「文化論」が「文化」を通じる当の主体を「日本人」一般のなかに融解させ、主体化を無化してしまう点にある。ところが実際は、個々の人々は「日本人」であるだけでなく、「女性・男性」であったり、「母親・父親」であったり、「教員」であったり、「地域住民」であったりという具合にたくさんの「文化主体」の結節点を生きている。

　では、国家単位の均質的・静態的な「文化」観を脱して、個に立脚する多

様・多重で動態的な「文化」を日本語教育のなかに組み込むためにはどうしたらよいのだろうか。「日本では〜です」とか「あなたの国ではどうですか」といった国単位で文化を論じる発想を脱却するところから始まり、さまざまなかたちの「文化論」的言説を批判的に吟味していく作業を学習者とともに地道に積み重ねていく必要があろう。そうした過程のなかで、単なる「言葉の習得」の支援にとどまらず、異なる文化との接触を通しての、自らの「文化変容」を担いきれる主体を育成するという新しい日本語教育の課題が見えてくる。

(『新盤 日本語教育辞典』による)

問1　①文化論の内容として間違っているものを選びなさい。

1　文化論は日本人の多様性を反映していない。
2　文化論で日本人の行動原理を解明できる。
3　文化論により日本人特有の思想や文化を理解することができる。
4　文化論の見解はすべての個人に当てはまる。

問2　日本語教育と文化論の問題点として間違っているものを選びなさい。

1　間違った認識から日本人とのコミュニケーションに支障をきたしてしまう。
2　時代の変化に伴う文化の変容を文化論の中に含むことができない。
3　日本語学習者に日本人のステレオタイプを埋め込んでしまう。
4　学習者に教育を通して同化を強要してしまう懸念がある。

問3 日本人のステレオタイプとして間違っているものを選びなさい。

1 日本は人間関係において階級などの序列を重視する縦社会である。
2 日本は集団的思考を持ち、ウチとソトの文化的概念を持っている。
3 日本には、人間関係を円滑にするために社会的関係を表す敬語が重要な役割をする。
4 日本は道徳や良心を重視する社会であり、罪の文化がある。

問4 筆者の主張として正しいものを選びなさい。

1 典型的な日本人像は日本語教育の中で日本人の思考を学ぶ上で役立つ。
2 国単位の文化論は日本人の国民性や日本文化の特性を理解するためには欠かせない。
3 文化論的思想で人を集団の一員として見るだけではなく一個人としてみるべきだ。
4 文化論は日本人像をとらえる際に先入観を与えてしまうので日本語教育の場では使ってはならない。

해석 및 해설 01 평론문

지문 해석

①'문화론'이란 일본 문화에 대해서 논하거나 설명하는 것, 일본론, 일본문화론, 일본인론 등의 언설이나 그것에 의거한 논의를 가리킨다. 일본에서의 일본어 교육은 언어와 밀접하게 연관된 '문화' 문제를 교실 밖의 사회나 '일본 사정'교육에 맡겨 버린 채, 언어와 문화 문제에 대해 진지하게 대치해 오지 않았던 경향이 있다.

한편, 일본어 수업에 가끔 '문화' 문제가 아무렇게나 등장하는 경우가 있다. 예를 들면, 경어 사용을 싫어하는 학습자들에게 '종적 사회'인 일본 사회에서는 경어는 꼭 필요하다고 설명하거나, '주다'라는 수수 표현은 일본인의 '안쪽' 의식의 강함을 나타낸다고 설명하는 경우이다. 하지만 이러한 '문화론'의 원용이 아래와 같은 '문화론'의 전제를 암묵적으로 승인해 버리는 데에는 주의가 필요하다.

'문화론'의 첫 번째 전제는 '일본 사회(일본인)는 ○○이다.'라고 말하듯이, '일본 사회'나 '일본인'이 단일·균질하다고 간주되는 점이다. '문화'는 국가나 국적을 단위로 하여 거론되기 쉽다. 이것은 '문화'가 근대국가의 통합을 추진하는 장치로서 '국가어'와 더불어 형성된 '창조된 전통'이라는 점 때문이다. '국가어'인 '일본어'를 가르치는 수업에서는 '언어'와 '문화'의 양면에서 학습자의 '동화'를 강요하는 일이 없도록 최대한 주의를 기울여야 한다.

두 번째 전제는 '문화론'이 '문화'를 이미 완성 상태인 정적인 것으로 보고 있다는 점이다. '문화론'은 고작 수십 년 혹은 백 수십 년 전에 방향 지어진 '전통'을 '일본인'의 '국민성'이나 '일본 사회'의 불변하는 규범인 것처럼 말한다. 하지만, '문화'는 '언어'와 똑같이, 끊임없이 다른 것과의 교류·마찰을 통해 변용해 나가는 것이다.

세 번째 전제는 '문화론'이 '문화'를 통한 해당 주체를 '일본인'이란 일반 범주 안에 융해시켜 주체화를 무효화시켜 버리는 점이다. 하지만 실제로 개개인은 '일본인'일 뿐만 아니라 '여성·남성'이고 '어머니·아버지'이며 '교직원', '지역 주민' 등 많은 '문화 주체'의 매개체로 살고 있다.

그렇다면 국가 단위의 균질적·정적인 '문화'관에서 벗어나 개인에 입각한 다양·다중하고 동적인 '문화'를 일본어 교육에 적용시키기 위해서는 어떻게 하면 될까? '일본에서는 ~입니다'라든가 '당신 나라에서는 어떤가요'라고 하는 국가 단위로 문화를 논하는 발상에서 탈피하는 것부터 시작해, 다양한 형태의 '문화론'적 언설을 비판적으로 음미해 나가는 작업을 학습자와 함께 착실하게 쌓아 나가는 일이 필요할 것이다. 그러한 과정 속에서 단순한 '언어 습득'의 지원에 그치지 않고, 다른 문화와의 접촉을 통한 스스로의 '문화 변용'을 담당할 수 있는 주체를 육성한다라는 새로운 일본어 교육 과제가 보이기 시작할 것이다.

단어

論(ろん)じる 논하다 | 言説(げんせつ) 언설 | 依拠(いきょ) 의거 | 密接(みっせつ)に 밀접하게 | 結(むす)び付(つ)く 연관되다 | 委(ゆだ)ねる 맡기다 | 対峙(たいじ) 대치 | きらいがある 경향이 있다 | 時折(ときおり) 가끔 | 無造作(むぞうさ)に 아무렇게 | 顔(かお)を出(だ)す 등장하다 | 敬語使用(けいごしよう) 경어 사용 | 嫌(きら)う 싫어하다 | ~に対(たい)して ~을 대상으로 | タテ社会(しゃかい) 종적 사회 | 説(と)く 설명하다 | 授受表現(じゅじゅひょうげん) 수수 표현 | 援用(えんよう) 원용 | 前提(ぜんてい) 전제 | 暗黙(あんもく) 암묵 | 承認(しょうにん) 승인 | 均質(きんしつ) 균질 | みなす 간주하다 | 国籍(こくせき) 국적 | 統合(とうごう) 통합 | 推進(すいしん) 추진 | 装置(そうち) 장치 | ~とともに ~와 함께 | 創造(そうぞう) 창조 | 同化(どうか) 동화 | 迫(せま)る 강요하다 | 注意(ちゅうい)を払(はら)う 주의를 기울이다 | 静態的(せいたいてき) 정적 | たかが 고작 | 不易(ふえき) 불변 | 規範(きはん) 규범 | たえず 끊임없이 | 異(こと)なる 다르다 | 摩擦(まさつ) 마찰 | ~を通(つう)じて ~을 통해서 | 変容(へんよう) 변용 | 当(とう)の主体(しゅたい) 해당 주체 | 一般(いっぱん) 일반 | 融解(ゆうかい) 융해 | 無化(むか)する 무효화하다 | 個々(ここ)の人々(ひとびと) 개개인 | 具合(ぐあい) 형편, 방식 |

結節点(けっせつてん) 결절점, 매개체 | 脱(だっ)する 탈피하다 | 立脚(りっきゃく) 입각 | 多重(たじゅう) 다중 | 動態的(どうたいてき) 동태적, 동적 | 組み込む(くみこむ) 넣다, 편입하다 | 脱却(だっきゃく)する 빠져나오다 | 吟味(ぎんみ) 음미 | 地道(じみち)に 착실하게 | 単(たん)なる 단순한 | 支援(しえん) 지원 | ～にとどまらず ～에 그치지 않고 | 接触(せっしょく) 접촉 | 自(みずか)ら 스스로 | 担(にな)いきれる 담당할 수 있다

문제 해설

문1 ①문화론의 내용으로 옳지 않은 것을 고르시오.
1. 문화론은 일본인의 다양성을 반영하고 있지 않다.
2. 문화론으로 일본인의 행동 원리를 해명할 수 있다.
3. 문화론에 의해 일본인 특유의 사상이나 문화를 이해할 수 있다.
4. 문화론의 견해는 모든 개인에 해당된다.

해설 다섯 번째 단락 첫째 줄 [第三の前提は～主体化を無化してしまう点にある]을 보면 문화를 통한 해당 주체를 일본인이라는 일반 범주 안에 융해시켜서 주체화를 무효화하고 있다고 나와 있으므로, 문화론이 모든 개개인에 해당한다는 4번이 틀렸음을 알 수 있다.

문2 일본어 교육과 문화론의 문제점으로서 옳지 않은 것을 고르시오.
1. 잘못된 인식으로 일본인과의 대화에 지장을 초래한다.
2. 시대의 변화에 따른 문화의 변용을 문화론에 포함시킬 수 없다.
3. 일본어 학습자에게 일본인의 전형적인 유형을 주입시키게 된다.
4. 학습자에게 교육을 통해 동화를 강요하게 될 우려가 있다.

해설 일본어 교육에서 문화론이 아무렇게나 등장하는 경우는 있으나, 그것으로 인해 일본인과의 대화에 지장이 생긴다는 내용은 본문에 나오지 않으므로 1번이 정답임을 알 수 있다.

문3 일본인의 전형적인 유형으로서 옳지 않은 것을 고르시오.
1. 일본은 인간관계에 있어서 계급 등의 서열을 중요시하는 종적 사회이다.
2. 일본은 집단적 사고를 가지고 있으며, 안과 밖이라는 문화적 개념을 가지고 있다.
3. 일본에는 인간관계를 원활하게 하기 위해 사회적 관계를 나타내는 경어가 중요한 역할을 한다.
4. 일본은 도덕과 양심을 중요시하는 사회이고, 죄의 문화가 있다.

해설 여섯 번째 줄 [その一方で日本語のクラスに時折～説明したりする場合である]의 부분을 보면 일본어 수업에 가끔 등장하는 문화 문제를 볼 수 있다. 본문에 일본은 도덕과 양심을 중요시하는 사회라고 나오지 않으며 죄의 문화가 아니므로 4번이 정답임을 알 수 있다.

문4 필자의 주장으로 옳은 것을 고르시오.

1 　전형적인 일본인상은 일본어 교육 안에서 일본인의 사고를 배우는 데에 도움이 된다.
2 　국가 단위의 문화론은 일본인의 국민성이나 일본 문화의 특성을 이해하기 위해서는 빼놓을 수 없다.
3 　**문화론적 사상으로 인간을 집단의 일원으로서만 볼 것이 아니라 개개인으로 봐야 한다.**
4 　문화론은 일본인상을 파악할 때 선입견을 주기 때문에 일본어 교육에서는 사용하면 안 된다.

해설　필자는 문화론에 대한 비판을 하고 있다. 첫 번째 전제에서는 일본인과 일본 사회를 단일화하는 것을, 두 번째 전제에서는 끊임없이 다른 것과 교류·마찰을 통해 변용해 가는 것이 아니라 이미 완성된 정적인 것으로 보는 점을 지적하고 있다. 또한 세 번째 전제에서 문화 주체자를 개개인으로 봐야 한다고 주장하고 있으므로, 필자의 주장과 일치하는 것은 3번임을 알 수 있다.

실전 문제 02 평론문

問題　次の文章を読んで、後の問いに対する答えとして、最もよいものを１・２・３・４から一つ選びなさい。

　骨董の目利きになるためには、よい物を、まず一流品を見続けなければだめだといいます。二流品を見ていては眼がだめになる。文章もそれと同じです。よいと思われるもの、心をひくものを見馴れているうちに、ああ、これは雑だなとか、ここはおかしいなとか気づくようになる。自分を引きつけるものはその人にとってよいものなのです。だから、自分を引きつけるものを熟読して、それをいっそう鋭く深く受け取るようにすること。次に、よい文章といわれるものを読んで、どこが違うか、どちらがよいかを自分の目で判断すること。

　ときには、「新しい言葉」をつくる人もいます。新しい言葉をつくろうと、現在は落語家や漫才師、あるいはコピーライターがしのぎを削っています。戦後にアジャパーだとかトンデモハップンだとか、一時は流行する表現がつくられました。①その大部分は10年もたたずに消えました。それはつくられたものの底が浅かったのです。

　久米正雄が「微笑」でもない「苦笑」でもない笑いを表現したいと思って、「微苦笑」という新語をつくった。この単語は現在、和英辞典にも項目として立っています。これは人間社会にある一つの事実を的確にとらえて言語化したから、社会に存在を認められたのです。「わざと変な言葉」を使うと、その場だけは面白がられたりするでしょう。それと社会で存在感を認められる単語とは別です。人間の行為・行動に、社会のいろいろな状況に応じて新しい行動が出てくるように、必要から新しい言葉が出てきます。それがいい言葉かどうかを感じる鋭い感覚が必要です。そこで必要なことはまず区別できる単語の数を増やすこと。自分が区別して使える語彙が多くなくては、ぴったりした表現ができない。

（中略）

　よい言い方、よくない言い方の問題として、「見れる」とか「起きれる」とかの②「ラ抜き言葉」が問題にされることがあります。ラ抜き言葉をとがめだてするのも一つの言語感覚です。しかし「見れる」「起きれる」は可能動詞というべきもので、江戸時代に「書かる」から新たに「書ける」という、古典語にはなかった可能動詞がつくられて、今は普通に行われていることを思えば、日本

人の意識には「可能動詞」を欲する根源的な欲求があり、それに応えるように新形ができる。その一環として「見れる」「起きれる」が数十年前から方言的に生じてきたわけで、それが今や広く使われるにいたった。私はこれを使いませんが、この発達は日本語としては自然な動きで、止めることはできないでしょう。

③人の話す言葉のどれが正しいとするかは、なかなかむずかしいことです。それはどこに基準点をおくか、いつの時代、どこの言葉を規準とするかによります。どれが正しいかというところに踏みこむと、保守的な態度の人、新しいことを好む人、いろいろあって、その人の人生や世界に対する考え方が言葉の選択の上に出てきます。今から何千年も昔の(注1)楔形文字を解読したところ、「このごろの若者の言葉づかいが悪くて困る」とあったそうです。言葉は人間の行為だから、保守的、改新的という相違があるのは当然です。

(注1) 楔形文字：紀元前3500～前100年頃、アッシリア・シュメール・ヒッタイト・バビロニアで用いられた文字

(大野 晋『日本語練習帳』による)

問1 ①その大部分は10年もたたずに消えましたとあるが、それはなぜか。

1 新造語を作った落語家、漫才師、コピーライターがしのぎを削ったものの、知名度があまりなかったから

2 作られた新造語の内容に熟練度や深みがなく、人間社会の様子を反映することができなかったから

3 見馴れていない新しい言葉について、世間の関心を呼び起こすことができず、違和感を感じさせたから

4 その場だけは面白がられても、社会に存在を認められず、辞書に載ることができなかったから

問2 ②ラ抜き言葉について筆者はどのように考えているか。

1 「ラ抜き言葉」は、江戸時代の言語習慣が現代の日本人に反映されたものだと考えている。
2 「ラ抜き言葉」は、改新的な人が多く借用する表現で、保守的な人には顰蹙（ひんしゅく）を買っている。
3 「ラ抜き言葉」は、一時的な流行ではなく、必然的に発達せざるを得ない言い方だと考えている。
4 「ラ抜き言葉」は、若者が使う悪い言葉づかいで、徹底的に排除するべき表現だと考えている。

問3 ③人の話す言葉のどれが正しいとするかは、なかなかむずかしいことですとあるが、それはなぜか。

1 言葉の揺れが時代とともに進んでいき、それを判断できる基本的な範囲や枠組みが存在しない。
2 これまで習得した膨大な量の文例を、どの角度から判断するのか曖昧である。
3 言葉は、時代や使う人によってその都度違う価値があるわけだから、幅広く見つめ直すべきである。
4 日本人は古くから使われている言葉の方が正しいと認識しているから、新しい言葉を受け入れようとしない。

問4 筆者の最も言いたいことは次のどれか。

1 最近の若者はいい文章と雑な文章を見分ける能力に欠けているから、読書する習慣を身に付けるべきである。
2 語彙が多いとか少ないとかは別として、言葉を的確に運用できるよう訓練するべきである。
3 言語生活を営むためには、社会現象に注目して、その状況にふさわしい言葉を作っていくべきである。
4 いいと思われる文章、心を引く文章をたくさん読んで、言葉の違いに敏感になるべきである。

해석 및 해설 02 평론문

지문 해석

　골동품을 감정하기 위해서는 좋은 것, 우선 일류품을 계속 보아야 한다고 합니다. 이류품만 봐서는 보는 눈이 없어집니다. 문장도 그것과 같습니다. 좋다고 여겨지는 것, 마음을 끄는 문장에 익숙해지는 사이 아아, 이것은 엉성하다든지, 이것은 이상한데, 라고 느끼게 됩니다. 자신을 끌어당기는 것은 그 사람에게 좋은 것입니다. 그러므로 자신을 끌어당기는 것을 숙독하고 그것을 한층 더 예리하고 깊게 받아들일 것. 다음은 좋은 문장이라고 알려진 것을 읽고, 어디가 다르고 어디가 좋은지 자신의 눈으로 판단할 것.
　가끔 '새로운 말'을 만드는 사람도 있습니다. 새로운 말을 만들기 위해 현재 라쿠고 예능인, 만담 예능인이나 또는 카피라이터가 분투하고 있습니다. 일본 패전 후에 아자파라든지 돈데모하폰과 같이 한때는 유행한 표현이 만들어졌습니다. ①그 대부분이 10년도 채 지나지 않아 사라졌습니다. 그 이유는 만들어지긴 했으나 깊이가 없었기 때문입니다.
　구메 마사오가 '미소'도 아니고 '고소(쓴 웃음)'도 아닌 웃음을 표현하고자 '미고소'라는 신조어를 만들었다. 이 단어는 현재 일영 사전에도 항목으로 실려 있습니다. 이것은 인간 사회에 있는 하나의 사실을 적확하게 파악해 언어화했기 때문에 사회로부터 존재를 인정받은 것입니다. '일부러 이상한 말'을 사용하면 그 상황에서는 재미있어할지도 모릅니다. 그것과 사회에서 존재감을 인정받는 단어와는 별개입니다. 인간의 행위, 행동, 사회의 여러 가지 상황에 맞물려 새로운 행동이 나오는 것처럼 필요하기 때문에 새로운 말이 생깁니다. 그것이 좋은 말인지 아닌지를 느낄 수 있는 날카로운 감각이 필요합니다. 그래서 필요한 것은 먼저 구별할 수 있는 단어의 수를 늘리는 것. 자신이 구별해서 사용할 수 있는 어휘가 많지 않고서는 딱 알맞은 표현을 쓸 수 없습니다.

(중략)

　바른말, 바르지 못한 말의 문제로서 '미레루(문법적으로 올바른 표현은 미라레루)'나 '오키레루(오키라레루)' 등의 ②'라 탈락 표현'이 문제시되는 경우가 있습니다. 라 탈락 표현을 맹렬히 비난하는 것도 하나의 언어 감각입니다. 하지만 '미레루' '오키레루'는 가능 동사여야 마땅한 것으로, 에도 시대에 '가카루'에서 새롭게 '가케루'라는 고전어에는 없던 가능 동사가 생겨나 지금은 일반적으로 쓰이는 걸 보면 일본인의 의식에는 '가능 동사'를 필요로 하는 근본적인 욕구가 있고, 그에 응하는 듯 새로운 형태가 생겨난 것입니다. 그 일환으로 '미레루' '오키레루'가 수십 년 전부터 방언처럼 생겨난 것이고, 그것이 지금은 폭넓게 사용되게 되었다. 나는 이 말을 쓰지는 않지만 이러한 발달은 일본어로서는 자연스러운 움직임이고 막을 수는 없을 것입니다.
　③사람들이 쓰는 말 중 어느 것이 올바른 것인지 판단하는 것은 꽤 어려운 일입니다. 그것은 어디에 기준점을 둘지 어느 시대, 어느 곳의 말을 기준으로 할지에 따라 다릅니다. 어느 것이 올바른 것인가라는 문제로 들어가면 보수적인 태도의 사람, 새로운 것을 좋아하는 사람 등 여러 부류가 있기에 그 사람들의 인생과 세계관이 언어 선택을 통해 드러나게 됩니다. 지금부터 수천 년도 더 된 (주1)설형 문자를 해독해 보았더니 '요즘 젊은이들의 말이 불량스러워서 당혹스럽다'라고 쓰여 있었다고 합니다. 말은 인간의 행위이기에 보수적, 혁신적이라는 차이가 있는 것도 당연한 것입니다.

(주1) 설형 문자 : 기원전 3500~전100년쯤 아시리아·수메르·히타이트·바빌로니아에서 쓰이던 문자

단어

骨董(こっとう) 골동품 | 目利(めき)き 감정, 감정사 | 一流品(いちりゅうひん) 일류품 | 見馴(みな)れる 익숙해지다 | 雑(ざつ)だ 난잡하다, 엉성하다 | 引(ひ)きつける 끌다 | 熟読(じゅくどく)する 숙독하다 | 落語家(らくごか) 라쿠고(익살스런 이야기) 전문 예능인 | 漫才師(まんざいし) 만담 전문 예능인 | しのぎを削(けず)る 맹렬히 싸우다 | アジャパー 놀람과 당혹스러움을 나타내던 유행어 | ドンデモハップン 당치도 않다라는 의미의 유행어 | 流行(りゅうこう)する 유행하다 | 底(そこ)が浅(あさ)い 깊이가 없다 | 微笑(びしょう) 미소 | 微苦笑(びくしょう) 엷은 쓴웃음 | 項目(こうもく) 항목 | 的確(てきかく)にとらえる 적확히 파악하다 | 言語化(げんごか)する 언어화하다 | 存在(そんざい)を認(みと)められる 존재를 인정받다 | わざと 일부러 | 単語(たんご)の数(かず)を増(ふ)やす 단어 수를 늘리다 | 語彙(ごい) 어휘 | ラ抜(ぬ)き言葉(ことば) 라 탈락 표현 | とがめだてする 강하게 책망하다 | 言語感覚(げんごかんかく) 언어감각 | 古典語(こてんご) 고전어 | 根本的(こんぽんてき)な 근본적인 | 欲求(よっきゅう) 욕구 | 新形(しんけい) 신형 | その一環(いっかん) 그 일환 | 基準点(きじゅんてん) 기준점 | 規準(きじゅん) 규준, 기준이 되는 규칙 | 保守的(ほしゅてき)な態度(たいど) 보수적 태도 | 楔形文字(せっけいもじ) 설형문자 | 改新的(かいしんてき) 혁신적 | 相違(そうい) 차이

문제 해설

문1 ①그 대부분이 10년도 채 지나지 않아 사라졌습니다. 라고 되어 있는데 그 이유는 무엇인가?

1 신조어를 만든 라쿠고 예능인, 만담 예능인, 카피라이터가 분투했으나 지명도가 별로 없었기 때문에
2 만들어진 신조어의 내용에 숙련도와 깊이가 없고, 인간 사회의 모습을 반영하지 못했기 때문에
3 익숙하지 않은 새로운 말이 세상의 이목을 끌지 못하고 위화감을 주었기 때문에
4 그 상황에서는 재미있어해도 사회로부터 존재를 인정받지 못하고 사전에 등재되지 않았기 때문에

해설 밑줄 바로 뒷부분과 다음 단락 중간 부분의 내용에서 답을 얻을 수 있다. [それはつくられたものの底が浅かったのです], 그 다음 단락 중간 부분에 [人間社会にある一つの事実を的確にとらえて言語化したから社会に存在を認められたのです]라고 언급되어 있으므로 인간 사회의 모습을 명확하게 파악해야만 존재를 인정받을 수 있다. 깊이도 없고 인간 사회의 모습을 반영하지 못한 신조어는 금방 사라진다는 것을 알 수 있으므로 정답은 2번이 된다.

문2 ②라 탈락 표현에 대해서 필자는 어떻게 생각하고 있는가?

1 '라 탈락 표현'은 에도 시대의 언어 습관이 현대 일본인에게 반영된 것이라고 생각하고 있다.
2 '라 탈락 표현'은 혁신적인 사람이 많이 차용하는 표현으로 보수적인 사람에게는 빈축을 산다.
3 '라 탈락 표현'은 일시적인 유행이 아니라 필연적으로 발달할 수밖에 없는 표현이라고 생각하고 있다.
4 '라 탈락 표현'은 젊은 사람들이 쓰는 불량스러운 말로 철저하게 배제해야 할 표현이라고 생각하고 있다.

해설 같은 단락 마지막 부분에 [私はこれを使いませんが、この発達は日本語として自然な動きで止めることはできないでしょう]라고 언급되어 있으므로 3번이 정답임을 알 수 있다.

문3 ③사람들이 쓰는 말 중 어느 것이 올바른 것인지 판단하는 것은 꽤 어려운 일입니다.라고 되어 있는데 그 이유는 무엇인가?

1 말의 동요 현상이 시대와 함께 진행되므로, 그것을 판단할 기본적인 범위와 틀이 존재하지 않는다.
2 지금까지 습득한 방대한 양의 예문을 어떤 각도에서 판단할지 모호하다.
3 말은 시대와 사용하는 사람에 따라 시시각각 가치가 다르므로 폭넓게 바라봐야 한다.
4 일본인은 오래 전부터 사용되는 말이 더 바르다고 인식하고 있기 때문에 새로운 말을 받아들이려고 하지 않는다.

해설 밑줄 뒷부분의 내용에 언급되어 있다. [それはどこに基準点をおくか〜世界に対する考え方が言葉の選択の上に出てきます]로 알 수 있듯이 시대, 사람들의 인생 또는 세계관 등에 따라 차이가 있어서 어떤 말이 바르다고 단정 짓기가 어렵다. 그러므로 정답은 3번이 된다.

문4 필자가 가장 주장하고 싶은 것은 무엇인가?

1 요즘 젊은이들은 좋은 문장과 엉성한 문장을 가려낼 수 있는 능력이 결여되어 있으므로 독서하는 습관을 길러야 한다.
2 어휘량이 많고 적음은 별개로 하고 말을 적확하게 운용할 수 있도록 훈련해야 한다.
3 언어 생활을 영위하기 위해서는 사회 현상에 주목하고 그 상황에 알맞은 말을 만들어야 한다.
4 **좋다고 여겨지는 문장, 마음을 끄는 문장을 많이 읽고 말의 차이에 민감해져야 한다.**

해설 세 번째 단락 마지막 부분 [それがいい言葉かどうかを感じる鋭い感覚〜ぴったりした表現ができない]로 보아 많은 문장을 읽고 문맥을 통해 말을 기억해야 하고 좋은 말인지 아닌지를 느낄 수 있는 날카로운 감각이 필요하다고 말하고 있다. 그러므로 정답은 4번이다.

실전 문제 03 논설문

問題　次の文章を読んで、後の問いに対する答えとして、最もよいものを1・2・3・4から一つ選びなさい。

　　低所得世帯の大学生らを対象とした返済不要の①給付型奨学金を、政府が創設する。進学する意欲があるのに、経済的事情で断念せざるを得ない生徒を後押しする制度だ。有効に機能させたい。本格実施は2018年度からだ。大学や短大、専門学校への進学者に対し、自宅か下宿か、私立か国公立か、などに応じて、月2万から4万円が給付される。国による給付型奨学金を設けていないのは、経済協力開発機構加盟国では、日本とアイスランドだけだという。
　　対象となる住民税非課税世帯の進学希望者は、全国で1学年約6万人とされる。そのうち、給付を受けられるのは約2万人だ。全国の高校から、学業や課外活動のほか、本人の意欲や家庭の事情も踏まえて推薦してもらう。親が十分な教育費を捻出できず、成績が伸び悩む生徒もいる。高校間の学力差も大きい。一律の成績基準を設けず、現場に判断を委ねる仕組みは理解できる。各校は生徒を総合的に評価して、向学心のある子を選んでほしい。
　　大学進学率が5割を超える中、学費や生活費の工面に苦労する学生が増えている。年間の授業料は私立で平均86万円、国立でも54万円かかる。保護者の負担は重い。昼間部の大学生の半数が、何らかの奨学金を利用している。国の奨学金は現在、無利子と有利子の貸与型しかない。独立行政法人・日本学生支援機構を通じて132万人が利用している。学生は大学卒業時に平均310万円の借金を抱える。非正規雇用で返済に苦しむ人も多く、3カ月以上の滞納者は17万人に上る。低所得世帯ほど将来の負担を懸念して、②「借り控え」をする傾向もある。教育の機会均等の観点からも、新たな制度を創設する意義は少なくない。
　　21年度以降は、年間220億円の財源が必要になる。「未来への投資」に対する社会の理解を得るため、入学後の成績などを確認することは、欠かせない。新制度導入後も、無利子の貸与型奨学金を併用できる。アルバイトに追われず、学業に専念できる環境整備が大切だ。無利子の貸与型奨学金には、卒業後の所得に連動した返済制度が来年度から導入される。返済期間の一層の延長などの工夫も必要だろう。大学にも、授業料減免の拡充といった努力が求められる。熱意ある若者を、重層的に支援する態勢を整えたい。

(2016年12月31日付 読売新聞社説による)

問1　①「給付型奨学金」の説明と一致しないものを選びなさい。

1　経済的事情で進学を断念する生徒を助けるために設けられた制度である。
2　学校の種類によって給付金が異なる。
3　進学者のうち、住民税非課税世帯が対象となる。
4　学校の成績によって推薦順位が決まる。

問2　②「借り控え」をする理由はなぜか。

1　政府が創設する給付型奨学金が多いため
2　大学の授業料などの教育費は親が工面しているため
3　卒業後の返済に負担を感じるため
4　日本学生支援機構が後押ししているため

問3　本文の内容と一致するものを選びなさい。

1　日本とアイスランドは低所得世帯の大学生らを支援するために、経済協力開発機構に加盟した。
2　国の奨学金は無利子と有利子の貸与型、返済不要の給付型がある。
3　親が十分に教育費を捻出すればするほど、大学進学率が高くなる。
4　政府が創設する制度だけではなく、大学の後押しなど重層的な支援が求められる。

問4　筆者が最も言いたいことは何か。

1　有利子の貸与型をなくし、全ての奨学金を無利子貸与型に変えるべきだ。
2　新しい返済制度を導入し、学生らの経済的負担を軽減するべきだ。
3　学ぶ意欲のある若者への経済的支援を拡大するべきだ。
4　非正規雇用問題が深刻になっているので、国家レベルでの支援が急務である。

해석 및 해설 03 논설문

지문 해석

　저소득 세대 대학생들을 대상으로 한 무상환 ①급부형 장학금을 정부가 창설한다. 진학할 의욕이 있어도 경제적 사정으로 단념해야만 하는 학생들을 후원하기 위한 제도이다. 유효하게 기능하길 바란다. 본격적인 실시는 2018년도부터이다. 대학과 단기대학, 전문학교의 진학자에게 자택과 하숙, 사립과 국공립 등의 기준에 따라 월 2만 엔부터 4만 엔이 지급된다. 나라가 지급하는 급부형 장학금 제도가 없는 곳은 경제협력개발기구 가맹국 중에서는 일본과 아이슬란드뿐이라고 한다.

　대상자인 주민세 비과세 세대의 진학 희망자는 전국에서 한 학년에 약 6만 명 정도 된다. 그 중에 급부를 받을 수 있는 사람은 약 2만 명이다. 전국의 고등학교에서 학업과 과외활동 이외에도 본인의 의욕과 가정 형편을 고려하여 추천받는다. 부모가 충분한 교육비를 마련하지 못해 성적이 향상되지 않는 학생도 있다. 고등학교 간의 학력차도 크다. 일률적인 성적 기준을 책정하지 않고 현장에 판단을 맡기는 구조는 이해할 수 있다. 각 학교는 학생을 종합적으로 평가하여 향학심이 있는 학생을 고르길 바란다.

　대학 진학률이 50퍼센트를 넘는 가운데 학비와 생활비 마련에 고심하는 학생들이 늘고 있다. 연간 수업료는 사립의 경우 평균 86만 엔, 국립이라도 54만 엔이 든다. 학부모의 부담은 무겁다. 주간 대학생의 절반이 무언가의 장학금을 이용하고 있다. 국가 장학금은 현재 무이자와 유이자 대출형밖에 없다. 독립행정법인·일본학생지원기구를 통해 132만 명이 이용하고 있다. 학생은 대학 졸업 시에 평균 310만 엔의 빚을 지게 된다. 비정규직 고용으로 상환이 힘든 사람도 많아서 3개월 이상 체납한 사람은 17만 명에 이른다. 저소득 세대일수록 장래의 부담을 염려하여 ②'대출 유보'를 하는 경향도 있다. 교육의 기회 균등이라는 관점으로 봐도 새로운 제도를 창설할 의의는 적지 않다.

　2021년도 이후에는 연간 220억 엔의 재원이 필요하다. '미래를 위한 투자'에 대한 사회의 이해를 얻기 위해 입학 후의 성적 등을 확인하는 일도 빼놓을 수 없다. 신제도 도입 후에도 무이자 대출형 장학금을 병용할 수 있다. 아르바이트에 쫓기지 않고 학업에 전념할 수 있는 환경 정비가 중요하다. 무이자 대출형 장학금은 졸업 후 소득에 연동한 상환 제도가 내년부터 도입된다. 상환 기간을 좀 더 연장하는 등의 궁리도 필요할 것이다. 대학도 수업료 감면 확충을 위한 노력을 기울여야 한다. 열의 있는 젊은이들을 중층적으로 지원할 수 있는 태세를 갖추었으면 좋겠다.

단어

低所得世帯(ていしょとくせたい) 저소득 세대 | 返済(へんさい) 상환 | 給付型奨学金(きゅうふがたしょうがくきん) 급부형 장학금 | 創設(そうせつ)する 창설하다 | 断念(だんねん)せざるを得(え)ない 단념해야 하다 | 後押(あとお)しする制度(せいど) 후원하는 제도 | 住民税(じゅうみんぜい) 주민세 | 非課税(ひかぜい) 비과세 | 踏(ふ)まえる 근거로 삼다, 고려하다 | 推薦(すいせん)する 추천하다 | 捻出(ねんしゅつ) 변통해 냄 | 伸び悩む(のびなやむ) 성장하지 않다 | 学力差(がくりょくさ) 학력차 | 一律(いちりつ) 일률 | 判断(はんだん)を委(ゆだ)ねる 판단을 맡기다 | 仕組(しく)み 구조 | 総合的(そうごうてき)に評価(ひょうか)する 종합적으로 평가하다 | 向学心(こうがくしん) 향학심 | 工面(くめん)に苦労(くろう)する 마련에 고심하다 | 保護者(ほごしゃ) 보호자 | 負担(ふたん) 부담 | 昼間部(ちゅうかんぶ) 주간부 | 貸与型(たいよがた) 대출형 | 独立行政法人(どくりつぎょうせいほうじん) 독립행정법인 | 日本学生支援機構(にほんがくせいしえんきこう) 일본학생지원기구 | 借金(しゃっきん)を抱(かか)える 빚을 지다 | 非正規雇用(ひせいきこよう) 비정규고용 | 返済(へんさい)に苦(くる)しむ 상환을 힘들어하다 | 滞納者(たいのうしゃ) 체납자 | 懸念(けねん)する 염려하다, 걱정하다 | 借(か)り控(ひか)え 대출 유보 | 機会均等(きかいきんとう) 기회 균등 | 意義(いぎ) 의의 | 財源(ざいげん) 재원 | 投資(とうし) 투자 | 併用(へいよう)する 병용하다 | 追(お)われる 쫓기다 | 一層(いっそう) 한층 더 | 延長(えんちょう) 연장 | 減免(げんめん) 감면 | 拡充(かくじゅう) 확충 | 熱意(ねつい) 열의 | 重層的(じゅうそうてき)に 중층적으로 | 態勢(たいせい)を整(ととの)える 태세를 갖추다

문제 해설

문1 ①'급부형 장학금'의 설명과 일치하지 않는 것을 고르시오.
1. 경제적 사정으로 진학을 단념해야 하는 학생들을 돕기 위해 마련된 제도이다.
2. 학교의 종류에 따라 교부금이 다르다.
3. 진학자 중 주민세 비과세 세대가 대상이 된다.
4. 학교의 성적에 따라 추천 순위가 정해진다.

해설 1번, 첫 번째 단락 둘째 줄에 [経済的事情で断念せざるを得ない生徒を後押しする制度だ]라고 언급되어 있다. 2번, 셋째 줄에 [大学や短大、専門学校への進学者に対し〜月2万円から4万円が給付される]라고 언급되어 있다. 3번, 두 번째 단락 [対象となる住民税非課税世帯の進学希望者]라고 언급되어 있다. 4번, 두 번째 단락 둘째 줄에 [全国の高校から、学業や課外活動のほか〜推薦してもらう]라고 언급하고 있으므로 성적뿐만이 아니라 과외활동, 의욕, 가정 형편 등을 고려해 추천을 받으므로 4번이 정답이다.

문2 ②'대출 유보'를 하는 이유는 무엇인가?
1. 정부가 창설하는 급부형 장학금이 많기 때문에
2. 대학의 수업료 등 교육비는 부모가 마련하고 있기 때문에
3. 졸업 후에 상환하는 것이 부담스럽기 때문에
4. 일본학생지원기구가 후원하고 있기 때문에

해설 밑줄 앞 부분에 그 이유가 설명되어 있다. [学生は大学卒業時に平均310万円の借金を抱える〜低所得世帯ほど将来の負担を懸念して]로 보아 학자금 대출 상환 때문에 부담감을 느끼는 것을 알 수 있다. 그러므로 정답은 3번이다.

문3 본문의 내용과 일치하는 것을 고르시오.
1. 일본과 아이슬란드는 저소득 세대 대학생들을 지원하기 위해서 경제협력개발기구에 가맹했다.
2. 국가 장학금은 무이자와 유이자 대출형, 무상환 급부형이 있다.
3. 부모가 충분한 교육비를 마련하면 할수록 대학진학률이 높아진다.
4. 정부가 창설하는 제도뿐만 아니라, 대학의 후원 등 중층적인 지원이 요구된다.

해설 1번, 첫 번째 단락 마지막 부분에 [国による給付型奨学金を設けていないのは〜日本とアイスランドだけ]라고 언급되어 있으므로 본문과 다르다. 2번, 세 번째 단락 넷째 줄에 [国の奨学金は現在、無利子と有利子の貸与型しかない]라고 했으므로 무상환 급부형 장학금은 없다. 3번, 두 번째 단락 셋째 줄에 [親が十分な教育費を捻出できず、成績が伸び悩む生徒もいる]라고 했으므로 본문과 선택지의 내용이 다르다. 4번, 마지막 단락 마지막 부분에서 [大学にも、授業料減免の拡充〜重層的に支援する態勢を整えたい]라고 언급하며 정부의 제도뿐만 아니라 대학의 수업료 감면 등의 지원도 요구된다고 말하고 있으므로 4번이 정답이다.

문4 필자가 가장 주장하고 싶은 것은 무엇인가?

1 유이자 대출형을 없애고 모든 장학금을 무이자 대출형으로 바꿔야 한다.
2 새로운 상환 제도를 도입해서 학생들의 경제적 부담을 경감시켜야 한다.
3 **배우고자 하는 의욕이 있는 젊은 세대들에게 경제적 지원을 확대해야 한다.**
4 비정규직 고용 문제가 심각해지고 있기 때문에 국가 차원에서의 지원이 시급하다.

해설 문장 전체의 내용을 읽어 보면 필자의 주장을 이해할 수 있다. 대학에 진학하고 싶어도 경제적 사정 때문에 단념할 수밖에 없는 학생들이 있기에 무상환 급부형 장학금 제도를 마련하여 학생들을 후원하거나 대학들도 수업료 감면 제도를 확대해 학생들을 중층적으로 지원해야 한다는 내용이다. 그러므로 정답은 3번이 된다.

실전 문제 04 논설문

問題　次の文章を読んで、後の問いに対する答えとして、最もよいものを 1・2・3・4 から一つ選びなさい。

　「言語力」という聞き慣れない言葉を盛り込んだ法案が衆議院で可決され、今の国会で成立する見通しとなった。

　①文字・活字文化振興法案である。与野党の 286 人から成る超党派の議員連盟がまとめた。法案では、読み書きだけでなく、伝える力や調べる力なども含めて「言語力」と呼ぶ。言語力をはぐくむことで、心豊かな生活を楽しめるようにする。そんな目的を掲げて、図書館の充実などを国と自治体に求めている。

　言葉の力をつけるのをわざわざ法律で定める必要があるのか。そんな疑問を抱く人がいるかもしれない。しかし、さまざまな学力調査が示すように、児童や生徒の読解力や表現力が低下している。大学生の採用試験で企業が最も重視するのは、コミュニケーション能力である。伝える力や聞く力の乏しい学生が少なくないからだ。

　言葉の力をつけるには、言葉と出合う機会を増やすにかぎる。それには本を読むことが欠かせない。②全国学校図書館協議会の 04 年度の調査では、1 カ月間に 1 冊も本を読まなかったのは、小学生で 7％、中学生で 19％、高校生では 43％にのぼった。最悪だったころに比べれば、本を読まない中高生はやや減っている。しかし、進学するにつれて、読書から遠ざかる傾向は変わっていない。大学でも、本を読む学生と読まない学生の二極化が進んでいる。

　今はインターネットでさまざまな情報が得られる時代だ。だからといって、読書の意義が薄れたわけではない。言葉の使い方を知り、漢字や慣用句を覚える。論旨を読み取り、展開の仕方を学ぶ。文化や歴史を学び、思考を伸ばす。想像力を磨く。そうしたことに、読書ほど手軽で効率的な方法はない。

　昨年 2 月の文化審議会は、急速に変化していく今後の社会では、今まで以上に国語力が必要だと答申した。そのために、「自ら本に手を伸ばす子ども」を育てようと提言している。すでに、いくつかの学校図書館で母親らが児童への「読み聞かせ」を続けている。図書の整理や受付を手伝うグループも多い。家庭で要らなくなった本を集めて学校に配っている自治体もある。

　本好きの子どもを増やす取り組みが、もっと広がってほしい。法案をつくった議員は息長く国や自治体に働きかけ、後押しを続けてもらいたい。

言葉の能力の低下というと、大人は若者だけの問題と考えがちだ。しかし、文化庁の世論調査では、年配の人ほど敬語に自信を持っているのに、実際には敬語の使い方を誤っている回答が目立った。「青田買い」などの慣用句でも、50歳以上は若者より間違える人が多かった。

　言葉が豊かになれば、人生も楽しくなる。本を読み、辞書を引き、日本語を学び続ける。そんな姿を子どもや若い人に見せることも、大人の役割である。

（「言語力 やはり読書が大切だ」2005年7月20日付朝日新聞『社説』による）

問1　①文字・活字文化振興法案が作られたきっかけになったのは次のうちどれか。

1　企業が大学生の採用試験でコミュニケーション能力を重視するから
2　言語力をはぐくむことで心豊かな生活を楽しむことができるから
3　児童や生徒の読解力や表現力の低下がさまざまな学力調査で示されているから
4　大学で本を読む学生と読まない学生の二極化が進んでいるから

問2　②全国学校図書館協議会の調査内容として、本文の内容と合っているものはどれか。

1　1ヵ月に1冊も本を読まない学生は、小中学生でそれぞれ19％以上に上っている。
2　読書から遠ざかっている中高生は、以前よりかなり増えている。
3　50歳以上の年配の人は敬語に自信を持っているが、実際は使い方をよく誤っている。
4　高学年になるほど、本を読まなくなる傾向は以前と変わらない。

問3 言語力を向上させるために法案ではどんなことを求めているのか。

1 漢字や慣用句を覚えさせたり、文化や歴史などを教えること
2 国や自治体は図書館の充実などを図ること
3 本を読む学生と読まない学生をはっきりと区別すること
4 企業の採用試験で、コミュニケーション能力を問うことを義務化すること

問4 この文章で筆者が言いたいことは何か。

1 最近はインターネットを通じて多くの情報が得られるようになった。だからわざわざ学校の図書館で本を借りてまで読む必要はない。
2 言語力をつけるには読書は不可欠だ。だから国や自治体は積極的に図書館を増やしていくべきだ。
3 子供や若者だけでなく、年配の人も言語力低下の傾向をみせている。大人のほうからまず率先して本を読むべきだ。
4 年配の人ほど敬語や慣用句などに詳しいから、児童や若者たちに積極的に教えてあげるべきだ。

해석 및 해설 04 논설문

지문 해석

'언어력'이라는 귀에 익숙하지 않은 말이 담긴 법안이 중의원에서 가결되어, 이번 국회에서 성립될 전망이다.
①문자·활자문화진흥법안이다. 여야당의 286인으로 구성된 초당파 의원연맹이 정리했다. 법안에는 읽기·쓰기뿐만 아니라 전달력과 조사 능력 등도 포함하여 '언어력'이라 부른다. 언어력을 키우는 것으로 마음이 풍요로운 생활을 즐길 수 있게 한다. 그러한 목적을 내걸고 도서관의 내실화 등을 정부와 자치 단체에 요구하고 있다.
문장력을 기르는 것을 굳이 법률로 정할 필요가 있을까? 그런 의문을 품는 사람이 있을지도 모른다. 그러나 여러 학력조사에서 나타나듯 아동이나 학생의 독해력과 표현력이 저하되고 있다. 대학생 채용 시험에서 기업이 가장 중시하는 것은 커뮤니케이션 능력이다. 전달력과 청취력이 부족한 학생이 적지 않기 때문이다.
문장력을 기르려면 말과 만날 기회를 늘리는 것이 제일이다. 그러기 위해서는 책을 읽는 것을 빠뜨릴 수 없다. ②전국학교도서관협의회에서 실시한 2004년도 조사에서는 한 달 동안 책을 한 권도 읽지 않은 학생이 초등학생 7%, 중학생 19%, 고등학생은 43%에 달했다. 최악이었던 때와 비교하면 책을 읽지 않는 중고생은 약간 감소했다. 그러나 진학함에 따라 독서로부터 멀어지는 경향은 변함이 없다. 대학에서도 책을 읽는 학생과 읽지 않는 학생의 양극화가 진행되고 있다.
지금은 인터넷으로 여러 가지 정보를 얻을 수 있는 시대이다. 그렇다고 해서 독서의 의의가 옅어지는 것은 아니다. 단어의 사용법을 알고, 한자나 관용구를 익힌다. 논지를 파악하고, 전개 방법을 배운다. 문화와 역사를 배우고 사고를 늘린다. 상상력을 연마한다. 그러한 것에 독서만큼 손쉽고 효율적인 방법은 없다.
작년 2월에 열렸던 문화심의회는 급속히 변화해 가는 향후 사회에서는 지금 이상으로 국어력이 필요하다고 답변했다. 그러므로 '스스로 책을 읽는 어린이'를 육성하자고 제언하고 있다. 이미 몇 군데 학교 도서관에서 엄마들이 아이에게 '책 읽어주기'를 계속하고 있다. 도서 정리나 접수를 돕는 그룹도 많다. 가정에서 필요 없어진 책을 모아 학교에 나눠주는 자치 단체도 있다.
책읽기를 좋아하는 아이를 늘리려는 연구가 좀 더 확산되었으면 한다. 법안을 만든 의원은 지속적으로 정부나 자치 단체에 적극적으로 협조를 요청하고, 후원을 계속해 주길 바란다.
언어 능력의 저하라고 하면 어른들은 젊은이들만의 문제라고 생각하기 쉽다. 그러나 문화청 여론조사는 연배가 있는 사람일수록 경어에 자신을 갖고 있으면서도, 실제로는 잘못된 경어를 사용하고 있다는 대답이 눈에 띄었다. '입도선매' 등의 관용구에서도 50세 이상이 젊은이들보다 틀린 사람이 많았다.
단어가 풍부해지면 인생도 즐거워진다. 책을 읽고, 사전을 찾고, 일본어를 계속 공부한다. 그런 모습을 아이들이나 젊은 사람들에게 보이는 것도 어른의 역할이다.

단어

聞き慣れる(ききなれる) 귀에 익다 | 盛り込む(もりこむ) 담다 | 法案(ほうあん) 법안 | 衆議院(しゅうぎいん) 중의원 | 可決(かけつ)される 가결되다 | 見通(みとお)し 전망 | 活字(かつじ) 활자 | 振興(しんこう) 진흥 | 与野党(よやとう) 여야당 | ～から成(な)る ～으로 구성된 | 超党派(ちょうとうは) 초당파(정파의 이해를 넘어 관계자가 서로 협력하는 것) | 連盟(れんめい) 연맹 | ～だけでなく ～뿐만 아니라 | はぐくむ 키우다, 보호 육성하다 | 掲(かか)げる 내걸다 | 力(ちから)をつける 힘을 기르다 | わざわざ 일부러, 굳이 | 疑問(ぎもん)を抱(いだ)く 의문을 품다 | 児童(じどう) 아동 | 低下(ていか)する 저하하다 | 乏(とぼ)しい 부족하다, 모자라다 | ～にかぎる ～가 제일이다 | 欠(か)かす 빠뜨리다 | ～にのぼる ～에 이르다 | やや 약간, 조금 | ～につれて ～함에 따라 | 遠(とお)ざかる 멀어지다 | 二極化(にきょくか) 양극화 | だからといって 그렇다고 해서 | 薄(うす)れる 약해지다, 옅어지다 | ～わけではない ～하는 것은 아니다 | 慣用句(かんようく) 관용구 | 論旨(ろんし)

を読み取る(よみとる) 논지를 파악하다 | 磨(みが)く 갈고 닦다 | 手軽(てがる) 간단함, 손쉬움 | 効率的(こうりつてき) 효율적 | 急速(きゅうそく)に 급속하게 | 答申(とうしん)する 답신하다 | 提言(ていげん)する 제언하다, 의견을 내다 | 取り組み(とりくみ) 대처, 몰두 | 働(はたら)きかける 적극 요청하다, 응하도록 손을 쓰다 | 後押(あとお)し 후원 | ~というと ~라고 하면 | 世論調査(よろんちょうさ) 여론조사 | 年配(ねんぱい)の人(ひと) 연배의 사람, 나이가 지긋한 사람 | 誤(あやま)る 틀리다, 잘못되다 | 目立(めだ)つ 눈에 띄다 | 青田買(あおたが)い 입도선매, 졸업 전의 학생과 채용 계약을 맺는 일 | 辞書(じしょ)を引(ひ)く 사전을 찾다 | 役割(やくわり) 역할 | 率先(そっせん)して 솔선해서 | 規範(きはん) 규범

문제 해설

문1 ①문자·활자문화진흥법안이 만들어진 계기가 된 것은 다음 중 어느 것인가?

1. 기업이 대학생의 채용 시험에서 커뮤니케이션 능력을 중시하기 때문에
2. 언어력을 기르는 것으로 마음이 풍요로운 생활을 즐길 수 있기 때문에
3. 아동이나 학생의 독해력과 표현력 저하가 여러 학력 조사에서 나타났기 때문에
4. 대학에서 책을 읽는 학생과 읽지 않는 학생의 양극화가 진행되고 있기 때문에

해설 1번, 전달력과 청취력이 부족한 학생이 적지 않기 때문에 기업에서 커뮤니케이션 능력을 중시하는 것이지, 그것이 법안이 만들어진 계기는 아니다. 2번, 아이들의 독해력과 표현력을 기를 필요성이 있음을 시사하는 내용이라 할 수 있다. 3번, 본문의 세 번째 단락 [言葉の力をつけるのをわざわざ法律で定める必要があるのか] 뒷 부분을 유심히 볼 것! [さまざまな学力調査が示すように、児童や生徒の読解力や表現力が低下している]라고 그 계기가 제시되어 있으므로 3번이 답이 된다. 4번, 언어력을 기르기 위해 필요한 독서의 중요성을 보여 주기 위한 독서의 실태를 보고하는 것일 뿐, 문제의 요지와는 관련이 없다.

문2 ②전국학교도서관협의회의 조사 내용으로 본문의 내용과 일치하는 것은 어느 것인가?

1. 한 달에 한 권도 책을 읽지 않는 학생은 초·중학생에서 각각 19% 이상에 달하고 있다.
2. 독서에서 멀어지고 있는 중고생은 이전보다 상당히 증가하고 있다.
3. 50세 이상 연배의 사람은 경어에 자신을 갖고 있지만, 실제로는 사용법을 자주 틀리고 있다.
4. 고학년이 될수록 책을 읽지 않게 되는 경향은 예전과 변함이 없다.

해설 1번, 네 번째 단락 둘째 줄 [1カ月間に1冊も~高校生では43％にのぼった] 부분을 보면 초등학생은 7%이므로 정답이 아니다. 2번, 네 번째 단락 넷째 줄 [最悪だったころに比べれば、~やや減っている]와 같이, 책을 읽지 않는 중고생은 늘기보다는 오히려 조금 줄었음을 알 수 있다. 3번의 내용은 문화청 여론조사이지 전국학교도서관협의회의 조사 내용이 아니다. 4번, 네 번째 단락 다섯째 줄 [進学するにつれて、読書から遠ざかる傾向は変わっていない]에서 보기의 내용과 일치함을 알 수 있다.

문3 언어력을 향상시키기 위해 법안에서는 어떤 것을 요구하고 있는가?

1 한자나 관용구를 외우게 하거나, 문화나 역사 등을 가르치는 것
2 정부나 자치단체는 도서관의 내실화 등을 꾀하는 것
3 책을 읽는 학생과 읽지 않는 학생을 확실히 구별하는 것
4 기업의 채용 시험에서 커뮤니케이션 능력을 묻는 것을 의무화하는 것

해설 두 번째 단락의 둘째 줄 부분과 끝 부분을 떼어 내서 보면 [法案では、~国と自治体に求めている]라고 되어 있으므로, 2번이 답임을 알 수 있다.

문4 이 글에서 필자가 말하고 싶은 것은 무엇인가?

1 최근에는 인터넷을 통해 많은 정보를 얻을 수 있게 되었다. 따라서 일부러 학교 도서관에서 책을 빌려서까지 읽을 필요는 없다.
2 언어력을 기르기 위해서는 독서는 불가결하다. 따라서 정부나 자치 단체는 적극적으로 도서관을 늘려 가야 한다.
3 어린이나 젊은이뿐만 아니라 연배가 있는 사람도 언어력 저하의 경향을 보이고 있다. 어른부터 먼저 솔선해서 책을 읽어야 한다.
4 연배가 있는 사람일수록 경어나 관용구 등을 잘 알기 때문에 아동과 젊은이들에게 적극적으로 가르쳐 주어야 한다.

해설 두 번째 단락 셋째, 넷째 줄의 [言語力をはぐくむことで~国と自治体に求めている]에서 답이 2번임을 유추할 수 있다.

실전 문제 05 논설문

問題 次の文章を読んで、後の問いに対する答えとして、最もよいものを１・２・３・４から一つ選びなさい。

　去年の夏の夜、北陸から大阪へ向かっていたＪＲの特急列車「サンダーバード」の①車内で強姦事件が起こった。被害に遭った２０代の女性は新大阪駅で降り、警察署に駆け込んだ。容疑者の男も同じ駅で降りたが、姿をくらました。その男が逮捕され、１１日に強姦罪で起訴された。事件からすでに９カ月がたつ。昨年暮れに男は別の強姦事件を２件起こしている。サンダーバード事件をすぐに解決していれば、あとの事件は起きなかった。

　この事件が衝撃的だったのは、だれもいないところではなく、約４０人の客が乗っている車内で起こったからだ。②乗客たちはなぜ、止めようとしたり、車掌に知らせたり、しなかったのか。起訴状などによると、事件のあらましはこうだ。

　発生は昨年８月３日の夜。列車が福井駅に着いたころ、男は６両目の窓側に１人で座っていた女性の隣に座った。男は「大声出すな。殺すぞ」と脅し、女性の肩を押さえ、胸を触るなどわいせつな行為を繰り返した。京都駅に近づくと、女性をトイレに連れ込み、強姦した。

　一つの車両には６４の座席がある。６割ぐらいが埋まっていた計算だ。男は通路をはさんだ隣の乗客に「何をじろじろ見とるんや」と脅したという。前と後ろの座席にも乗客はいた。女性はしくしく泣いていたそうだ。怖くて声を出せなかったことは容易に想像できる。

　女性と男がいたのと同じサンダーバードの座席に座ってみた。たぶん、周りの何人かは男の異常な行動に気づいただろう。なんとか救う方法はなかったのか。男に注意する。１人でできないなら、ほかの乗客といっしょに止めに入る。いや、もっとやりやすいことがある。各車両についている非常ボタンを押せばいい。車掌に通報が届く。非常ボタンを押すのを男に見られたくなければ、乗務員室にこっそり行って事件を伝えることもできる。携帯電話を持っていれば、それで１１０番することも可能だ。

　色々な手立てがすぐに思い浮かぶ。だが、乗客たちは何もしなかったようだ。これをどう考えればいいのか。相手はまともな人間ではない。へたにかかわれば、自分に危害が及ぶ。そんな心理が働いたのかもしれない。もうひとつ、「だれかが通報するだろう」「男女のもめごとかもしれない」などと、行

動を起こさない理屈づけをしたことも考えられる。

　心理学で③「冷淡な傍観者(ぼうかんしゃ)」という考え方がある。目撃者が多ければ多いほど個人の責任が軽くなり、自分が率先して行動を起こす動機が弱まるというのだ。だが、それでは被害者は救われない。

　だれもがいつ犯罪の被害者になるかわからない社会で、犯罪の現場に居合わせたときにどんな行動をとるか。そのことが一人ひとりに突きつけられている。

（「列車内の犯罪―自分が居合わせたら」2007年5月13日付朝日新聞『社説』による)

問1　①車内で強姦(ごうかん)事件が起こったとあるが、その説明として正しくないのはどれか。

1　事件の犯人はその後も別の強姦事件を2件起こしている。
2　目撃者があったのに、誰も彼女を助けてくれなかった。
3　車内の非常ボタンを押したが、誰も来なかった。
4　事件のあった車内の前と後ろの座席にも乗客がいた。

問2　②乗客たちはなぜ、止めようとしたり、車掌に知らせたり、しなかったのかとあるが、その理由として考えられる内容で、本文と合わないものはどれか。

1　乗客たちは、自分に危害が及ぶと思ったかもしれない。
2　単なる男女のもめごとだと思いたくなる心理があったかもしれない。
3　他の誰かが知らせてくれるだろうという心理があったかもしれない。
4　容疑者の男が、大声出せば殺すと脅迫して身動きができなくなったから

問3 ③「冷淡な傍観者」とはどういうことか、最も適切なものを選びなさい。

1 他者の権利や感情を軽視すること
2 目撃者が多いほど、自分は隠れていて、他の人に対しては冷静に批判すること
3 目撃者が大勢いるところでは、自分から進んで行動しようとしないこと
4 他者や社会との関係をうまく築くことが出来ないこと

問4 この文章で筆者が最も主張したいことは次のうちどれか。

1 たまたま犯罪現場に遭遇したときにどういった行動をとるかが、社会を構成する各人に問われている。
2 自分も犯罪の被害者になるかもしれないので、誰もサンダーバード号車内での事件を通報しなかったのもやむを得ない。
3 列車内で犯罪行為を目撃したときは、何らかの方法で通報すべきだ。
4 性犯罪らしきものを目撃しても、実際は恋人同士のもめごとかもしれないので対応が難しい。

해석 및 해설 05 논설문

지문 해석

작년 여름 밤, 호쿠리쿠에서 오사카로 향하던 JR특급열차 '선더버드'의 ①열차 내에서 강간 사건이 발생했다. 피해를 당한 20대 여성은 신오사카 역에서 내려 경찰서로 뛰어들어 갔다. 용의자인 남자도 같은 역에서 내렸으나, 자취를 감추었다. 그 남자가 체포되어, 11일에 강간죄로 기소되었다. 사건 발생으로부터 이미 9개월이 지났다. 작년 말에 남자는 다른 강간 사건을 2건 일으켰다. 선더버드 사건을 바로 해결했으면, 그 뒤의 사건은 일어나지 않았다.

이 사건이 충격적이었던 것은 아무도 없는 곳이 아니라, 약 40명의 승객이 타고 있는 열차 내에서 일어났기 때문이다. ②승객들은 왜 말리거나 차장에게 알리거나 하지 않았던 걸까. 기소장 등에 따르면 사건의 개요는 이러하다.

발생은 작년 8월 3일 밤. 열차가 후쿠이 역에 도착했을 때, 남자는 6번째 칸 창가 쪽에 혼자 앉아 있던 여성 옆자리에 앉았다. 남자는 '큰소리 내지 마. 죽인다'라고 협박해, 여성의 어깨를 누르고 가슴을 만지는 등 외설적인 행위를 반복했다. 교토 역에 가까워지자, 여성을 화장실로 끌고 가 강간했다.

하나의 차량에는 64개의 좌석이 있다. 60% 정도가 메워져 있었던 것으로 계산된다. 남자는 통로를 사이에 둔 이웃 승객에게 '뭘 빤히 봐'라고 위협했다고 한다. 앞자석과 뒷자석에도 승객은 있었다. 여성은 훌쩍훌쩍 울고 있었다고 한다. 무서워서 소리를 낼 수 없었던 것은 쉽게 상상이 간다.

여성과 남자가 있었던 곳과 같은 선더버드의 좌석에 앉아 보았다. 아마 주위에 있던 몇 명은 남자의 이상한 행동을 눈치챘을 것이다. 어떻게든 구할 방법은 없었던 걸까. 남자에게 주의를 준다. 혼자서 할 수 없으면, 다른 승객과 함께 저지해 본다. 아니, 좀 더 하기 쉬운 방법이 있다. 각 차량에 붙어 있는 비상벨을 누르면 된다. 차장에게 통보가 간다. 비상벨을 누르는 것을 남자에게 들키고 싶지 않으면, 승무원실로 몰래 가서 사건을 전할 수도 있다. 휴대전화를 가지고 있으면, 그것으로 110번(일본에서, 범죄·사고 등 긴급시에 경찰을 부르기 위한 전화번호)을 누르는 것도 가능하다.

여러 가지 방법이 바로 떠오른다. 그렇지만, 승객들은 아무것도 하지 않았던 것 같다. 이것을 어떻게 생각하면 좋을까? 상대는 정상적인 사람이 아니다. 설불리 참견을 하면, 자기에게 위해가 미친다. 그런 심리가 작용했을지도 모른다. 또 하나, '누군가가 알리겠지' '남녀의 사랑 싸움일지도 몰라'처럼, 구실을 만들어 행동하지 않았던 것으로도 생각할 수 있다.

심리학에서 ③'냉담한 방관자'라고 하는 사고 방식이 있다. 목격자가 많으면 많을수록 개인의 책임이 가벼워져, 자신이 솔선해서 행동을 하는 동기가 약해진다는 것이다. 그렇지만, 그래서는 피해자는 구할 수 없다.

누구나 언제 범죄의 피해자가 될지 모르는 사회에서, 범죄 현장에 있을 때에 어떤 행동을 취할 것인가? 그것이 한 사람 한 사람에게 과제로 남겨져 있다.

단어

強姦(ごうかん) 강간 | 被害(ひがい)に遭(あ)う 피해를 당하다 | 駆け込む(かけこむ) 뛰어들어 가다 | 容疑者(ようぎしゃ) 용의자 | 逮捕(たいほ) 체포 | 起訴(きそ) 기소 | 昨年暮(さくねんぐ)れ 작년 말 | 衝撃的(しょうげきてき) 충격적 | 車掌(しゃしょう) 차장 | あらまし 개요, 줄거리 | 窓側(まどがわ) 창가 쪽 | 大声(おおごえ)を出(だ)す 큰소리를 내다 | 脅(おど)かす 위협하다 | わいせつな 외설적인, 음란한 | ～に近(ちか)づく ～에 접근하다 | 連れ込む(つれこむ) 데리고 들어가다 | 埋(う)まる 가득 차다, 메워지다 | はさむ 사이에 두다, 끼다 | じろじろ 뚫어지게, 빤히 | しくしく 훌쩍훌쩍 | 容易(ようい)に 쉽게 | 救(すく)う 구하다 | こっそり 몰래 | 手立(てだ)て 방법, 수단 | まともな 정상적인, 착실한 | へたにかかわる 설불리 참견하다 | 危害(きがい)が及(およ)ぶ 위해가 미치다 | もめごと 다툼, 옥신각신 | 理屈(りくつ)づけをする 구실을 만들다 | 冷淡(れいたん)な 냉담한 | 傍観者(ぼうかんしゃ) 방관자 | 目撃者(もくげきしゃ) 목격자 | ～ば～ほど ～하면 ～할수록 | 率先(そっせん)して 솔선해서 | 動機(どうき)が弱(よわ)まる 동기가 약해지다 | 居合(いあ)わせる 마침 거기에 있다 | 行動

(こうどう)をとる 행동을 취하다 | 突(つ)きつける 들이대다, 내밀다 | 脅迫(きょうはく)する 협박하다 | 身動(みうご)きができない 옴짝달싹할 수 없다 | 進(すす)んで 자진해서 | 遭遇(そうぐう)する 조우하다, 뜻하지 않게 만나다

문제 해설

문1 ①열차 내에서 강간 사건이 발생했다고 있는데, 그 설명으로 옳지 않은 것은 어느 것인가?

1. 사건의 범인은 그 후에도 다른 강간 사건을 2건 일으켰다.
2. 목격자가 있었는데도 아무도 그녀를 도와주지 않았다.
3. 열차 내 비상벨을 눌렀지만 아무도 오지 않았다.
4. 사건이 발생한 열차 내 앞좌석과 뒷좌석에도 승객이 있었다.

해설 1번, 다섯째 줄 [昨年暮れに男は別の強姦事件を2件起こしている] 부분에서 보기와 일치함을 알 수 있다. 2번, 두 번째 단락 [だれもいないところではなく、約40人の客が乗っている車内で起こったからだ] 부분에서 보기와 일치함을 알 수 있다. 3번, 열차 내에서 비상벨을 누르는 것은 다른 승객들이 취할 수 있는 행동 중 하나로 언급한 예시일 뿐이며, 아무도 행동으로 옮기지 않았다. 4번, 네 번째 단락 둘째 줄 [前と後ろの座席にも乗客はいた] 부분으로부터 보기와 일치함을 알 수 있다.

문2 ②승객들은 왜 말리거나, 차장에게 알리거나 하지 않았던 걸까 라고 있는데, 그 이유로 생각할 수 있는 내용으로 본문과 일치하지 않는 것은 어느 것인가?

1. 승객들은 자신에게 위해가 미친다고 생각했을지도 모른다.
2. 단순한 남녀의 사랑 싸움이라고 생각하고 싶은 심리가 있었을지도 모른다.
3. 다른 누군가가 알려 주겠지 라는 심리가 있었을지도 모른다.
4. 용의자인 남자가 큰소리를 내면 죽인다고 협박해서 옴짝달싹할 수 없었기 때문에

해설 여섯 번째 단락을 보면 알 수 있는데, 1번, 둘째 줄 [へたにかかわれば、自分に危害が及ぶ] 부분, 2번, 넷째 줄 [男女のもめごと~理屈づけをしたことも考えられる] 부분, 3번, 넷째 줄 [だれかが通報するだろう] 부분에서 보기와 일치함을 알 수 있다. 4번, 보기와 같은 내용은 남성이 실제로 여성을 위협할 때 했던 행동으로, 문제와 관련이 없으므로 4번이 답이 된다.

문3 ③'냉담한 방관자'란 무엇을 말하는지 가장 적절한 것을 고르시오.

1 타인의 권리나 감정을 경시하는 것
2 목격자가 많을수록 자신은 숨어 있고 타인에 대해서는 냉정하게 비판하는 것
3 목격자가 많은 곳에서는 스스로 자진해서 행동하려고 하지 않는 것
4 타인이나 사회와의 관계를 원만하게 구축할 수 없는 것

[해설] 글 끝에서 두 번째 단락 [目撃者が多ければ多いほど~動機が弱まるというのだ]에 근거해 3번이 답임을 알 수 있다.

문4 이 글에서 필자가 가장 주장하고 싶은 것은 다음 중 어느 것인가?

1 때마침 범죄 현장을 만났을 때 어떤 행동을 취할 것인지 사회를 구성하는 각 개인에게 묻고 있다.
2 자신도 범죄의 피해자가 될지도 모르기 때문에, 아무도 선더버드호 열차 내에서 일어난 사건을 알리지 않았던 것도 어쩔 수 없다.
3 열차 내에서 범죄 행위를 목격했을 때는, 어떤 방법으로든 통보해야 한다.
4 성범죄 같은 것을 목격해도, 실제로는 연인 사이의 사랑 싸움일지도 모르기 때문에 대응이 어렵다.

[해설] 글의 맨 마지막, [だれもがいつ犯罪の被害者になるか~一人ひとりに突きつけられている] 부분으로부터 1번이 답이 됨을 알 수 있다.

실전 문제 06 논설문

問題　次の文章を読んで、後の問いに対する答えとして、最もよいものを1・2・3・4から一つ選びなさい。

　子どもたちにとって一番身近にある豊かな知の世界。それは学校の図書館である。1954年施行の学校図書館法は、学校図書館を「欠くことのできない基礎的な設備」と位置づけ、小・中・高校に設置するよう定めている。子どもたちは誰でも、学校図書館で①たくさんの本を読み、学ぶことができる——ことになっている。

　しかし、見過ごせない格差が地域や学校によって広がっている。まず本の量が不足している。文部科学省は以前から公立学校の規模ごとに図書館の本の冊数の標準を決めている。例えば18学級の小学校では約1万冊、9学級の中学では約9千冊だ。ところがそれに達しているのは小学校で45％、中学校で39％にとどまる。政府は標準を満たすための支援措置もしてきたが、財政難のなか、本を買わずに別の使い道に充てている自治体も多いのだ。

　図書館の質を支える仕組みにも課題が多い。予算があっても、必要な本をきちんと選び管理して、その本を活用する方法を子どもたちに伝える人がいなければ、図書館は本来の機能を果たせないからだ。ほとんどの学校には司書教諭がいるが、大半は学級担任などのかたわら担当している。ただでさえ忙しいのに図書館に十分な時間を割くのは困難だ。

　図書館の活用には②専門の「学校司書」という職員が欠かせない。だが、学校司書のいる公立小中学校は4割に満たない。しかも8割は非常勤で時間の制約も大きい。制度上の決まりがないため立場や仕事内容は、自治体や学校によってまちまちだ。一人でいくつもの学校を掛け持ちで担当するケースや、ボランティア頼りの地域もある。当然、図書館活用の質も利用時間も限られる。本の管理が精いっぱいで、子どもと向き合う時間がないという嘆きも聞こえる。

　図書館にいつも学校司書がいて、子どもたちに読書や調べものの指導をしたり、蔵書を授業に積極的に活用する工夫をしたりして、大きな成果をあげている学校は少なくない。図書館を計画的に活用している学校では、学力が向上したという調査結果もある。

　現代社会を生き抜くのに不可欠な、正確で役立つ情報を自分で選び取る能力を養う場として、学校図書館の重要性は増している。頭と心を鍛える読書

の効用はいわずもがなだ。問題をかかえた子どもが教室を離れて心を落ち着かせ、自分と向き合う場にもなるが、それには見守る司書が必要だ。

　保護者の経済格差が広がるいま、政府と自治体は必要な本と専門家の配置を急いで進める責任がある。学校図書館はどんな子どもにとっても平等に有効に開かれていなくてはいけない。

（「学校図書館―知の入り口の整備急げ」2009年11月3日付朝日新聞『社説』による）

問1　①たくさんの本を読み、学ぶことができるとあるが、筆者の考えに最も近いものはどれか。

1　本を読むことで、友達と平等になり、将来、経済格差を解消することもできる。
2　本を読むことで、司書と親しくなり、いろいろなことを学ぶことができる。
3　本を読むことで、考える能力や役立つ情報を自ら選び取る能力を養うことができる。
4　本を読むことで、頭の回転が速くなり、授業にも集中することができる。

問2　②専門の「学校司書」の役割について述べた内容として、正しいものはどれか。

1　学校の本の管理だけに集中する。
2　子供たちに読書の指導をしたり、図書館の本を授業に生かす工夫をしたりする。
3　学力向上に役立つ本を購入し、管理に力を入れる。
4　子供たちに役立つ本をできるだけたくさん読んであげる。

問3 自治体によっては図書館の本の量が不足しているところがあるが、それはなぜか。

1 図書館の重要性を認識していないから
2 子供たちに役立つ本を選ぶ専門家がいないから
3 財政面で苦しいため、本を買う余裕がないから
4 政府からの支援が全然ないから

問4 この文章で筆者が言いたいことは何か。最も適当なものを一つ選びなさい。

1 政府と自治体は、専門司書の配置や本の拡充にもっと力を入れるべきだ。
2 政府と自治体は、父母の経済格差を早く無くすべきだ。
3 学校司書は図書館の重要性について、もっと積極的に政府に訴えるべきだ。
4 学校の司書教諭は、図書館の仕事にもっと専念すべきだ。

06 논설문

지문 해석

　아이들에게 있어서 가장 가까이 있는 풍요로운 지식의 세계. 그것은 학교도서관이다. 1954년에 시행된 학교도서관법은 학교도서관을 '빠뜨릴 수 없는 기초적 설비'라고 위치매김하여, 초·중·고교에 도서관을 설치하도록 지정했다. 아이들은 누구든지 학교도서관에서 ①많은 책을 읽고 공부할 수 있게 되었다.

　그러나 간과할 수 없는 격차가 지역이나 학교에 의해서 확대되고 있다. 우선 책의 양이 부족하다. 문부과학성은 이전부터 공립학교의 규모마다 도서관의 도서 수의 표준을 정하고 있다. 예를 들면, 18개의 학급이 있는 초등학교에는 약 1만 권, 9개의 학급이 있는 중학교에는 약 9천 권이다. 그러나 기준에 맞추고 있는 것은 초등학교는 45%, 중학교는 39%에 그친다. 정부는 표준규격을 채우기 위한 지원 조치도 취해 왔지만, 재정난으로 인해 책을 사지 않고 다른 용도로 충당하는 자치단체도 많다.

　도서관의 질을 지탱하는 방법에도 과제가 많다. 예산이 있어도 필요한 책을 제대로 골라 관리하고, 그 책을 활용하는 방법을 아이들에게 전달하는 사람이 없다면, 도서관은 본래의 기능을 다할 수 없기 때문이다. 대부분의 학교에는 사서 교사가 있지만, 대부분 학급담임 등을 하면서 담당하고 있다. 그렇지 않아도 바쁜데 도서관에 충분한 시간을 할애하는 것은 어렵다.

　도서관의 활용에는 ②전문적인 '학교 사서'라는 직원이 필요하다. 하지만 학교 사서가 있는 공립 초·중학교는 40%에 지나지 않는다. 게다가 80%는 비상근이라서 시간의 제약도 크다. 제도상 정해진 것이 없어서 입장이나 일의 내용은 자치단체나 학교에 따라 각양각색이다. 혼자서 몇 개 학교를 겸임으로 담당하는 케이스나 봉사활동에 의존하는 지역도 있다. 당연히 도서관 활용의 질과 이용 시간도 한정되어 있다. 책의 관리가 버거워서 아이들을 대할 시간이 없다는 탄식의 목소리도 들린다.

　도서관에 항상 학교 사서가 있어서 아이들에게 독서나 조사하는 방법의 지도를 하거나, 장서를 수업에 적극적으로 활용할 연구를 하거나 해서 큰 성과를 올리고 있는 학교는 적지 않다. 도서관을 계획적으로 활용하고 있는 학교에서는 학력이 향상되었다는 조사 결과도 있다.

　현대사회를 살아가는 데에 필수 불가결하며 정확하고 도움이 되는 정보를 자신이 골라내는 능력을 기르는 장으로서 학교도서관의 중요성은 증가하고 있다. 머리와 마음을 단련하는 독서의 효용은 말할 것도 없다. 문제를 갖고 있던 아이가 교실을 벗어나서 마음을 진정시키고 자기 자신과 마주하는 장이기도 하지만, 거기에는 그것을 지켜보는 사서가 필요하다.

　보호자의 경제 격차가 확대되는 지금, 정부와 자치단체는 필요한 책과 전문가의 배치를 서둘러 진행할 책임이 있다. 학교도서관은 어떤 아이에게도 평등하고 유효하게 열려 있어야 한다.

단어

身近(みぢか) 가까운 곳, 신변 | 位置(いち)づける 위치매기다 | 見過(みす)ごす 간과하다 | 格差(かくさ) 격차 | 規模(きぼ) 규모 | ～ごとに ～마다 | 支援措置(しえんそち) 지원 조치 | 財政難(ざいせいなん) 재정난 | 使い道(つかいみち) 용도, 쓸모 | 充(あ)てる 충당하다 | 仕組(しく)み 방법, 계획 | 果(は)たす 완수하다, 다하다 | 司書(ししょ) 사서 | 教諭(きょうゆ) 정교사 | ～かたわら ～하는 한편 | まちまち 각양각색 | 掛け持ち(かけもち) 겸임 | 精(せい)いっぱい 힘껏, 고작 | 嘆(なげ)き 탄식, 한탄 | 蔵書(ぞうしょ) 장서 | 生き抜く(いきぬく) 살아 나가다 | 選び取る(えらびとる) 골라내다, 골라잡다 | 養(やしな)う 기르다 | 鍛(きた)える 단련하다 | いわずもがな 말할 필요가 없음, 당연한 일임 | 落ち着く(おちつく) 진정되다, 가라앉다 | 平等(びょうどう)に 평등하게 | 拡充(かくじゅう) 확충 | 無(な)くす 없애다 | 専念(せんねん)する 전념하다

문제 해설

문1 ①많은 책을 읽고, 공부할 수 있다고 하는데, 필자의 생각에 가장 가까운 것은 어느 것인가?

1. 책을 읽음으로써 친구와 평등해져 장래 경제 격차를 해소할 수도 있다.
2. 책을 읽음으로써 사서와 친해져 여러 가지를 배울 수 있다.
3. **책을 읽음으로써 생각하는 능력과 도움이 되는 정보를 스스로 골라내는 능력을 기를 수 있다.**
4. 책을 읽음으로써 머리 회전이 빨라지고 수업에도 집중할 수 있다.

[해설] 끝에서 두 번째 단락 첫째 줄에 [正確で役立つ情報を~重要性は増している]라고 나와 있으므로 답이 3번임을 알 수 있다. 1, 2, 4번은 언급된 바가 없는 내용이다.

문2 ②전문적인 '학교 사서'의 역할에 대해 서술한 내용으로 옳은 것은 어느 것인가?

1. 학교 책 관리만 집중한다.
2. **아이들에게 독서 지도를 하거나 도서관 책을 수업에 활용할 연구를 하거나 한다.**
3. 학력 향상에 도움이 되는 책을 구입하고 관리에 힘을 쏟는다.
4. 아이들에게 도움이 되는 책을 가능한 한 많이 읽어 준다.

[해설] 끝에서 세 번째 단락 첫째 줄에 [学校司書がいて、子どもたちに~工夫をしたりして]라고 나와 있으므로 답이 2번임을 알 수 있다.

문3 자치단체에 따라서는 도서관의 도서 양이 부족한 곳이 있는데, 그 이유는 무엇인가?

1. 도서관의 중요성을 인식하고 있지 않기 때문에
2. 아이들에게 도움이 되는 책을 고르는 전문가가 없기 때문에
3. **재정면에서 힘들어서 책을 살 여유가 없기 때문에**
4. 정부로부터의 지원이 전혀 없기 때문에

[해설] 1, 2번은 본문에서 언급된 바가 없고, 3번, 두 번째 단락 다섯째 줄 [財政難のなか、~自治体も多いのだ]을 보면 정답이 3번임을 알 수 있다. 4번, 두 번째 단락 다섯째 줄에 [政府は標準を満たすための支援措置もしてきたが]라고 나와 있으므로 답이 아님을 알 수 있다.

문4 이 문장에서 필자가 말하고 싶은 것은 무엇인가? 가장 적당한 것을 하나 고르시오.

1. **정부와 자치단체는 전문 사서 배치와 책의 확충에 좀 더 힘을 쏟아야 한다.**
2. 정부와 자치단체는 부모의 경제 격차를 빨리 없애야 한다.
3. 학교 사서는 도서관의 중요성에 대해 좀 더 적극적으로 정부에 호소해야 한다.
4. 학교의 사서 교사는 도서관 일에 좀 더 전념해야 한다.

[해설] 본문의 마지막 단락 [政府と自治体は必要な本と専門家の配置を急いで進める責任がある] 부분에서 전문가의 배치라 함은 전문적인 사서의 배치로 추론할 수 있으므로 답은 1번이 된다. 2, 3, 4번은 언급된 바가 없다.

6 정보 검색 공략하기

문제 유형 분석

정보 검색 – 광고, 팸플릿, 정보지, 전단지, 비즈니스 문서 등의 정보 소재글 700자 정도 안에서 자신에게 필요한 정보를 찾아낼 수 있는지 묻는 문제이다.
독해 지문 전체 또는 부분을 신속하게 읽는 능력이 있는지를 측정하며 모든 급수에서 출제된다. 한 지문에 2문항이 출제되며, 문제 풀이 시간은 10분 정도로 잡는다.

문제 풀이 비법

1. 일본에서 실제로 생활하면서 많이 접하게 되는 여러 가지 정보 소재를 다룬 문제이다. 자신이 필요로 하는 정보를 얼마나 신속하고 정확하게 파악할 수 있는지가 관건이며, 스킬을 요하는 문제이다. 얼핏 보면 어려워 보이지만 그 질문에 맞는 정보를 정확하게 파악하면 확실한 득점을 할 수 있다.
2. 질문을 보고 필요한 정보가 지문 전체 중 어느 부분에 쓰여 있는지 찾는다. 정보 소재 중에서 하나의 기본이 되는 조건을 정하고 나서 하나씩 체크해 가며 파악하는 것이 중요하다.
3. 단 예외를 나타내는〈ただし、～別途、～のみ、～以外、別室、別館、除き〉등의 표현에 주의하여 함정에 빠지지 않도록 하자. 주의해서 요모조모 구석구석 따져 보고 읽지 않으면, 놓치고 지나가는 부분들이 상당히 많으므로 유의하자.

실전 문제 01 안내문

問題　次は、ある温泉旅館価格表である。下の問いに対する答えとして、最もよいものを1・2・3・4から一つ選びなさい。

問1　1月29日に1泊2日で家族4人が旅行に行く。1月11日に予約をして子供がいるため自家用車で行き、長男には小麦アレルギーがある。この家族にふさわしい旅館の金額はいくらですか。

1　122500円
2　112300円
3　118500円
4　111300円

問2　男子6人が旅館に宿泊する。各旅館で受けられるサービスとして合っているものを選びなさい。

1　桜木旅館では6000円割引かれる。
2　竹林旅館では色浴衣を借りることができる。
3　桜木旅館では露天風呂付きの部屋を借りることができる。
4　竹林旅館では貸し切り風呂が無料で楽しめる。

温泉旅館価格表

1月

日	月	火	水	木	金	土
1E	2E	3D	4A	5A	6A	7C
8C	9A	10A	11A	12A	13A	14C
15C	16B	17A	18A	19A	20A	21D
22E	23D	24D	25D	26B	27C	28C
29E	30B	31B				

【竹林旅館】

宿泊日	4〜6名/一室	3名/一室	2名/一室
A	16000円	17500円	18500円
B	17000円	19000円	20000円
C	18000円	20000円	21000円
D	21000円	22000円	23000円
E	30000円	31000円	32000円

＜特典＞
朝・夕食付
朝食：個室食事処
夕食：かにバイキング（かにしゃぶしゃぶ・かにすき・かにの刺身・かにの網焼きなど）
源泉かけ流し100％
最寄駅から車で20分（送迎あり）
客室内冷蔵庫ドリンク無料
色浴衣と帯の無料貸し出し（女性限定）
貸し切り風呂が5割引き
14日前までにご予約していただくとお一人当たり500円割引
お車・バイクで来られる方は駐車料金一台500円

【桜木旅館】

宿泊日	4～6名/一室	3名/一室	2名/一室
A	16000円	18000円	19000円
B	16500円	19000円	20000円
C	19000円	21000円	22000円
D	21000円	23000円	25000円
E	28000円	30000円	33000円

＜特典＞
朝・夕食付
朝食：個室食事処
夕食：コース料理（寿司・天ぷら・うどん・茶碗蒸し・和牛のステーキ・抹茶デザート）
客室露天風呂付（2～6名に1室）
最寄り駅から車で30分
送迎バス有料（1人100円）
お車・バイクで来られる方は駐車料金一台300円
20日前の早期ご予約で1000円割引

＜女性グループ特典＞
女性のみのグループにグラスワイン1杯無料
6名以上のグループでお申し込みいただくとお一人当たり1000円割引

注意：記載されている客室の価格は一人当たりの料金である。

해석 및 해설 | 01 안내문

문제 해설

문1 1월 29일 1박 2일로 가족 4명이 여행을 간다. 1월 11일에 예약했고 아이가 있기 때문에 자가용으로 갈 생각이며 장남이 밀가루 알레르기가 있다. 이 가족에게 딱 맞는 료칸의 숙박비는 얼마인가?

1   122500엔
2   112300엔
3   118500엔
4   111300엔

해설 이 가족의 장남은 밀가루 알레르기가 있어서 사쿠라기 료칸의 석식을 즐길 수 없으므로 다케바야시 료칸의 객실을 알아봐야 한다. 1월 29일 4인 가족의 객실 요금은 1인당 30000엔이고 14일 전 예약하였으니 1인당 500엔씩 할인을 받게 된다. 마지막으로 자동차로 갈 경우 한 대당 500엔의 주차 요금을 받으니 총 금액 118500엔으로 3번이 정답임을 알 수 있다.

문2 남자 6명이 료칸에 숙박한다. 각 료칸에서 받을 수 있는 서비스로서 일치하는 것을 고르시오.

1   사쿠라기 료칸에서는 6000엔 할인된다.
2   다케바야시 료칸에서는 유카타를 빌릴 수 있다.
3   사쿠라기 료칸에서는 노천탕이 딸린 방을 빌릴 수 있다.
4   다케바야시 료칸에서는 대절탕을 무료로 즐길 수 있다.

해설 1번의 1인당 1000엔 할인과, 2번의 유카타 대여는 여성에게만 적용되는 특전이고, 4번의 대절탕은 무료가 아니라 5% 할인이므로 오답이 된다. 사쿠라기 료칸은 모든 객실에 노천탕이 딸려 있으므로 3번이 정답임을 알 수 있다.

단어

個室食事処(こしつしょくじどころ) 개별 식당 | **カニバイキング** 꽃게 뷔페 | **かにすき** 꽃게전골 | **かにの刺身**(さしみ) 꽃게 회 | **網焼**(あみや)**き** 석쇠구이 | **源泉**(げんせん)**かけ流**(なが)**し** 원천수 | **最寄駅**(もよりえき) 근처 역 | **送迎**(そうげい) 픽업 | **色浴衣**(いろゆかた) 색깔 있는 유카타 | **帯**(おび) 띠 | **貸**(か)**し出**(だ)**し** 대여 | **限定**(げんてい) 한정 | **寿司**(すし) 초밥 | **茶碗蒸**(ちゃわんむ)**し** 계란찜 | **和牛**(わぎゅう) 일본 소 | **抹茶**(まっちゃ) 말차 | **客室露天風呂付**(きゃくしつろてんぶろつき) 객실 내 노천탕 완비 | **早期**(そうき) 조기

> 지문 해석

다음은 어느 온천 료칸 가격표이다.

온천 료칸 가격표

1월

일	월	화	수	목	금	토
1E	2E	3D	4A	5A	6A	7C
8C	9A	10A	11A	12A	13A	14C
15C	16B	17A	18A	19A	20A	21D
22E	23D	24D	25D	26B	27C	28C
29E	30B	31B				

【다케바야시 료칸】

숙박일	4~6명/1실	3명/1실	2명/1실
A	16000엔	17500엔	18500엔
B	17000엔	19000엔	20000엔
C	18000엔	20000엔	21000엔
D	21000엔	22000엔	23000엔
E	30000엔	31000엔	32000엔

〈특전〉

조식 · 석식 포함

조식: 개별 식당

석식: 꽃게 뷔페(게살 샤브샤브 · 꽃게전골 · 꽃게 회 · 꽃게석쇠구이 등)

원천수 100%

근처 역에서 차로 20분(픽업 차량 있음)

객실내 냉장고 드링크 무료

색깔 있는 유카타와 띠 무료 대여(여성 한정)

대절탕 5%할인

14일 전까지 예약하시면 1인당 500엔 할인

차 · 오토바이로 오시는 분은 한 대당 주차 요금 500엔

【사쿠라기 료칸】

숙박일	4~6명/1실	3명/1실	2명/1실
A	16000엔	18000엔	19000엔
B	16500엔	19000엔	20000엔
C	19000엔	21000엔	22000엔
D	21000엔	23000엔	25000엔
E	28000엔	30000엔	33000엔

〈특전〉
조식·석식 포함
조식: 개별 식당
석식: 코스 요리 (초밥·튀김·우동·계란찜·와규 스테이크·녹차 디저트)
전객실 노천탕 완비(2~6명에 1실)
근처 역에서 차로 30분
픽업 차량 유료(1인 100엔)
차·오토바이로 오시는 분은 한 대당 주차 요금 300엔
20일 전 조기 예약은 1000엔 할인

〈여성 그룹 특전〉
여성들만의 그룹에게는 글라스와인 한 잔 무료
6명 이상의 그룹으로 신청하시면 1인당 1000엔 할인

주의 : 기재되어 있는 객실 가격은 1인당 요금이다

| 실전 문제 | 02 안내문

問題　次は、着付け料金の案内である。下の問いに対する答えとして、最もよいものを1・2・3・4から一つ選びなさい。

問1　母と娘2人が親戚の結婚式に訪問着(二重太鼓)を着ていきたい。持ち込みでの着付けとヘアセットを予約した。料金はいくらになるか。(希望の出発時間は9時30分である)

1　42300円
2　37800円
3　9600円
4　34800円

問2　卒業式に袴を着ていきたい。袴はフルセットをレンタルで33000円である。レンタルと着付け、ヘアセット、フルメイクでいくらになるか。(出発予定時刻は11時である)

1　43300円
2　47800円
3　49600円
4　50600円

着付け料金

種類	料金	所要時間
訪問着・小紋（こもん）（二重太鼓（にじゅうたいこ））	4800円	1時間
訪問着（変わり結び）	5800円	1時間
留袖（とめそで）	5800円	1時間
振袖（ふりそで）	6800円	1時間
袴（はかま）	5800円	45分
浴衣（ゆかた）	3800円	45分
七五三（七歳・振袖）	5800円	45分
七五三（五歳・羽織（はおり）・袴）	4800円	45分

午前10時以前のご予約には早朝料金がかかります。

上記の所要時間枠は実際に着付けにかかる時間ではなく、（ご来店→お荷物チェック→お着換え→着付け→ご精算→出発）まで想定した当店での支度に必要な見込み時間のご案内です。状況によって多少前後しますが、お客様が当店をご出発されたい時間からこの所要時間を逆算した時間が当日のご来店予約時間となります。着付けのほかにヘアセットをご希望の場合はプラス30分、メイクもご希望の場合はさらにプラス30分となります。2名様以上の場合は状況によって所要時間がかわりますので直接お問い合わせください。

早朝料金

午前9時台のご予約	1800円
午前7時台・8時台のご予約	2800円
午前6時台のご予約	3800円

午前10時以前のご予約には早朝料金がかかります。（2名様以上のご予約ならお一人様1000円の割引サービス適用）

ヘアセット料金(所要時間30分)	
午前9時以降のご予約	一律4500円
午前8時～8時45分のご予約	割増価格5000円
午前7時～7時45分のご予約	割増価格5500円
午前6時～6時45分のご予約	割増価格6000円

フルメイク料金(所要時間30分)	
ヘアセットと一緒にする場合、どの時間も一律	4500円

해석 및 해설 02 안내문

문제 해설

문1 엄마와 딸 둘이 친척 결혼식에 예복(이중 띠)을 입고 가고 싶다. 가지고 온 기모노를 입혀 주는 것과 헤어 세트를 예약했다. 요금은 얼마가 되는가? (희망하는 출발 시간은 9시 30분이다)

1. 42300엔
2. 37800엔
3. 9600엔
4. **34800엔**

해설 우선 출발 희망 시간이 9시 30분이므로 예복(이중 띠) 의 소요 시간 1시간, 헤어 세트 소요 시간 30분으로 잡았을 때 가게 예약 시간은 8시대가 된다. 예복(이중 띠) 입혀 주는 요금 4800엔＋8시대의 조조 요금 2800엔＋8시대 헤어 세트 요금 5000엔이므로 1인당 총 금액이 12600엔이 된다. 여기에 2인 이상 예약할 경우 1인당 1000엔의 할인이 적용되므로 11600엔×3명＝34800엔이 된다.

문2 졸업식에 하카마를 입고 가고 싶다. 하카마는 풀세트로 빌렸을 때 33000엔이다. 빌린 하카마를 입혀 주는 것과 헤어 세트, 풀메이크업까지하면 얼마가 되는가? (출발 예정 시간은 11시이다)

1. 43300엔
2. 47800엔
3. **49600엔**
4. 50600엔

해설 우선 출발 예정 시간이 11시이고 하카마 입는 시간 45분, 헤어 세트 30분, 메이크업 30분이 소요되므로 가게 예약 시간은 9시대가 된다. 하카마 입혀 주는 요금 5800엔＋9시대의 조조 요금 1800엔＋9시대의 헤어 세트 요금 4500엔＋풀메이크업 요금 4500엔＋하카마 대여 비용 33000엔을 모두 더하면 49600엔으로 3번이 정답임을 알 수 있다.

단어

着付(きづ)け 옷을 입혀 줌 | **訪問着**(ほうもんぎ) 예복 | **小紋**(こもん) 작은 무늬 | **二重太鼓**(にじゅうたいこ) 이중으로 띠를 맴 (뒤를 북통 모양으로 불룩하게 매는 방법) | **変**(か)**わり結**(むす)**び** 리본 등 색다른 모양으로 띠를 맴 | **所要時間枠**(しょようじかんわく) 소요 시간 틀 | **実際**(じっさい) 실제 | **精算**(せいさん) 정산 | **想定**(そうてい) 상정 | **支度**(したく) 준비 | **見込**(みこ)**み** 전망 | **状況**(じょうきょう) 상황 | **～によって** ~에 따라서 | **多少**(たしょう) 다소 | **逆算**(ぎゃくさん) 거꾸로 계산함 | **一律**(いちりつ) 일률 | **割増**(わりまし) 할증

> 지문 해석

다음은 기모노 입혀 주는 요금 안내이다.

기모노 입혀 주는 요금

종류	요금	소요 시간
예복·작은 무늬 (이중 띠)	4800엔	1시간
예복 (변형 띠)	5800엔	1시간
도메소데	5800엔	1시간
후리소데	6800엔	1시간
하카마	5800엔	45분
유카타	3800엔	45분
시치고산 (7세·후리소데)	5800엔	45분
시치고산 (5세·하오리·하카마)	4800엔	45분

오전 10시 이전의 예약은 조조 요금이 적용됩니다.

상기의 소요 시간은 실제로 입혀 주는데 소요되는 시간이 아니라 (내점→ 물건 확인→ 옷 갈아입기→ 기모노 입혀 주기→ 정산→ 출발) 까지의 시간을 상정한 저희 가게에서 준비에 필요한 대략적인 시간을 안내한 것입니다. 상황에 따라서 다소 소요 시간이 바뀔 수 있지만, 고객님이 가게에서 출발하고자 하는 시간으로부터 이 소요 시간을 거꾸로 계산한 시간이 당일 내점 예약 시간이 됩니다. 기모노 착용 외에도 헤어 세트를 희망하시는 경우는 추가 30분, 메이크업도 희망하시는 경우는 거기에 30분 더 추가됩니다. 두 분 이상일 경우는 상황에 따라 소요 시간이 바뀌니 직접 문의해 주시기 바랍니다.

조조 요금

오전 9시대 예약	1800엔
오전 7시대·8시대 예약	2800엔
오전 6시대 예약	3800엔

오전 10시 이전의 예약은 조조 요금이 발생합니다. (2인 이상 예약하시면 1인당 1000엔 할인 서비스 적용)

헤어 세트 요금(소요 시간 30분)

오전 9시 이후 예약	일률적으로 4500엔
오전 8시~8시 45분 예약	할증 가격 5000엔
오전 7시~7시 45분 예약	할증 가격 5500엔
오전 6시~6시 45분 예약	할증 가격 6000엔

풀메이크업 요금(소요 시간 30분)

헤어 세트와 함께 할 경우, 어느 시간대도 일률	4500엔

실전 문제 03 안내문

問題　次は、ある体育館のプログラム案内である。下の問いに対する答えとして、最もよいものを1・2・3・4から一つ選びなさい。

問1　会社員のAさんは病院でメタボリック症候群という診断を受け、内臓脂肪を減らすために運動を始めようとしている。Aさんの一番気になる腹部肥満を防ぐために最もよいプログラムと受講料を選びなさい。

1　ダンベル筋トレ、健康アクアウォーキング　8640円
2　インナーマッスル&ダンス、エアロビクス　9600円
3　ダンベル筋トレ、健康アクアウォーキング　10800円
4　インナーマッスル&ダンス、エアロビクス　7680円

問2　毎日のように続く残業で、心身共に疲れているBさんは、ストレスを低減し、リラックス感が感じられる健康プログラムを探している。Bさんは激しい運動が苦手で平日は時間が出せない。Bさんにお勧めのプログラムや会社の同僚を誘って受講する場合の受講料として正しいものを選びなさい。

1　ダンベル筋トレ、4500円
2　エアロビクス、5300円
3　ヨガストレッチ、5800円
4　大人バレエ、7200円

東京体育館「健康プログラム」案内

プログラム	日時	内容	定員	料金
健康アクアウォーキング	月曜日 09:00~10:00	体への負担は軽いけど、たくさんのカロリー消費ができます。運動は苦手だけど、痩せたい方大歓迎	15人	￥5500
初級ボーリング教室	火曜日 12:00~13:30	仲間と楽しい時間を過ごしながら、体質改善を図りましょう。生き生きとした生活を求めている方にぴったり	10人	￥6500
インナーマッスル&ダンス	水曜日 18:00~19:00	リズム感覚を身に付け、太りにくい体作りを目指す方、ぽっこりお腹が気になる方	25人	￥4300
大人バレエ	水曜日 18:30~19:30	バランスのとれた美しい姿勢を保ち、若さを取り戻しましょう！健康維持と美容に興味がある方に打って付け	10人	￥8000
ヨガストレッチ	土曜日 09:00~10:00	心と体を健康にする癒しの時間を通じて、日頃のストレスを解消しましょう！体の歪みを調整したい方にお勧め	20人	￥6800
ジャズダンス	土曜日 12:00~13:00	若さを保ち、感受性をアップさせたい方、体力をつけ、ストレスを解消したい方	15人	￥7500
エアロビクス	土曜日 10:00~11:00	有酸素運動で脂肪を燃そう！汗をたくさん流し、爽快感を感じながら楽しくダイエットできる	30人	￥5300
ダンベル筋トレ	日曜日 08:30~09:10	筋肉のバランスを整え、基礎代謝をアップさせましょう。筋力の強化や、持久力を高めたい方	7人	￥5300

＜特典＆キャンペーン＞
- 二つ以上のプログラムを申し込んでいただくと、20％割引いたします。
- ご家族様、ご友人様をご紹介していただくと、1000円割引いたします。
- 「ヨガストレッチ」を６ヶ月以上まとめて申し込んでいただくと、ヨガマットをプレゼントし、受講料を10％割引いたします。

해석 및 해설 03 안내문

문제 해설

문1 회사원인 A 씨는 병원에서 메타볼릭 증후군이라는 진단을 받고, 내장 지방을 줄이기 위해 운동을 시작하려고 한다. A 씨에게 제일 고민이 되는 복부 비만을 막기 위해 가장 적합한 프로그램과 수강료를 고르시오.

1. 덤벨 근육 트레이닝, 건강 아쿠아 워킹 8640엔
2. 이너머슬&댄스, 에어로빅 9600엔
3. 덤벨 근육 트레이닝, 건강 아쿠아 워킹 10800엔
4. 이너머슬&댄스, 에어로빅 7680엔

해설 선택지에 있는 프로그램의 내용을 읽어 보고 복부 비만에 가장 효과가 있을 것 같은 프로그램을 찾는다. 이너머슬&댄스의 내용을 보면 [太りにくい体作りを目指す方、ぽっこりお腹が気になる方]라고 쓰여 있고, 에어로빅의 내용을 보면 [有酸素運動で脂肪を燃やそう]라고 쓰여 있으므로 메타볼릭 증후군을 해소하기 위해 적합해 보인다. 그리고 〈특전&캠페인〉을 보면 두 가지 이상의 프로그램을 동시에 수강하면 20% 할인해 준다고 했으므로 원래의 가격 4300＋5300＝9600에서 20% 할인된 가격을 찾는다. 그러므로 정답은 2번이 아니라 4번이 된다.

문2 매일 계속되는 잔업으로 몸과 마음이 지친 B 씨는, 스트레스를 줄이고 릴렉스한 기분을 느낄 수 있는 건강 프로그램을 찾고 있다. B 씨는 격한 운동을 싫어하고 평일에는 시간이 없다. B 씨에게 추천하기 좋은 프로그램과 회사 동료를 소개해서 수강할 경우의 수강료로 알맞은 것을 고르시오.

1. 덤벨 근육 트레이닝, 4500엔
2. 에어로빅, 5300엔
3. 요가 스트레칭, 5800엔
4. 성인 발레, 7200엔

해설 B 씨는 평일에는 시간이 나지 않는다고 했으므로 먼저 주말 프로그램을 본다. 또 릴렉스한 기분을 느끼고 싶고 격한 운동을 싫어한다고 했으므로 움직임이 많은 에어로빅이나 체력 소모가 많은 덤벨 근육 트레이닝보다는 요가가 적합하다. 동료와 함께 할 경우 〈특전&캠페인〉의 두 번째 대상이 되므로 1000엔 할인된 가격으로 수강할 수 있다. 요가 스트레칭의 원래 가격인 6800에서 1000엔 할인된 가격 5800엔으로 수강할 수 있다. 그러므로 정답은 3번이 된다.

단어

負担(ふたん) 부담 ｜ 消費(しょうひ) 소비 ｜ 苦手(にがて)だ 꺼려하다 ｜ 痩(や)せる 살이 빠지다 ｜ 体質改善(たいしつかいぜん) 체질 개선 ｜ 図(はか)る 도모하다 ｜ 生(い)き生(い)き 생기 있는, 활기찬 ｜ 求(もと)める 바라다, 원하다 ｜ ぴったり 딱 알맞음 ｜ 感覚(かんかく) 감각 ｜ 身(み)に付(つ)ける 몸에 익히다 ｜ ぽっこり 볼록 ｜ 気(き)になる 신경 쓰이다 ｜ 姿勢(しせい) 자세 ｜ 保(たも)つ 유지하다, 지키다 ｜ 取(と)り戻(もど)す 되찾다, 회복하다 ｜ 維持(いじ) 유지 ｜ 打(う)って付(つ)け 안성맞춤 ｜ 癒(いや)し 힐링, 치유 ｜ 日頃(ひごろ) 평시, 평소 ｜ 解消(かいしょう)する 해소하다 ｜ 歪(ゆが)み 비뚤어짐 ｜ 調整(ちょうせい)する 조정하다 ｜ お勧(すす)め 추천 ｜ 感受性(かんじゅせい) 감수성 ｜ 脂肪(しぼう)を燃(も)やす 지방을 태우다 ｜ 爽快感(そうかいかん) 상쾌함 ｜ 筋肉(きんにく) 근육 ｜ 整(ととの)える 정돈하다, 정비하다 ｜ 基礎代謝(きそたいしゃ) 기초대사 ｜ 筋力(きんりょく) 근력 ｜ 持久力(じきゅうりょく) 지구력

지문 해석

다음은 어느 체육관의 프로그램 안내이다.

도쿄 체육관[건강 프로그램]안내

프로그램	일시	내용	정원	요금
건강 아쿠아 워킹	월요일 09:00~10:00	몸의 부담은 적지만 칼로리를 많이 소비할 수 있습니다. 운동은 싫어하지만 날씬해지고 싶은 분 대환영	15명	5500엔
초급 볼링 교실	화요일 12:00~13:30	친구들과 즐거운 시간을 보내면서 체질 개선을 합시다! 활기찬 생활을 원하시는 분께 딱!	10명	6500엔
이너 머슬 & 댄스	수요일 18:00~19:00	리듬감을 몸에 익히고 살찌지 않는 몸 만들기를 목표로 하시는 분, 볼록한 배가 고민이신 분	25명	4300엔
성인 발레	수요일 18:30~19:30	균형 잡힌 아름다운 자세를 유지하면서 젊음을 되찾읍시다! 건강 유지와 미용에 관심 있으신 분께 안성 맞춤	10명	8000엔
요가 스트레칭	토요일 09:00~10:00	몸과 마음을 건강하게 만들어 주는 힐링 시간을 통해 일상의 스트레스를 해소합시다. 틀어진 몸을 교정하고 싶으신 분께 추천	20명	6800엔
재즈 댄스	토요일 12:00~13:00	젊음을 유지하고 감수성을 높이고 싶으신 분, 체력을 쌓고 스트레스를 해소하고 싶으신 분	15명	7500엔
에어로빅	토요일 10:00~11:00	유산소 운동으로 지방을 태웁시다. 땀도 많이 흘리고 상쾌함을 느끼면서 즐겁게 다이어트할 수 있습니다.	30명	5300엔
덤벨 근육 트레이닝	일요일 08:30~09:10	근육 밸런스를 맞추고 기초대사를 올립시다. 근력 강화와 지구력을 기르고 싶으신 분	7명	5300엔

【특전&캠페인】

- 2개 이상의 프로그램을 신청하시면 20% 할인해 드립니다.
- 가족이나 친구 분을 소개하시면 1000엔 할인해 드립니다.
- [요가 스트레칭]을 6개월 이상 한 번에 신청하시면, 요가 매트를 선물로 드리고 수강료를 10% 할인해 드립니다.

실전 문제 04 정보문

問題　次は、日本語教師養成学校の一覧である。下の問いに対する答えとして、最もよいものを1・2・3・4から一つ選びなさい。

問1　Aさんは、授業料が65万円以下の、海外実習先を選べる日本語教師養成学校を探している。次のうち、条件に合わない学校はどれか。

1　インター日本語学院
2　北田日本語学校
3　山川日本語学院
4　沢井日本語学校

問2　Bさんは、検定対策のある日本語教師養成学校で通信講座を受講しようとしている。次の学校のうち、検定対策の費用も合わせて授業料の安い順に並んでいるものはどれか。

1　K日本語センター・ヒューマン学院・マークアカデミー・外語スクール
2　外語スクール・ヒューマン学院・K日本語センター・マークアカデミー
3　マークアカデミー・外語スクール・K日本語センター・ヒューマン学院
4　ヒューマン学院・マークアカデミー・外語スクール・K日本語センター

日本語教師養成学校一覧

学校名	授業料	海外研修	詳細
マークアカデミー	14万円	なし	通信講座のみ。 検定対策申し込み時、別途2万円追加。
国際アカデミー	51万円	あり	通信講座も可能。通信講座の場合、授業料は10万円で、海外研修の申し込みは不可能。
丸井日本語学院	60万円	なし	検定対策申し込み時、別途2万円追加。 教育実習制度あり。
カルチャー学院	53万円	なし	検定対策なし。 教育実習制度あり。
日本語スクール	45万円	なし	検定対策・教育実習制度なし。
山川日本語学院	54万円	あり	検定対策・教育実習制度なし。 海外研修先が選べます。
外国語専門学校	67万円	なし	検定対策・教育実習制度あり。 検定対策申し込み時、別途2万円追加。
日本語センター	42万円	なし	通信講座も可能。通信講座授業料は12万円。 検定対策申し込み時、別途1万5千円追加。
ヒューマン学院	12万円	なし	通信講座のみ。 検定対策申し込み時、別途2万円追加。
沢井日本語学校	67万円	あり	教育実習制度あり。 海外研修先を選ぶことができます。
ラボ日本語研究所	17万円	なし	通信講座のみ。 検定対策申し込み時、別途1万2千円追加。
外語スクール	50万円	なし	通信講座も可能。通信講座授業料は11万円。 検定対策申し込み時、別途1万円追加。
江戸日本語学院	56万円	あり	通信講座も可能。通信講座の授業料は11万円。 教育実習制度あり。
北田日本語学校	63万円	あり	教育実習制度あり。 海外実習先選択可。
K日本語センター	13万円	なし	通信講座のみ。 検定対策申し込み時、別途1万5千円追加。
インター日本語	64万円	あり	教育実習制度あり。 海外研修先を選ぶことができます。

해석 및 해설 | 04 정보문

> **문제 해설**

문1 A 씨는, 수업료가 65만 엔 이하의, 해외 실습처를 고를 수 있는 일본어 교사 양성 학교를 찾고 있다. 다음 중, 조건에 맞지 않는 학교는 어느 것인가?

1. 인터 일본어 학교
2. 기타다 일본어 학교
3. 야마가와 일본어 학원
4. 사와이 일본어 학교

해설 사와이 일본어 학교는 수업료가 67만 엔으로 65만 엔을 초과하므로, 답은 4번이 된다.

문2 B 씨는, 검정 대책이 있는 일본어 교사 양성 학교에서 통신강좌를 수강하려고 하고 있다. 다음 학교 중에서, 검정 대책의 비용도 합쳐서 수업료가 저렴한 순으로 나열된 것은 어느 것인가?

1. K 일본어 센터·휴먼 학원·마크 아카데미·외어 스쿨
2. 외어 스쿨·휴먼 학원·K 일본어 센터·마크 아카데미
3. 마크 아카데미·외어 스쿨·K 일본어 센터·휴먼 학원
4. 휴먼 학원·마크 아카데미·외어 스쿨·K 일본어 센터

해설 통신강좌의 수업료를 보아야 답을 고를 수 있다.
외어 스쿨: 12만 엔(수업료 11만 엔＋검정료 1만 엔)
휴먼 학원: 14만 엔(수업료 12만 엔＋검정료 2만 엔)
K 일본어 센터: 14만 5천 엔(수업료 13만 엔＋검정료 1만 5천 엔)
마크 아카데미: 16만 엔(수업료 14만 엔＋검정료 2만 엔)
따라서 답은 2번이 된다.

> **단어**

養成(ようせい) 양성 | **費用**(ひよう) 비용 | **詳細**(しょうさい) 상세 | **通信講座**(つうしんこうざ) 통신강좌 | **検定対策**(けんていたいさく) 검정 대책 | **申し込み**(もうしこみ) 신청 | **別途**(べっと) 별도 | **追加**(ついか) 추가 | **研修先**(けんしゅうさき) 연수처

> 지문 해석

다음은 일본어 교사 양성 학교의 일람이다.

일본어 교사 양성 학교 일람

학교명	수업료	해외 연수	상세
마크 아카데미	14만 엔	없음	통신강좌뿐. 검정 대책 신청시, 별도로 2만 엔 추가.
국제 아카데미	51만 엔	있음	통신강좌도 가능, 통신강좌의 경우, 수업료는 10만 엔이고, 해외 연수 신청은 불가.
마루이 일본어 학원	60만 엔	없음	검정 대책 신청시, 별도로 2만 엔 추가. 교육실습제도 있음.
컬처 학원	53만 엔	없음	검정 대책 없음. 교육실습제도 있음.
일본어 스쿨	45만 엔	없음	검정 대책 · 교육실습제도 없음.
야마가와 일본어 학원	54만 엔	있음	검정 대책, 교육실습제도 없음. 해외 연수처를 고를 수 있습니다.
외국어 전문학교	67만 엔	없음	검정 대책, 교육실습제도 있음. 검정 대책 신청시, 별도로 2만 엔 추가.
일본어 센터	42만 엔	없음	통신강좌도 가능. 통신강좌 수업료는 12만 엔. 검정 대책 신청시, 별도로 1만 5천 엔 추가.
휴먼 학원	12만 엔	없음	통신강좌뿐. 검정 대책 신청시, 별도로 2만 엔 추가.
사와이 일본어 학교	67만 엔	있음	교육실습제도 있음. 해외 연수처를 고를 수 있습니다.
라보 일본어 연구소	17만 엔	없음	통신강좌뿐. 검정 대책 신청시, 별도로 1만 2천 엔 추가.
외어 스쿨	50만 엔	없음	통신강좌도 가능. 통신강좌 수업료는 11만 엔. 검정 대책 신청시, 별도로 1만 엔 추가.
에도 일본어 학원	56만 엔	있음	통신강좌도 가능. 통신강좌의 수업료는 11만 엔. 교육실습제도 있음.
기타다 일본어 학교	63만 엔	있음	교육실습제도 있음. 해외 실습처 선택 가능.
K 일본어 센터	13만 엔	없음	통신강좌뿐. 검정 대책 신청시, 별도로 1만 5천 엔 추가.
인터 일본어	64만 엔	있음	교육실습제도 있음. 해외 연수처를 고를 수 있습니다.

실전 문제 05 광고문

問題　次は、募集中のアルバイト一覧である。下の問いに対する答えとして、最もよいものを1・2・3・4から一つ選びなさい。

問1　Aさんは17歳の女性で、平日夕方のアルバイトを探している。Aさんが応募することのできるお店の組み合わせは、次のうちどれか。

1　スーパーなかむら・池鶴青果・増田商店・Kマート
2　池鶴青果・増田商店・Kマート・山田ベーカリー
3　増田商店・Kマート・スーパーなかむら・丸銀食堂
4　Kマート・スーパーなかむら・池鶴商店・丸山書店

問2　20歳の男性で、まかない付のアルバイトを探しているBさん(自動車免許所有)が応募することのできるお店の組み合わせは、次のうちどれか。

1　山田ベーカリー・レストラン北山・みやこ寿司・丸銀食堂
2　ラーメン大将・山田ベーカリー・レストラン北山・みやこ寿司
3　レストラン北山・みやこ寿司・ラーメン大将・ほかほか弁当
4　みやこ寿司・ラーメン大将・山田ベーカリー・マスター警備

募集中のアルバイト一覧

店名	時給	交通費	仕事内容・資格など
ラーメン大将	800円	支給なし	簡単な調理業務及び接客。まかないあり。18歳以上の元気な男女募集！
マスター警備	850円	一日500円支給	指定する場所での警備及び雑用業務。25歳以上の男性で深夜勤務可能な方。
丸山書店	700円	支給なし	接客及び書籍の整理業務。土・日勤務可能な方。年齢・性別不問。
スーパーなかむら	750円	支給なし	接客・レジ及び商品整理。17歳以上の明るい男女募集。
藤川運輸	800円	一日200円支給	引越し業務。土・日・祝日勤務可能な方。18歳以上の体力ある男性を募集。
増田商店	740円	支給なし	野菜の店頭販売。仕入れた野菜の仕分けなど。
Kマート	860円	支給なし	接客・レジ及び商品の陳列作業。25歳以下の男女。
池鶴青果	700円	支給なし	果物とフレッシュジュースの店頭販売員。年齢・資格は問わない。
ホームセンター	820円	一日200円支給	接客・受付・在庫整理業務。20歳以上の男女。
山本建設	900円	一日200円支給	建設現場での警備業務。20歳以上の男性。
山田ベーカリー	730円	支給なし	パンの販売。おいしいパンのまかない有！17歳以上で、早朝勤務可能な方。
丸銀食堂	720円	支給なし	接客・調理補助など。土・日勤務可能で、明るく元気な方を募集。
永田水泳教室	800円	一日200円支給	水泳指導補助。20歳以上の男女。指導経験者優遇！
ほかほか弁当	820円	一日200円支給	簡単な調理業務及び配達業務。自動車又は原付の免許を有する18歳以上の男女。
レストラン北山	850円	一日400円支給	調理補助業務。20歳以上の男女で、調理師免許を有する方を優遇する。まかない付。
みやこ寿司	790円	支給なし	寿司の販売及び配達業務。18歳以上で、自動車又は原付の免許を有する方。まかない有り。

해석 및 해설 05 광고문

문제 해설

문1 A 씨는 17세 여성으로, 평일 저녁의 아르바이트를 찾고 있다. A 씨가 응모할 수 있는 가게의 조합은 다음 중 어느 것인가?

1. 슈퍼 나카무라·이케쓰루 청과·마스다 상점·K마트
2. 이케쓰루 청과·마스다 상점·K마트·야마다 베이커리
3. 마스다 상점·K마트·슈퍼 나카무라·마루긴 식당
4. K마트·슈퍼 나카무라·이케쓰루 청과·마루야마 서점

해설 17세 여성이 평일 저녁 아르바이트가 가능한 곳을 찾고 있다. [슈퍼 나카무라=17세 이상, 남녀 모집], [이케쓰루 청과=연령 자격 불문], [마스다 상점=나이 성별 무시], [K마트=25세 이하 남녀], [야마다 베이커리=17세 이상, 조조 근무 가능자(불가능)], [마루긴 식당=토·일 근무 가능자(불가능)], [마루야마 서점=토·일 근무 가능자(불가능)]이므로 답은 1번이 된다.

문2 20세 남성으로, 식사가 제공되는 아르바이트를 찾고 있는 B 씨(운전면허 소지)가 응모할 수 있는 가게의 조합은 다음 중 어느 것인가?

1. 야마다 베이커리·레스토랑 기타야마·미야코 스시·마루긴 식당
2. 라면 다이쇼·야마다 베이커리·레스토랑 기타야마·미야코 스시
3. 레스토랑 기타야마·미야코 스시·라면 다이쇼·따끈따끈 도시락
4. 미야코 스시·라면 다이쇼·야마다 베이커리·마스터 경비

해설 20세 남성으로 식사가 제공되는 아르바이트를 찾고 있다.(운전면허 소지)
[야마다 베이커리=17세 이상, 식사 제공], [레스토랑 기타야마=20세 이상 남녀, 식사 제공, 조리사 자격증 소지자 우대], [미야코 스시=18세 이상, 식사 제공, 운전면허 소지자], [마루긴 식당=토·일 근무 가능자, 식사 제공 없음(불가능)], [라면 다이쇼=18세 이상, 식사 제공], [따끈따끈 도시락=운전면허 소지자, 18세 이상, 식사 제공 없음(불가능)], [마스터 경비=25세 이상, 식사 제공 없음(불가능)]이므로, 답은 2번이 된다.

단어

平日(へいじつ) 평일 | 応募(おうぼ)する 응모하다 | 組み合わせ(くみあわせ) 편성 | まかない付(つき) 식사 제공 | 免許(めんきょ) 면허 | 所有(しょゆう) 소유 | 業務(ぎょうむ) 업무 | 接客(せっきゃく) 접객 | 警備(けいび) 경비 | 雑用(ざつよう) 잡무 | 深夜勤務(しんやきんむ) 심야 근무 | 書籍(しょせき) 서적 | 不問(ふもん) 불문 | 引越(ひっこ)し 이사 | 祝日(しゅくじつ) 경축일 | 店頭(てんとう) 가게 앞, 점두 | 仕入(しい)れる 사들이다, 매입하다 | 仕分(しわ)け 분류, 구분 | 陳列作業(ちんれつさぎょう) 진열 작업 | 在庫(ざいこ) 재고 | 大卒(だいそつ) 대졸 | 融通(ゆうずう)のきく 융통성이 있는 | 早朝(そうちょう) 이른 아침 | 補助(ほじょ) 보조 | 優遇(ゆうぐう) 우대 | 配達(はいたつ) 배달 | 又(また)は 또는 | 原付(げんつき) 전동 자전거 | 調理師(ちょうりし) 조리사

> **지문 해석**

다음은 모집 중인 아르바이트 일람이다.

모집 중인 아르바이트 일람

가게 명	시급	교통비	일의 내용·자격 등
라면 다이쇼	800엔	지급 안함	간단한 조리 업무 및 접객. 식사 제공됨. 18세 이상의 건장한 남녀 모집!
마스터 경비	850엔	1일 500엔 지급	지정된 장소에서의 경비 및 잡무. 25세 이상의 남성으로 심야 근무 가능한 분.
마루야마 서점	700엔	지급 안함	접객 및 서적의 정리 업무. 토·일 근무 가능한 분. 연령·성별 불문.
슈퍼 나카무라	750엔	지급 안함	접객·계산 업무 및 상품 정리. 17세 이상의 명랑한 남녀 모집.
후지카와 운수	800엔	1일 200엔 지급	이사 업무. 토·일·경축일 근무 가능한 분. 18세 이상의 체력 좋은 남성을 모집.
마스다 상점	740엔	지급 안함	채소의 점두 판매(가게 앞 진열대 판매). 매입한 채소의 분류 작업 등.
K마트	860엔	지급 안함	접객·계산 업무 및 상품의 진열 작업. 25세 이하의 남녀.
이케쓰루 청과	700엔	지급 안함	과일과 신선한 주스의 점두 판매원. 연령·자격은 불문.
홈 센터	820엔	1일 200엔 지급	접객·접수·재고 정리 업무. 20세 이상의 남녀.
야마모토 건설	900엔	1일 200엔 지급	건설 현장에서의 경비 업무. 20세 이상의 남성.
야마다 베이커리	730엔	지급 안함	빵의 판매. 맛있는 빵이 제공됨! 17세 이상으로, 조조 근무 가능한 분.
마루긴 식당	720엔	지급 안함	접객·조리 보조 등. 토·일 근무 가능하고, 밝고 건강한 분을 모집.
나가타 수영 교실	800엔	1일 200엔 지급	수영 지도 보조. 20세 이상의 남녀. 지도 경험자 우대!
따끈따끈 도시락	820엔	1일 200엔 지급	간단한 조리 업무 및 배달 업무. 자동차 또는 전동 자전거 면허를 가진 18세 이상의 남녀.
레스토랑 기타야마	850엔	1일 400엔 지급	조리 보조 업무. 20세 이상의 남녀로, 조리사 면허를 가진 분을 우대한다. 식사 제공됨.
미야코 스시	790엔	지급 안함	초밥 판매 및 배달 업무. 18세 이상으로, 자동차 또는 전동 자전거 면허를 가진 분. 식사 제공됨.

실전 문제 06 안내문

問題　次は、ある大学図書館の利用案内である。下の問いに対する答えとして、最もよいものを1・2・3・4から一つ選びなさい。

問1　学部学生のAさんは10月2日に借りた本を10月18日に返した。Aさんが次に本を借りられるのはいつか。

1　10月18日
2　10月20日
3　10月21日
4　10月25日

問2　学部4年生で就職予定のBさんは、卒業論文執筆のため、指導教官の許可を得て1月31日に10冊の本を借りた。Bさんはいつまでにこれらの本を返さなければならないか。(閏年ではないとする)

1　2月28日
2　3月1日
3　3月2日
4　3月3日

図書館利用案内

【図書館を利用するには】

身分	貸出冊数及び期間
職員・大学院生及び 外国人客員研究員	15冊以内 貸出日の翌日を1日として 六十日以内
卒業論文作成のため指導教官が 必要と認めた 学部学生・研究生及び専攻科学生	10冊以内 貸出日の翌日を1日として 三十日以内
学部学生	5冊以内　2週間

※返却期間を超過すると、実際の返却日を一日として遅れた日数だけ貸出停止になります。
※貸出中の図書は、予約がない場合には、1回に限り貸出延長ができます。

【図書利用カード】

　図書館を利用する時には、図書利用カードが必要です。磁気式学生証裏面が図書利用カードになっています。磁気式学生証を所持していない方は、図書館で発行している図書利用カードを使用してください。発行手続きは、中央図書館2Fメインカウンターで行います。

　その際, 学生証・身分証明書の提示が必要です。(申込受付時間：月〜金　9:00〜17:00) 図書館利用の有効期限は、卒業年度の3月1日です。紛失・汚損のあった場合や所属・住所などに変更があった場合は、中央図書館2Fメインカウンターに速やかに届け出てください。

해석 및 해설 06 안내문

문제 해설

문1 학부생인 A 씨는 10월 2일에 빌린 책을 10월 18일에 반납했다. A 씨가 다음에 책을 빌릴 수 있는 것은 언제인가?

1 10월 18일
2 10월 20일
3 10월 21일
4 10월 25일

해설 학부생은 2주간 빌릴 수 있음. 10월 2일 다음 날을 하루로 계산한다면, 반환 날짜는 17일이 되어야 한다. 그런데 반환일인 17일을 하루로 계산하여 늦어진 일수만큼 대출 정지가 된다고 했으므로, 18일은 이틀이 늦어진 셈이 된다. 따라서 18, 19일은 대출 정지가 되어 다시 빌릴 수 있는 날은 20일이 된다.

문2 학부 4학년생으로 취업 예정인 B 씨는, 졸업논문 집필을 위해 지도 교관의 허가를 얻어 1월 31일에 10권의 책을 빌렸다. B 씨는 언제까지 이 책들을 반납해야 할까? (윤년이 아니라는 전제)

1 2월 28일
2 3월 1일
3 3월 2일
4 3월 3일

해설 학부 4학년생, 졸업논문 집필로 지도 교관 허가를 얻은 학생에 한해서 30일 이내에 반납해야 한다. 1월 31일 다음 날(2월 1일)부터가 하루로 계산되므로 3월 2일까지 가능하지만, 도서이용카드에 [図書館利用の有効期限は、卒業年度の3月1日です]라는 조항이 있으므로 답은 2번이 된다. 이렇게 예외가 되는 사항을 눈여겨보지 않으면 3월 2일로 답하기 쉽다.

단어

執筆(しっぴつ) 집필 | **許可**(きょか)**を得**(え)**る** 허가를 얻다 | **閏年**(うるうどし) 윤년 | **身分**(みぶん) 신분 | **貸出**(かしだし) 대출 | **冊数**(さっすう) 권수 | **翌日**(よくじつ) 다음 날 | **返却**(へんきゃく) 반환, 반납 | **超過**(ちょうか)**する** 초과하다 | **停止**(ていし) 정지 | **~に限**(かぎ)**り** ~에 한해 | **延長**(えんちょう) 연장 | **磁気式**(じきしき) 자기식 | **裏面**(うらめん) 뒷면 | **発行**(はっこう)**手続**(てつづ)**き** 발행 수속 | **紛失**(ふんしつ) 분실 | **汚損**(おそん) 오손, 더럽히고 손상함 | **所属**(しょぞく) 소속 | **速**(すみ)**やかに** 신속하게 | **届け出る**(とどけでる) 신고하다

> 지문 해석

다음은 어느 대학 도서관의 이용 안내이다.

도서관 이용 안내

【도서관을 이용할 때에는】

신분	대출권수 및 기간
직원·대학원생 및 외국인 객원 연구원	15권 이내 대출일의 다음 날을 1일로 하여 60일 이내
졸업논문 작성을 위해 지도 교관이 필요하다고 인정한 학부생·연구생 및 전공과 학생	10권 이내 대출일의 다음 날을 1일로 하여 30일 이내
학부생	5권 이내 2주간

※ 반납 기간을 초과하면, 실제 반납일을 1일로 하여 늦은 일수만큼 대출 정지가 됩니다.
※ 대출 중인 도서는, 예약이 없는 경우에는, 1회에 한하여 대출 연장이 가능합니다.

【도서이용카드】

　도서관을 이용할 때에는, 도서이용카드가 필요합니다. 자기식(자석식) 학생증 뒷면이 도서이용카드로 되어 있습니다. 자기식 학생증을 소지하고 있지 않은 분은, 도서관에서 발행하고 있는 도서이용카드를 사용해 주세요. 발행 수속은, 중앙도서관 2층 메인 카운터에서 실시하고 있습니다.
　그때, 학생증·신분증명서의 제시가 필요합니다. (신청 접수 기간 : 월~금 9:00~17:00) 도서관 이용의 유효 기한은, 졸업 연도의 3월 1일입니다. 분실·더럽히거나 손상을 입은 경우와 소속·주소 등에 변경 사항이 있는 경우에는, 중앙도서관 2층 메인 카운터에 신속히 신고해 주십시오.

실전 문제 07 안내문

問題　次の表は、ある不動産屋の空き部屋情報である。下の問いに対する答えとして、最もよいものを1・2・3・4から一つ選びなさい。

問1　会社員のKさんは、オバワラ線かエノジマ線沿線で、2部屋以上の家を探している。風呂は必須。駅からは多少遠くても歩いて行けるところ希望。車を所有しているので駐車場のあるところがいい。Kさんの条件に合う物件の組み合わせはどれか。

1　bとcとd
2　eとl
3　dとgとi
4　bとl

問2　失業中のCさんは、2部屋以上で、初期費用10万円以内のできるだけ安い物件を探している。駐車場はなくてもよいが、風呂はある物件を希望。Cさんの条件に合う物件の組み合わせはどれか。

1　bとc
2　b
3　kとl
4　hとi

空き部屋案内

	路線名 最寄り駅	最寄り駅 からバス /徒歩	賃料/月 管理費等/ 月	敷金または 保証金 礼金(敷引)	間取り 占有面積	築年 築年数	備考
a	オバワラ線 ハタノ	- 15分	3.28万円 3500円	なし 1ヶ月(なし)	1K 20.28㎡	'04 築6年	
b	オバワラ線 エセハラ	- 20分	3.00万円 1500円	5万円 なし(なし)	2DK 32.00㎡	'86 築24年	駐車場 5000円
c	ヨゴハマ線 ウチノベ	- 13分	3.00万円 なし	2ヶ月 なし(なし)	2DK 33.00㎡	'72 築38年	
d	オバワラ線 シンマヅダ	10分 12分	6.60万円 3000円	2ヶ月 1ヶ月(なし)	3LDK 65.57㎡	'00 築10年	駐車場 4200円
e	ヨゴハマ線 ウチノベ	10分 17分	6.50万円 2500円	2ヶ月 なし(なし)	3DK 48.00㎡	'00 築10年	駐車場 無料
f	オバワラ線 /エノジマ線 サカミオオノ	13分 17分	2.30万円 1000円	1ヶ月 なし(なし)	1K 17.20㎡	'86 築24年	ユニット バス 駐車場 10500円
g	ソウデヅ線 ヤセ	- 10分	2.00万円 1000円	2ヶ月 なし(なし)	2K 23.10㎡	'77 築33年	風呂なし
h	オバワラ線 サカミハラ	- 10分	3.00万円 なし	1ヶ月 1ヶ月(なし)	2K 26.40㎡	'74 築36年	風呂なし
i	エノジマ線 チョウコ	10分 15分	4.30万円 2000円	2ヶ月 2.15万円 (なし)	2LDK 42.00㎡	'86 築24年	
j	エノジマ線 ヅルマ	- 18分	2.80万円 なし	1ヶ月 なし(なし)	1R 11.26㎡	'90 築20年	ユニット バス
k	キョウキュウ 線 ガミオオカ	- 3分	2.90万円 なし	1ヶ月 1ヶ月(なし)	2K 22.62㎡	'65 築45年	風呂なし 駐車場 5000円
l	オバワラ線 エセハラ	- 18分	6.00万円 なし	2ヶ月 1ヶ月(なし)	3LDK 56.00㎡	'94 築16年	駐車場 6000円

※ 間取り記号の見方：3LDK→3部屋+L(居間)+DK(ダイニングキッチン)／2K→2部屋+K(キッチン)
  1R→1部屋+R(ロフト)
※ 備考の見方：空欄→風呂トイレつき(別室)、駐車場なし／ ユニットバス→風呂トイレ同室／
  フローリング→床板張り／駐車場料金は月当たり

> 해석 및 해설 **07 안내문**

> 문제 해설

문1 회사원 K 씨는, 오바와라선이나 에노지마선 연선으로, 방이 2개 이상인 집을 찾고 있다. 목욕탕은 필수. 역에서는 조금 떨어져 있어도 걸어서 갈 수 있는 곳 희망. 차를 소유하고 있기 때문에 주차장이 있는 곳이 좋다. K 씨의 조건에 맞는 물건의 조합은 어느 것인가?

1. b와 c와 d
2. e와 l
3. d와 g와 i
4. b와 l

> 해설 오바와라선이나 에노지마선 연선으로 방2, 욕실 필수, 도보 가능, 주차가 가능한 곳을 찾고 있다. ※을 보면 공란은 욕실과 화장실이 따로 있다는 뜻이다.
> b : 2DK 욕실 있고, 주차 가능, 도보 20분   c : 두 노선에 해당되지 않음
> d : 3LDK 욕실 있고, 주차 가능, 도보 12분   e : 두 노선에 해당되지 않음
> g : 욕실 없음   i : 주차 불가   l : 3LDK 욕실 있고, 주차 가능, 도보 18분
> 따라서 조건을 충족시키는 것은 b와 d와 l이 되며, 정답은 4번이다.

문2 실업 중인 C 씨는, 방이 2개 이상이고, 초기 비용 10만 엔 이내의 가능한 한 저렴한 물건을 찾고 있다. 주차장은 없어도 괜찮지만, 목욕탕은 있는 물건을 희망. C 씨의 조건에 맞는 물건의 조합은 어느 것인가?

1. b와 c
2. b
3. k와 l
4. h와 i

> 해설
> b : [방2+욕실]   월세 30000엔+보증금 50000엔+관리비 1500엔=81500엔(OK)
> c : [방2+욕실과 화장실이 별실]   월세 30000엔+보증금 60000엔=90000엔(OK)
> k : [방2+욕실 없음]   → 욕실이 없으므로 제외
> l : [방3+욕실과 화장실이 별실]   월세 60000엔+보증금 120000엔+사례금 60000엔 → 10만 엔 초과
> h : [방2+욕실 없음]   → 욕실이 없으므로 제외
> i : [방2+욕실과 화장실이 별실]   월세 43000엔+보증금 86000엔+관리비 2000엔→ 10만 엔 초과
> 따라서 답은 b와 c인 1번이다.

> 단어

不動産屋(ふどうさんや) 부동산 | **空き部屋**(あきべや) 빈 방 | **沿線**(えんせん) 연선 | **必須**(ひっしゅ) 필수 | **初期費用**(しょきひよう) 초기 비용 | **物件**(ぶっけん) 물건 | **最寄り駅**(もよりえき) 가장 가까운 역 | **徒歩**(とほ) 도보 | **賃料**(ちんりょう) 임대료 | **敷金**(しききん) 거래 보증금 | **保証金**(ほしょうきん) 보증금 | **礼金**(れいきん) 사례금 | **間取**(まど)り 방의 배치 | **占有**(せんゆう) 점유 | **築年**(ちくねん) 건축 연도 | **備考**(びこう) 비고 | **ロフト** 다락방 | **空欄**(くうらん) 공란 | **床板張**(ゆかいたば)り 마루를 깜 | **月当**(つきあ)たり 달마다, 한달 기준

> 지문 해석

다음의 표는 어느 부동산 소개업자의 빈 방 정보이다.

빈 방 안내

	노선명 가장 가까운 역	가장 가까운 역에서 버스/도보	임대료/월 관리비 등/월	거래 보증금 또는 보증금 사례금 (보증금 반환)	방 배치 점유 면적	건축 연도 건축년수	비고
a	오바와라선 하타노	- 15분	3.28만 엔 3500엔	없음 1개월(없음)	1K 20.28㎡	'04 지은 지 6년	
b	오바와라선 에세하라	- 20분	3.00만 엔 1500엔	5만 엔 없음(없음)	2DK 32.00㎡	'86 지은 지 24년	주차장 5000엔
c	요고하마선 우치노베	- 13분	3.00만 엔 없음	2개월 없음(없음)	2DK 33.00㎡	'72 지은 지 38년	
d	오바와라선 신마즈다	10분 12분	6.60만 엔 3000엔	2개월 1개월(없음)	3LDK 65.57㎡	'00 지은 지 10년	주차장 4200엔
e	요고하마선 우치노베	10분 17분	6.50만 엔 2500엔	2개월 없음(없음)	3DK 48.00㎡	'00 지은 지 10년	주차장 무료
f	오바와라선 /에노지마선 사카미오노	13분 17분	2.30만 엔 1000엔	1개월 없음(없음)	1K 17.20㎡	'86 지은 지 24년	유니트바스 주차장 10500엔
g	소데즈선 야세	- 10분	2.00만 엔 1000엔	2개월 없음(없음)	2K 23.10㎡	'77 지은 지 33년	목욕탕 없음
h	오바와라선 사카미하라	- 10분	3.00만 엔 없음	1개월 1개월(없음)	2K 26.40㎡	'74 지은 지 36년	목욕탕 없음
i	에노지마선 쵸코	10분 15분	4.30만 엔 2000엔	2개월 2.15만 엔(없음)	2LDK 42.00㎡	'86 지은 지 24년	
j	쿄큐선 즈루마	- 18분	2.80만 엔 없음	1개월 없음(없음)	1R 11.26㎡	'90 지은 지 20년	유니트바스
k	쿄큐선 가미오오카	- 3분	2.90만 엔 없음	1개월 1개월(없음)	2K 22.62㎡	'65 지은 지 45년	목욕탕 없음 주차장 5000엔
l	오바와라선 에세하라	- 18분	6.00만 엔 없음	2개월 1개월(없음)	3LDK 56.00㎡	'94 지은 지 16년	주차장 6000엔

※방의 배치 기호를 보는 방법: 3LDK → 방 3개+L(거실)+DK(다이닝키친)

2K → 방 2개+K(키친)

1R → 방 1개+R(다락방)

※비고 보는 방법 : 공란 → 목욕탕 화장실 있음(별실), 주차장 없음/ 유니트바스 → 목욕탕 겸 화장실/
플로어링 → 마루를 깜／주차장 요금은 한 달 기준

Memo

점수를 UP시키는
N1 독해

Part 2

파이널 테스트

1. 파이널 테스트 1~2회
2. 파이널 테스트 정답 및 해설

JLPT(일본어 능력시험) N1 파이널 테스트 ❶

제한시간 : 75分

問題 8 次の文章を読んで、後の問いに対する答えとして、最もよいものを、1・2・3・4から一つ選びなさい。

　どこの家庭でも、よく聞かれる会話だろうが、いくつもの洋服を出しては、どれにしようかと悩む妻に対して、あまりせかさないほうがいい。女性はせかされて気分が安定しなくなると、ますます服、とくにその色を選べなくなってしまうのだ。ある調査によれば、女性が赤系統の服を着たくなるときは陽気、自己主張、攻撃的、気まぐれな気分のときだという。また、青、グリーン系統の服を着たくなるのは、安定、勤勉、平和、充実を求めるとき。さらに茶系統の服を選ぶときは古風、慎重な気分が優先されるときという。だから、気分が安定しないときは、服の色もなかなか決まらなくなってしまうわけだ。

(博学こだわり倶楽部『新トリックの不思議』河出書房新社による)

1 本文の内容として間違っているものを選びなさい。

1　優柔不断な女性に外出をせき立てると早く外出したくても逆効果となる。
2　女性は服を色で選択し、服の色で一日の気分をコントロールしている。
3　外出を促したければ、女性の情緒を安定させることが重要である。
4　女性が怒っていたり、いら立っている時は赤色の服を着る傾向がある。

男女共同参画社会基本法(1999)が制定され、17年ほど経ったが現代の日本社会は男女平等な社会を実現できているのだろうか。「女性は産む機械」だと発言した大臣、また「保育所落ちた日本死ね」と発言した主婦は記憶に新しい。これらは、女性の社会進出への難しさを象徴している発言だ。では、女性の社会進出はなぜこんなにも困難なのであろうか。それはやはり、まだ人々の潜在意識の中に性別役割意識が根強く残っているからである。女性には家事・育児・介護を要求し、社会や国家の中で女性の社会進出を受け入れる体制が整っていない。さらに、国家は「一億総活躍」と題し、全国民に働いてほしいという割には、女性の負担だけを増やしている。これではあまりにも無責任ではないかと感じるのは私だけであろうか。

2　筆者の考えと一致しないものを選びなさい。

1　現代の日本社会には、いまだに性別役割意識が根強く残っている。
2　日本では残念ながら女性の社会進出は至難の業である。
3　国家は一億総活躍という政策を掲げているが、実社会にふさわしい対策は講じられていない。
4　女性が出産し、育児に尽力することは日本社会に貢献しておらず、無責任な事である。

話し言葉から隔たった書き言葉には肉声が込めにくい。むろん、話し言葉がそのまま文章になるわけではありません。でも少なくとも書き言葉に使用される語彙や文法が、話し言葉と一致しているほど、書くことが容易になります。

話し言葉と書き言葉の一致の必要性に気づかせたのは、明治になって出会った西洋文明です。ヨーロッパでは、ルネサンス以降に、イタリア、イギリス、ドイツ、ロシアなどで次々に言文一致運動が起き、話し言葉と書き言葉を一致させる努力をしてきました。

日本は四、五百年遅れで、言文一致運動を体験。途中で二回も暗礁に乗り上げ、それでもなんとか達成させることができました。そのおかげで、われわれ現代人は、容易に文章を綴ることができるのです。

（山口仲美『日本語の歴史』による）

3 この文章で筆者が言いたいことは何か。

1 ルネサンス以降の西洋文明の要求により、言文一致運動が盛んになった。
2 書き言葉には肉声が込めにくく、客観的に物事を表現するのが難しい。
3 書き言葉と話し言葉を分けて使った方が、洒落た感じを与える。
4 言文一致運動の成果により、書くための特別な語彙や文法を習わなくても、容易に書くようになった。

中米両国が2020年以降の地球温暖化対策の国際的な枠組みとなる「パリ協定」を批准した。温暖化ガスの二大排出国の批准により、協定の年内発効が現実味を帯びたのは歓迎すべきことだ。日本政府も批准を急いでほしい。パリ協定が発効するには55ヵ国以上、かつ世界の温暖化ガス排出量の55％以上を占める国の批准が必要だ。批准国は27ヵ国、排出量は全体約39％に達した。従来の「京都議定書」に加わらなかった両国が政治的な思惑はあるにせよ率先してパリ協定の実現をめざすのは隔世の感がある。温暖化への危機感は増しており、他国に早期批准を促すだろう。火力発電所などから出た温暖化ガスを回収し、地中に閉じ込める技術の普及は不可欠だろう。原子力発電所をどこまで使うのかという議論も避けて通れない。温暖化ガスの排出枠を売買する排出量取引制度の活用も必要になる。21世紀後半を見据えた長期的な対策の青写真を早期に示し、温暖化ガス削減で世界を先導できるよう全力をあげるべきだ。

(2016年9月9日付日本経済新聞による)

4　この文で筆者が最も言いたいことは何か。

1　温暖化ガスの二大排出国である中米が「パリ協定」を批准したことは、歓迎すべきことである。
2　日本政府もパリ協定を批准し、温暖化対策を先導するべきである。
3　「京都議定書」に加わらなかった中米がパリ協定に批准したのは、政治的な思惑があるからである。
4　温暖化ガスの排出量を売買する排出量取引制度の活用が必要である。

問題 9 次の文章を読んで、後の問いに対する答えとして、最もよいものを
1・2・3・4から一つ選びなさい。

　私たちは多くの情報源をマスメディアに依存しているといっても過言ではない。事実、マスメディアは「国民の知る権利」を保護する役割も担っていることだろう。それゆえ、国民はマスメディアが発信する情報を信憑性の高いものと認識している。

　しかし、近年そのマスメディアが発信する情報において正確性の基盤が揺らいできている。例えば、ある芸能人はコカインを吸引していたことがマスコミによって明らかにされた。さらに、彼は、同性愛者であり、友人の情報提供によりこの事件が発覚し、マスコミはこぞってこのスクープを報道した。しかし、彼の薬物検査の結果は陰性、数日後マスコミに「心から信頼していた友人に裏切られてしまった。人には絶対知られたくない部分までも報道されてしまい、このまま間違った情報が拡がり続ける事に言葉では言い表せないような絶望感に押しつぶされそうだ。」とコメントし芸能界を引退した。この報道の是非は別として社会に波紋を呼んだのは事実である。今後マスメディアはどうあるべきか一石を投じた報道であった。

　もちろん「報道の自由」や「国民の知る権利」は守られなければならない。しかし、個人のプライバシーや人権も守られるべきである。メディアが「知る権利」を行使すれば、人権問題との摩擦が起きてしまう。さらに、マスメディアには、人間の思考を操り世論を形成しようとする輩も存在する。国家や政界とマスメディアとの間に癒着が起こると情報が歪み偏った報道がなされ国民を混乱に陥れる恐れもある。そこで、私はメディアリテラシーの重要性を提示したい。情報を享受する側がメディアの伝える情報を批判的に読み解き、正確な情報だけを抽出するのである。偏った情報の危険性を私たちは十分把握し、断片的な情報だけで安易な考えに陥らないようメディアリテラシーの育成に取り組んでいく必要があるだろう。

5 マスメディアの説明として正しいものを選びなさい。

1 マスメディアは必ず信憑性の高い情報だけを社会に送り出す。
2 多くの情報を送り出し、国民の知る権利や表現の自由を保護する役割を担う。
3 報道から全国民の思想を操作し、意図的に世論を形成する。
4 マスメディアは政治、経済界との癒着があっても歪曲された報道はできない。

6 この芸能人が引退した原因として正しいものを選びなさい。

1 一番心を許していた友人に裏切られ人間不信になったため
2 知人により濡衣をきせられ無念だったため
3 世論による自己の人格否定や個人情報の流出に絶望したため
4 芸能界で再び、信頼と人気を得ることは難しいと判断したため

7 この文章で筆者が最も言いたかったことは何か。

1 マスメディアは特ダネだけを追い掛けずに公正性を維持しなければならない。
2 国民の知る権利も重要だが、個人の人権はもっと重要に扱わなければならない。
3 情報を受け取る側が情報の真偽を見抜き活用できる能力を養わなければならない。
4 マスメディアは偏った報道で国民は混乱に陥るという事実に気づかなければならない。

日本では「縁起がいい」「縁起が悪い」「縁起を担ぐ」「縁起でもない」など「縁起」に関わる表現が多い。「縁起」とは、物事の吉凶や良し悪しの兆しを表す言葉で、福を招き寄せる良い前兆を「縁起が良い」と言い、不運な結果や不吉なことが起こる前兆を「縁起が悪い」と言う。

　例えば、日本人は新年になると、(注1)①初詣(はつもうで)に行き、家の門や玄関の前に門松を立て、(注2)注連飾り(しめかざり)を飾っておく。年が明けてから神社や寺院などで参拝する初詣は、新しい一年の幸せや平安を祈願し、災厄を除けるための行事である。また、門松や注連飾りは歳神様の(注3)依り代(よりしろ)で、福をもたらす歳神様をお迎えするための目印になると考える。さらに②お正月に食べるお節料理の材料も語呂合わせや色、形で縁起を担いでいる。

　例えば、語呂合わせの縁起物は「昆布(=よころぶ)」、「鯛(=めでたい)」、「黒豆=まめに働く)」などがある。また、「紅白のかまぼこ(=赤は魔除け、白は清浄を意味する)」、「れんこん(=穴がたくさん開いているので、将来の見通しがよくなる)」のように色や形から連想される物もある。それ以外にも「数の子(=多産)」、「海老(=長寿)」「栗金団(=財産)」「くわい(=出世)」など縁起が良いとされる食べ物がたくさんある。

　また「縁起担ぎ」は新年だけでなく、日常とも深く関わっている。結婚式の日取りを決める時は、最も良い日とされる「大安」を選び、ご祝儀をする時は割り切れる偶数や「死」を意味する数字の「4」、「苦」を意味する数字の「9」は避けるようにする。ご祝儀を入れる(注4)熨斗袋(のしぶくろ)の結び方も一度結んだらほどけない「結び切り」を選ぶのがお約束ことである。その他にも受験を控えている人が食べる縁起の良い食べ物として「豚カツ(=勝)」、チョコレートの「キットカット(=きっと勝つ)」果物の伊予柑(=いい予感)」などがあり、手の平に「五を書く(=合格)」ことも同じ脈絡である。

　このように日本人が「縁起」を気にすることについて、科学的根拠のないただの迷信だと負の側面を強調する人もいるけれども、物事が前向きな方向に動いてほしいと願う日本の昔ながらの伝統文化だと捉えれば、日本文化への理解を一層深められる良い機会になると思う。

(注1)　初詣(はつもうで)：新年にはじめて社寺へお参りすること
(注2)　注連飾り(しめかざり)：正月に門や神棚にしめなわを張って飾ること
(注3)　依り代(よりしろ)：神霊が寄せられて乗り移るもの
(注4)　熨斗袋(のしぶくろ)：金銭を贈る時、入れるのに用いるもの

⑧ 日本人が新年に①初詣(はつもうで)に行く理由として正しいものはどれか。

1　神様やご先祖様に感謝の気持ちを表すため
2　福をもたらしてくれる歳神様をお迎えするため
3　神社やお寺でおみくじをし、一年の運勢を占うため
4　これから始まる一年が幸せで、よい年になるように祈願するため

⑨　②お正月に食べるお節料理の説明と関係ないものは次のどれか。

1　縁起のいい食材を使って作るお節料理は、色や形、語呂合わせなどで意味を付与する。
2　数の子には子孫繁栄という意味が含まれている。
3　昆布、鯛、黒豆は語呂合わせと結びついた縁起物である。
4　長いひげをはやしている海老は、ご縁が長く続くようにという意味が込められている。

⑩　日本人が縁起を担ぐ理由はなぜか。

1　縁起を担ぐことは、病気、災難を防ぐのにもっとも効力があると信じてきたから
2　科学的根拠のある話として認められ、多くの人に広がったから
3　万事の運気を好転させたいと思うから
4　先祖代々受け継がれてきた昔ながらの伝統文化に従わざるを得ないから

①形態素の中には、「動物」「子供」「学校」「文化」「健康」などのように、いわゆる「単語」として独自の意味を持つものと、「が」「を」「に」などの格助詞や未完了と完了を表す「る」「た」のように要素を繋ぎ合わせて文を作るのに役だつ要素がある。前者を語彙要素（lexical element）と呼び、後者は文を構成する機能を持つ要素という意味で機能要素（functional element）と呼ぶ。

　ことばが語彙要素と機能要素からできているということは、すべての言語に備わっている特徴、すなわち普遍的特徴である。しかし、それぞれの形態素の音は、言語によって異なっている。例えば、日本語の「犬」にたいして、英語ではdog, ドイツ語ではhund, フランス語ではchienという具合いである。つまり、ある事物をどのような名前で呼ぶか（すなわち、どのような音で表すか）は、それぞれの言語が長い歴史の中で変遷を経ながら偶然に定着させてきたものである。中には自然界の音や姿に似せてできあがったと思われる語彙もあるので、外界の条件によって必然的に語彙が決まって言語ができたという考えも一部には存在した。例えば、代表的な擬声語である「コケコッコー」「ワンワン」（英語のcock-a-doodle-doo, bowwow）のように、外界の音と簡単に結びつくものや日本語の「せせらぎ」「ささやき」「きしむ」など、その起源を自然界の音に求めることができそうなものがある。日本語に多い擬態語、例えば「ぬるぬる」「すべすべ」などは、外界に見られる形や姿を模したものといえる。擬声語や擬態語は判然と区別できない場合が少なくない。そこで、一般にこれらをまとめてオノマトペ（onomatopoeia）または象徴語と呼ぶ。ギリシャの自然派の哲学者たちは象徴語に代表される面を言語の本質と考えたのである。しかし、もし外界の現象と対応して語彙ができあがったとすると、各言語に共通の語彙が多数成立しているはずである。事実は、そうではない。また、擬声語や擬態語は莫大な数の語彙要素の中のごく一部にすぎないし、それぞれの言語の音として確立しているものをその言語の音連結の規則に従って繋ぎあわせてできたものである。このような理由から、擬声語、擬態語を含めて語彙要素はそれぞれの言語において独自に、②恣意的に決まっているものと言うことができる。

（井上和子・原田かづ子・阿部泰明『生成言語学入門』による）

11 ①形態素に関する説明として正しくないものはどれか。

1 単独に使われるかどうかは形態素の概念を定義するうえで重要ではない。
2 単語として独自の意味を持つ「動物」「文化」「健康」などは語彙要素である。
3 形態素の音は言語ごとに異なり、それぞれの言語の中で偶然に定着した。
4 「は」「を」「に」などの助詞は意味を持っていないため、一個の形態素として扱われない。

12 ②恣意的に決まっているものの例として正しいものはどれか。

1 「動物」「子供」「学校」「文化」「健康」などのように、いわゆる「単語」として独自の意味を持つもの
2 「が」「を」「に」などの助詞や未完了と完了を表す「る」「た」のように要素を繋ぎ合わせて文を作るもの
3 日本語の「犬」にたいして、英語ではdog, ドイツ語ではhund, フランス語ではchienという具合
4 「コケコッコー」「ワンワン」(英語のcock-a-doodle-doo, bowwow) のように、外界の音と結びつくもの

13 本文の内容と一致するものを選びなさい。

1 音と意味の結び付きは偶然に決まり、ある意味にある音が結び付けられるべき必然性はない。
2 日本語に擬声語や擬態語が発達している理由は、外界に見られる姿を大事にしているからである。
3 日本語の「犬」にたいして、英語ではdog, ドイツ語ではhund, フランス語ではchienと呼ぶのは自然界に音を求めているからである。
4 外界の現象と対応して語彙ができあがったため、莫大な象徴語が存在する。

問題10 次の文章を読んで、後の問いに対する答えとして、最もよいものを
1・2・3・4から一つ選びなさい。

　大学入試センター試験が実施され、今年も受験シーズンたけなわとなった。そして今正念場を迎えようとしているのは、センター試験に代わって2020年度から登場する新共通テストの設計である。この①「大学入学希望者学力評価テスト」(仮称)について文部科学省は、17年度初めには具体的な実施方針を示すとしてきた。しかし、大学や高校側には異論や戸惑いもあり、安定的な実施に必要な共通認識を築くにはなお時間がかかりそうだ。

　たとえば、新テストの目玉の一つである英語試験の民間検定試験などへの委託について、本紙が全国の国立大を対象に賛否を問うアンケートを実施したところ、賛成を表明したのは全体の3割程度にとどまった。民間検定の高額な受検料負担が生じる問題や、高校の指導が資格試験対策になりかねないという懸念など、意見は多様だ。制度が複雑化・煩雑化するという批判もあった。またもう一つの目玉、国語の記述式問題導入については、文科省が基本的な80字以内の短文と、それより難度の高い長文の2種類を用意、受験生は志望校の指定に従って片方か両方かを選択する提案をした。

　一方、国立大学協会は、新テストの短文は全受験生に課すほか、長文の記述式問題は基本的に2次(個別)試験で各大学が実施したい考えだ。単独の作問が難しい大学は複数校で協力するなど、いくつかのパターンを挙げている。採点や公正性の確保、具体的な問題例示など宿題は山積しているが、安定して継続する制度は、仕組みができるだけ平明でわかりやすいものであることが肝要だ。この改革の論議と制度設計の作業は、次期学習指導要領改定作業と並行して進められている。これまで、学習指導要領で教える内容の基準を定め、入試の出題はそこから「逸脱」しない、という関係だった。討論や論述などを通じ主体的な探究型学力「アクティブ・ラーニング」を目指す次期指導要領は「何を覚えるか」より「どう学ぶか」を主眼とし、新共通テストへの記述式導入案もそこにつながっている。

　若者の将来選択に重要な節目ともなる大学入試が変われば、さかのぼって学校教育が変わり、グローバル化時代や人工知能(AI)などで急速に変化する社会に生きる力を育成できると文科省は説く。その要である入試改革が制度的に不安定であったり、見切り

発車的に実施されたりするようでは、②絵に描いたモチになりかねない。受験世代や教育現場のみならず、社会にも広く改革の趣旨と仕組みに理解を得てこその安定である。

(社説「大学入試改革 制度の安定性が重要だ」2017年1月16日付毎日新聞による)

14 ①「大学入学希望者学力評価テスト」の説明として正しくないものを選びなさい。

1 国語の記述式問題は受験生の学力に応じて短文か長文を自由に選択することができる。
2 全国の国立大学で大学入学希望者学力評価テストの試験内容について賛成を表明したのは全体の3割程度にとどまった。
3 英語試験の民間検定試験への委託によって受験生は高額な受験料を負担させられる恐れがある。
4 大学入学希望者学力評価テストの移行に伴い、高校の授業も資格試験対策が中心となりかねない。

15 本文の内容と合わないものを選びなさい。

1 探究型学力の育成のため大学入学希望者学力評価テストには記述式問題が導入される。
2 大学入学希望者学力評価テストの設計作業は、次期学習指導要領改定作業と並行して進められている。
3 アクティブ・ラーニングを目指す次期指導要領は「何を覚えるか」より「どう学ぶか」を主眼としている。
4 最初に学習指導要領で教える内容の基準を定め、大学入学希望者学力評価テストの問題はそこから「逸脱」しないものを出題する。

16 ②「絵に描いたモチ」とは具体的にどのようなことを指すのか合っているものを選びなさい。

　1　大学入学希望者学力評価テストの仕組みはわかりやすいが、莫大な費用がかかるということ
　2　大学入学希望者学力評価テストの試験方法はまだ不完全であり、見掛け倒しで実現し難いということ
　3　新しい大学入試方法は斬新でかつ効率的でグローバル社会には必要不可欠であるということ
　4　大学入学希望者学力評価テストは変化の多い社会には不釣り合いな試験であるということ

17 この文章で筆者が最も主張したかったことは次のうちどれか。

　1　大学入学希望者学力評価テストへの移行は若者の将来に多様な選択肢を与えることになるということ
　2　大学入学希望者学力評価テストへの移行によって、急速に変化する社会に対応できる人間を育てることができるということ
　3　大学入学希望者学力評価テストの実施には全大学が賛成しているため実施に必要な共通認識を築くための時間はかからないということ
　4　大学入学希望者学力評価テストの実施には社会に趣旨と仕組みについて理解を得なければならないということ

問題11 人口減少に対するＡ、Ｂそれぞれの意見を読んで、後の問いに対する答えとして最もよいものを１・２・３・４から一つ選びなさい。

Ａ

　日本の人口は「１億人」と思われてきたが、その常識を書き換えなければならない時代がやってくる。現在の人口は１億2700万人だが、30年後には一億人を割り、100年後には4000万人台になる。江戸時代に近い人口規模だ。地球にやさしく経済成長を目標としない社会の到来を歓迎する意見もあるが、問題なのは減少のスピードといびつな年齢構成である。100年間で３分の１にまでなる急激なしぼみ方は社会に深刻な影響をもたらすだろう。現役世代の女性はこれからも減っていく。現在の出生率のままだと生まれてくる子供は減り続け、人口減少に歯止めが掛からなくなるのだ。特に問題なのは現役世代の労働人口の減少だ。人口知能(AI)やロボットで代替できない人的サービスの労働力不足は深刻になる。海外からの労働力に頼ることを真剣に考えなければならなくなるが、急激な移民の増加が国内にさまざまな社会問題をもたらす懸念もある。

(2017年１月８日付毎日新聞による)

Ｂ

　本格的な人口減少時代をどう乗り越えるか。日本が直面する難しい課題に総力を挙げて取り組む１年としたい。厚生労働省の推計によると、昨年の出生数は過去最少の約98万人で、統計開始以来初めて100万人の大台を割り込む見通しとなった。日本が歴史上かつて経験したことのない少子高齢社会でも、活力を維持し発展できるよう取り組みを加速させなければならない。言うまでもなく人口の減少は、個人消費や労働力の低下を招いて経済の発展を阻害し、年金や医療、介護などの社会保障制度の基盤を揺るがす恐れがある。人口減少が社会の活力を奪い、さらなる人口減少が進むといった悪循環を防ぐ手立てが必要だ。

(2017年１月７日付公明新聞による)

18 AとB両方に触れられている内容はどれか。

1 日本の人口減少は国に様々な悪影響をもたらすため、解決に向けての取り組みが求められる。
2 日本の人口不足を補うため、海外からの労働力を真剣に検討するべきだ。
3 経済成長を目標としないため、環境問題の改善が期待される。
4 自治体や企業が連携し、子育てのための良い環境作りに全力を尽くすべきだ。

19 「人口減少」による問題点として本文の内容と一致するものはどれか。

1 海外からの移民の増加により、日本の伝統文化が失われつつある。
2 環境にやさしくしようとする人々の意識の転換により、経済発展が遅れるようになる。
3 労働力の低下につながり、日本全体の経済成長の減速へと問題が発展する。
4 若い世代の社会保障制度の負担が大きくなり、世代間の格差が拡大される。

問題12 次の文章を読んで、後の問いに対する答えとして、最もよいものを
1・2・3・4から一つ選びなさい。

　①人工知能（AI）の普及は新しいビジネスモデルやサービスを生みだすチャンスを広げる。半面、技術力を武器にした新たなライバルが急速に台頭する可能性も高まる。厳しさを増す競争を戦えるよう、企業は組織をつくりかえなくてはならない。

（中略）

　企業に求められるのは、こうした厳しい環境の変化やスピード競争に対応できる組織をつくることである。技術やノウハウをすべて自社でまかなう自前主義では競争優位を保つのが難しい。ファナックはAIを活用して工作機械やロボットの稼働状況を管理するシステムの開発でNTTと組んだ。これまでは他社との協力とは一線を画してきたが、②軌道修正を迫られた。

　他企業や大学など外部の技術やアイデアを取り入れて成果を生むオープンイノベーションに、日本企業はさらに力を入れる必要がある。新サービスなどの開発スピードを上げるためにも、外部との協業を積極的に進めるべきだ。

　人材も、必要なら社外から確保していないと競争に後れを取る。社内で時間をかけて育てる余裕はなかなかないからだ。タクシー大手の日本交通（東京・千代田）はシステム開発子会社、JapanTaxi（ジャパンタクシー）の従業員約50人のうち、7割を占めるエンジニアのほぼ全員をネット企業などから採用した。客を見つける確率の高い場所を、AIを使って自動的にタクシー乗務員に知らせるシステムの実用化をめざしている。自家用車で人を運んで対価を得る「ライドシェア」に対抗する。

　③優秀な人材を外部から取り込むには、旧来型の年次主義の大胆な見直しが要る。ジャパンタクシーは人事評価の方法を改め、専門性、成果やほかのメンバーとの連携姿勢を重視することにした。意欲を引き出す工夫が重要になる。

　（中略）研究の自由度を高めることはもちろん、仕事をしやすい環境づくりも企業は求められる。

　AIをホワイトカラーの生産性向上に役立てない手はない。日本の労働生産性は先進諸国のなかで低い。AIを活用した業務改革を進め、企業の競争力強化につなげるときだ。日立製作所は社員がいつ誰と会話したかや、どのくらいの時間、机に向かっているかなどをAIで分析し、生産性の向上策を助言するシステムを開発している。顧客のライフス

タイルに合った商品やサービスをAIで探しだし、人は顧客とのコミュニケーションに集中すればいい経営支援システムなど、AIで生産性を高める仕組みは急速に広がろう。「人とAIが補完し合うことが大事になる。人がAIの力を借りながら、日本の強みである現場力をさらに発揮すべきだ」と柳川範之・東大教授は提言する。

　AIに人が仕事を奪われる懸念はある。代替可能な仕事は代替されざるを得ない。人に求められるのは創造性やコミュニケーション力を高め、より付加価値のある仕事をすることだ。AIの普及をピンチでなくチャンスとしたい。

(2017年1月10日付日本経済新聞による)

20　①人口知能（AI）の普及の例として正しくないものはどれか。

1　外部の技術やアイデアを探し、社内の人材育成に取り組む。
2　客を見つける確率の高い場所をタクシー乗務員に知らせる。
3　社員の会話内容や働いた時間を分析し、生産性の向上策を助言する。
4　顧客のライフスタイルに合った商品やサービスを探す。

21　②軌道修正に迫られたとあるが、その理由として正しいものはどれか。

1　経営スピードの速い人口知能（AI）に対抗するため
2　厳しい環境の変化やスピード競争に対応するため
3　旧来型の年次主義に対する不満の声を解決するため
4　社員同士の連携姿勢を重視し、意欲を引き出すため

22 ③優秀な人材を外部から取り込むために必要なものは何か。

1 代替できる仕事はAIに任せ、付加価値のある仕事だけをさせる。
2 自社をネット企業などに積極的にアピールし、人材をひきつける。
3 意欲を引き出す工夫や仕事しやすい環境づくりをする。
4 企業戦略を明確に語り、人々の生活に影響を与えられるように教育する。

23 この文章で筆者が最も主張したいことは次のどれか。

1 厳しさを増す競争社会で勝ち残るためには、外部との協業が重要である。
2 他社との一線を画すことで、自社ならではの商品開発に集中することができる。
3 AIの力を借りながら、変化に対応できる組織づくりに力を入れるべきである。
4 AIに仕事を奪われないように、人の創造性を高める必要がある。

問題13　次は、総合レンタル店の案内である。下の問いに対する答えとして、最もよいものを1・2・3・4から一つ選びなさい。

24　「会員登録」や「会員カード」の説明について正しいものを選びなさい。
1　新規会員登録する時だけ、300円の入会金があり、更新費は発生しない。
2　アンケートに答えたり、最新映画の感想をホームページに書き込むと、会員登録が無料になる
3　今年度の上半期に新規登録をするお客に限って、キャラクターデザイン会員カードがもらえる
4　SNSで「シネマライク」をシェアすると、300ポイントがもらえる。

25　Aさんは7泊8日で準新作の映画を3枚、旧作のCDアルバムを5枚、コミックを10冊レンタルした。Aさんが払わなければならない金額はいくらか。

1　2100円
2　2600円
3　2950円
4　3050円

日本最大の品揃えを誇る総合レンタル店「シネマライク」

・「シネマライク」では、DVD、CD、ビデオ、コミックのレンタル及びゲームソフトや書籍の買収・販売などを取り扱います。

＜シネマライクのレンタル料金＞

DVD/Blu-ray	当日	1泊2日	2泊3日	7泊8日	延滞料金
新作	¥260	¥260	¥330	—	¥230
準新作	¥230	¥230	¥260	¥300	¥200
旧作	—	—	—	¥100	¥200

CD	当日	1泊2日	2泊3日	7泊8日	延滞料金
新作	¥230	¥260	¥300	—	¥210
旧作	¥200	—	—	¥270	¥210

コミック	当日	1泊2日	2泊3日	7泊8日	延滞料金
新作	—	¥50	¥60	¥70	¥60

♣ 割引料金について
・DVD/ブルーレイ新作5枚以上で、1枚当たり250円（2泊3日）
・DVD/ブルーレイ旧作10枚以上で、2枚無料
・旧作のCDアルバム5枚以上で、1枚当たり200円（7泊8日）
・コミック20冊以上で、全冊半額（2泊3日、7泊8日）

♣ 会員登録及び会員カードについて
・新規登録の方は入会金300円がかかります。一年ごとに300円の更新費がかかります。
・お名前やご住所が確認できるような身分証明書（保険証、免許証など）をご持参ください。
・「会員カード」は提携先店舗及びインターネットで発行することができます。

♣「入会金無料キャンペーン中」
・アンケートにご協力していただいた方
・SNSで「シネマライク」をシェアしていただいた方
・「シネマライク」のホームページに最新映画のレビューを書いていただいた方

♣「シネマライク」開業20周年キャンペーン＆福袋（1月1日～1月30日）
・抽選で300ポイントを50名様にプレゼント
・キャンペーン期間中に新規登録していただくと、キャラクターデザイン会員カード発行
・宅配レンタルサービスを提供（DVD/ブルーレイ・CDの中で2枚選択可能）

JLPT(일본어 능력시험) N1 파이널 테스트 ❷

제한시간 : 75分

問題8　次の文章を読んで、後の問いに対する答えとして、最もよいものを、
　　　　1・2・3・4から一つ選びなさい。

　ある高校に通う2年生の男子生徒が、携帯電話のサイトに友人を中傷する書き込みをしたことについて学校側から注意され、その後、自殺していたことがわかりました。
　学校側の説明によりますと、先月下旬、2年生の男子生徒が自宅で自殺を図り、今月5日、死亡しましたが、この生徒は、先月21日、携帯電話サイトの掲示板に同じ学校の複数の生徒について「死ね」という内容を書き込んでいたとして、翌日、学校側が注意していたということです。この生徒は事実関係を認め反省していたということですが、帰宅後、自殺し、生徒が書き残した文書には教師から「死ね」と言われたという内容が書かれていたということです。校長は「携帯電話サイトへの書き込みについては生徒全員に指導をしていた。自殺した生徒に死ねなどといったことは一切ない」と話しています。

1　本文の内容と合っているものを一つ選びなさい。

　1　学校の教師は複数の生徒たちに、「死ね」と言ったことを認めて反省している。
　2　学校の校長先生は死亡した生徒に、死んではいけないと指導していた。
　3　生徒が残した文書には、先生から「死ね」と言われたという内容があるそうだ。
　4　死亡した生徒は友人を中傷したことを反省して自殺した。

金儲けそのものは、悪いことではない。しかし、経済活動は金儲けと常にイコールではない。手段、方法、目的、そして結果を少し間違えると「守銭奴(しゅせんど)」と呼ばれ、軽蔑(けいべつ)されてしまうのだ。

　だが、いつの頃からか、手段や目的は問わず、結果さえよければ万事よし、といった風潮(ふうちょう)が強まっている気がする。「参加することに意義がある」と言われたオリンピックで、選手のドーピング違反が後を絶たない。「勝つこと」が、その後の「稼ぎ」を大きく左右するからだろうか。

(2007年12月1日付 朝日新聞『経済気象台』による)

2　筆者の考えとして最も適当なものを選びなさい。

1　あらゆる手段を利用しても勝てばそれまでだ。
2　過程に問題があってもいい結果が得るためなら仕方がない。
3　オリンピックには参加することに意味があるから、必ず勝つ必要はない。
4　利益のみを追求するあまり、フェアプレーの精神は無視されがちになりつつある。

『羅生門』などで知られる作家の芥川龍之介が、妻や子どもにあてた遺書の直筆の原稿が見つかり、死を決意した作家の心境がうかがえる貴重な資料として注目されています。

　見つかったのは、芥川龍之介が妻や子どもと知人にあてて書いたあわせて4通の遺書で、原稿用紙8枚にインクで書かれています。このうち、「わが子等に」と題した遺書は「人生は死に至る戦ひなることを忘るべからず」という文で始まっていますが、「戦ひ」の前に「死に至る」という一節を挿入した跡が残っているなど、死を決意した作家が遺書の推こうを重ねた様子がうかがえます。東京・目黒区の日本近代文学館では、遺書の複製をあすから一般に公開することにしています。

3　本文の内容に最も近いものを一つ選びなさい。

1　芥川龍之介は『羅生門』を書いた後すぐ自殺している。
2　芥川龍之介が妻にあてた原稿用紙8枚の遺書が印刷されたものとして見つかった。
3　「死に至る」という一節から、作家が遺書を書き直したことがうかがえる。
4　遺書を原稿そのまま一般に公開することに決まった。

先生のほめ言葉が両親以上の効果を示すデータもあるが、それだけにマイナス言葉の影響も大きい。
　司馬遼太郎さんが学校嫌いで図書館が好きだったことは有名だ。それは中学１年の英語リーダーで先生にニューヨークの地名の意味を質問したことからはじまる。なんと先生は「地名に意味があるか！」と怒声を上げたというのだ。司馬さんは帰り道、市立図書館に寄ってニューヨークの意味を知る。独学癖がつくようになるそもそもだが、一方で①「いい先生につくに越したことはない」とエッセーで言い添えている。

(2008年8月20日付毎日新聞「しあわせのトンボ」による)

4　①「いい先生につくに越したことはない」が意味する、最も適当なものはどれか。

1　いい先生から教えてもらうことが一番である。
2　いい先生から教わっても復習しないと意味がない。
3　いい先生になるためには独学しなければならない。
4　いい先生から地名の意味を教わるのは最高である。

問題9 次の文章を読んで、後の問いに対する答えとして、最もよいものを1・2・3・4から一つ選びなさい。

　知人が所有するマンションの一室を借りていた女性が家賃を長期滞納するトラブルがあった。督促(とくそく)にも立ち退きにも応じてくれず、未払いの家賃が膨れあがる。困って、保証人である女性の父親から滞納分の支払いを受けたが、女性は①その後も滞納を続けた。

　ある日、途方に暮れた父親から連絡があった。②「娘を相手に立ち退きを求める訴訟を起こしてほしい。裁判費用はこちらで負担します」。

　弁護士を立てて娘を退去させたいと考える父親とは何なのかと思ったが、聞くと、父と娘の不仲がこじれにこじれ、家賃が払えないなら自宅に戻れと諭す父の言葉に娘は耳を貸さない。父親からの電話にも応答しない。そこで法的措置しかない、と判断したという。結局、裁判所の手続きに従い、女性はやっと部屋を出た。

　親と子の対話の溝(みぞ)を弁護士が埋める。私は最近、携帯電話各社で広がる「家族間の通話無料」が家族の距離感を少しは縮めるかもしれない、と期待している。そもそも家族の会話はただで無制限だったのだから。

(荒木功「家族の会話」2008年3月13日付 毎日新聞『憂楽帳』による)

[5]　①そのは何をさしているか。

1　女性が家賃を長期滞納してトラブルになったこと
2　大家さんの督促に応じてくれなかったこと
3　父親の保証人が滞納分を支払ってくれたこと
4　父親が滞納分を支払ったこと

6 女性の父親が、②娘を相手に立ち退きを求める訴訟を起こしてほしいと頼んだ理由として最も適当なものを一つ選びなさい。

1 家賃が滞ってしまって、もうこれ以上支払う能力がないから
2 法的措置をとって、娘を拘束させたいから
3 娘が自宅に戻ることを願っているが、父親の話を聞こうとしないから
4 娘との関係がこじれてしまったから

7 この文章で筆者が言いたいことは何か。一番適当なものを一つ選びなさい。

1 家賃も払えない娘は、裁判にかけてもいい。
2 親と子の対話の時間を増やして、家族間の距離感を縮めていくことが大事だ。
3 親と子の溝は弁護士が埋めればいい。
4 家賃が滞納したら、たとえ娘でも訴訟を起こした方がいい。

小さな老舗紳士服店の前を通ると①「閉店セール」の張り紙が。何度か利用したこともあり、思わずシャツを買い求めた。店を出た後、何度か振り返るなど、ちょっぴり感傷に浸りながら、地域に親しんだ店との別れを惜しんだ。ところがどうだ。数日後、あの張り紙は「開店セール」に替わっているのではないか。

　大手紳士服チェーンでおなじみの商法。業界関係者によると、閉店には3種類ある。廃業時の「完全閉店」、レイアウトを変更する「改装に伴う閉店」、季節の変わり目の「商品入れ替えのための閉店」で、どれも集客効果は絶大。売り上げ目標の達成に向け手っ取り早くさばける手段としても定着しているという。全店の約4割で行う大手もあり「やりだしたら止まらない麻薬みたいなもの」とか。そういえば、1年間に何度も"閉店"する店もあった。

　消費者にはありがたいが、これって偽装表示や不当廉売にならない？公正取引委員会によると、原価割れなど格安での長期セールや、廃業と見まがうチラシやノボリなどは警告の対象になるという。②やはり"麻薬"なのだ。

(大久保資宏「閉店セール」2008年12月9日付毎日新聞『憂楽帳』による)

8　①「閉店セール」について述べた、次の四つの文のうち、本文の内容に最も近いものを一つ選びなさい。

1　客を集める効果としては、季節ごとの「商品入れ替えのための閉店」が一番だ。
2　売り上げ目標の達成の手段として定着している。
3　大手紳士服チェーンでは、全店の約4％で行っている。
4　麻薬みたいなものだから、筆者は一度も利用したことがない。

9 筆者が、②やはり"麻薬"なのだと言っている理由として、最も適当なものを一つ選びなさい。

1 閉店を繰り返す会社の商法が、客の目を楽しませることができるから
2 閉店を繰り返す会社の商法が、取り締まりの対象になるから
3 閉店を繰り返す会社の商法が、客をだまして利益を上げることにつながるから
4 閉店を繰り返す会社の商法が、何度やっても利益を出すことができない意外な盲点があるから

10 紳士服店を利用していた筆者の今の気持ちを最もよく表しているのはどれか。

1 よく利用していた店がなくなるなんて悲しくてたまらない。
2 おなじみの店がなくなると思って悲しんだのにだまされた気分だ。
3 店の商法なんかにだまされるなんて惨めな気分だ。
4 おなじみの店がまだ営業をやっていてうれしくてたまらない。

散髪をお願いしているKさんとは、長い付き合いだ。途中、地方支局と大阪本社勤務の間のブランクはあるが、20代の半ばから足掛け20年以上、頭髪の世話をお願いしている。

　「これ使ってごらん」。2年ほど前、散髪を終えて帰り際、洗髪用ブラシを渡された。何の変哲もない円形の塩化ビニール製のブラシだが、使ってみると心地よく、いつしか習慣になった。1年も過ぎたころ、Kさんがボソリという。「てっぺんの辺り、また濃くなったね。あのブラシ使ってんでしょ」。ヒヤリとした。なるほど、①そういうことだったのか。

　自分の体の一部だが、頭髪の変化にはなかなか気付かない。ましてや頭頂部など。頭は家族にもめったに触らせない。腕のよい理髪師さんに出会った幸運に感謝するばかりだ。

　本人も気付かない欠点を、そっと指摘してくれる善意の第三者のありがたさ。「こういうことは、髪の毛ばかりじゃないかもな」。せっせと洗髪ブラシを掛けながら、②自らの日ごろの言動を省みるのである。

(高橋努「自分ではわからない」2008年9月16日付毎日新聞『憂楽帳』による)

11　①そういうこととあるが、何を指しているか。

1　Kさんが店のブラシを宣伝しようとしたこと
2　筆者の髪の毛が薄くなっていたこと
3　Kさんが筆者の髪の毛のためにブラシを渡したこと
4　Kさんが筆者が隠したがっている欠点を知っていたこと

12 ②自らの日ごろの言動を省みるとはどういうことか。

1 Kさんの行動に憤慨した自分のことを反省すること
2 自分はKさんのような人になっているのか反省すること
3 自分の周りにKさんのような人がいるか考えてみること
4 自分の周りの人にKさんのような人を紹介しなかったことを反省すること

13 本文の内容として正しいものはどれか。

1 Kさんは筆者が髪の毛が薄くなったことを気にするのをみて洗髪用ブラシを渡した。
2 Kさんは筆者と20歳からの長い付き合いで、20年以上、頭髪の世話を焼いてくれた。
3 筆者は自分の欠点である頭を家族にも触らせないようにしていた。
4 筆者は自分の欠点を振り返るきっかけを作ってくれた理髪師に感謝している。

問題10 次の文章を読んで、後の問いに対する答えとして、最もよいものを
1・2・3・4から一つ選びなさい。

　見知らぬ者同士が出会うと、相手との関係の中で座る位置や立つ位置を決めなければならないことがよくある。これは話し合う必要のあることではないし、意識して考えなければならないことでもない。たとえば、親近感を示そうと相手の近くに立つべきか、それとも馴れ馴れしくならないように離れているべきか自問する必要はない。そうした状況で「正しいと感じられる」距離感を取るにすぎない。
　①「人々が適切だと感じる」距離は、その人が属する文化によって著しく左右される。二人の人間が同じ文化の構成員であるときは、どのくらい相手の近くに立つべきかという問題で困ることはめったにない。しかし彼らが他者との間に必要とする空間について異なる考えを持つ文化の出身だと、様々な問題が生じることがある。
　ヨーロッパの社会は、人々がどのくらい他人の近くに自分の位置を取るかによって、おおよそではあるが、三つの地域に分けることができる。
　ひとつは、デズモンド・モリスが②「エルボー・ゾーン」と呼ぶ地域で、この地域では人々は肘(ひじ)でお互いの体に触れることができるほど接近する。この地域にはスペイン・フランス・イタリア・ギリシャ・トルコのような国々が含まれる。
　二つ目の地域は東欧の大半に及んでいて、ポーランド・ハンガリー・ルーマニアなどの国が含まれる。③「リスト・ゾーン」と呼ばれるこの地域では、人々はそうしたいと思えば、自分の手首で相手の体に触れることができるように自分の位置を取る。
　最後に、モリスが「フィンガーチップ・ゾーン」と呼ぶ地域がある。この地域には、イギリス・ベルギー・ドイツ・スカンジナビア諸国が含まれる。この地域では、人々は他人を腕の長さより近づけたがらず、お互いの体に触れる機会を持てなくてもまったく不満を感じない。
　こうした他者との近接空間が異なる地域に関して最も目立つのは、その地理的な配置である。「エルボー・ゾーン」はヨーロッパで最も温暖な地域に位置し、「フィンガーチップ・ゾーン」は最も冷涼(れいりょう)な地域に位置している。そして「リスト・ゾーン」は、ほぼその中間に位置している。これにはいくつかの理由が考えられる。第一の、そして最も明白な理由は気候である。周囲の気温が人々の快適度や幸福度に影響を与えることはよく知

られている。温暖な気候についてもう一つ言えることは、気候が温暖だと人々が野外で触れ合う機会が生まれるために、人々の社会的な習慣に影響を及ぼすことがあるのだ。地中海沿岸はどこも夏は雨が少なく暖かいし、冬の日でさえかなり過ごしやすい。そのため人々は、屋外でおしゃべりをして過ごす時間が他の地域の人たちよりもはるかに長い。こうした頻繁な接触が(他の地域の人たちよりも)人々をより密接に結びつけ、このことが、今度は人々をずっと相手の近くに立ったり座ったりする気にさせることは大いにありえる。

14　①「人々が適切だと感じる」距離について述べた内容として正しいものはどれか。

　1　他者との適切な距離を気候と結び付けて三つの地域に分けて説明している。
　2　異文化の人々の間ではどのくらい接近空間を持つかで困ることはめったにない。
　3　接触が他の地域より頻繁な地域の人々は、他者と遠く立ったり座ったりする。
　4　他者との近接空間は自分が属する文化によって意識して考えなければならない。

15　②「エルボー・ゾーン」の説明として、本文の内容と合わないものを一つ選びなさい。

　1　この地域では、人々は肘でお互いの体に触れることができるほど接近する。
　2　この地域にはスペイン・フランス・イタリア・ギリシャ・トルコのような国々が含まれる。
　3　ヨーロッパで最も温暖な地域に位置している。
　4　この地域では、人々は他人を腕の長さより近づけたがらない。

16 ③「リスト・ゾーン」の説明として、本文と合わないものを一つ選びなさい。

1 この地域の人々は、自分の手首で相手の体に触れることができるほど接近する。
2 この地域には、イギリス・ベルギー・ドイツ・スカンジナビア諸国が含まれる。
3 この地域には、ポーランド・ハンガリー・ルーマニアなどの国が含まれる。
4 最も冷涼な地域と最も温暖な地域の、ほぼ中間に位置している。

17 本文の内容と合うものを一つ選びなさい。

1 「エルボー・ゾーン」は、ヨーロッパで最も冷涼な地域に位置している。
2 「フィンガーチップ・ゾーン」はヨーロッパで最も温暖な地域に位置している。
3 「リスト・ゾーン」には、ポーランド・ハンガリー・ルーマニアなどの国が含まれる。
4 イギリス・ベルギー・ドイツ・スカンジナビア諸国などが含まれる地域は「エルボー・ゾーン」と呼ばれる。

問題11 休日に対するＡ、Ｂそれぞれの意見を読んで、後の問いに対する答えとして最もよいものを１・２・３・４から一つ選びなさい。

Ａ

　私は、休日には昼過ぎまで寝ているのが常である。目を覚ましてみたらもう夕方だった、ということもしばしばだ。そんな時はさすがに気が滅入るし、一日を無駄にしたとも思う。私だってたまの休みには好きな釣りでもして過ごしたい。しかし平日の激務に疲れきった体を休めるには、これも仕方がない。所帯持ちであれば子どもに遊んでくれとせがまれて起きざるを得ないということもあろうが、ひとり身では起こしてくれる者もいない。休日を有意義に過ごせないのは、睡眠時間を削って働く現代人の宿命なのかもしれない。

Ｂ

　私は朝が苦手だ。出勤前は朝食を抜いてでも１分でも多く寝ていたいと思う。しかし休みの日にはむしろ早く起きる。もっと寝ていたいのは同じだが、せっかくの休み、昼まで寝ているなんてもったいない。休日こそ自分のやりたいことができる時。時間を有効に使いたい。だからむりやり起きるようにしている。休みの朝、私は起きるとすぐに近くの公園まで散歩に行く。冬などまだ薄暗い。釣りをしている人をながめながら公園の池の周りを２周ほどして家に戻り、まだ寝ている妻子を尻目に新聞を読みながら朝食を食べる。

18 AとBについて書かれた次の文のうち、正しいものを1つ選びなさい。

1 AもBも釣りが趣味である。

2 AもBも休みの日は朝食を食べない。

3 AもBも休日を有意義に過ごしたいと思っている。

4 Aは朝早く起きるのが得意だ。

19 AとBの家族関係について、正しいものを1つ選びなさい。

1 AもBも結婚していない。

2 Aは結婚しているが、Bはしていない。

3 Aは結婚していないが、Bはしている。

4 AもBも結婚している。

20 休みの日に遅くまで寝ていることについて、Aの筆者とBの筆者はどのような立場をとっているか。

1 Aは、休憩をとるためには、仕方がないとし、Bは、批判的である。

2 Bは、休憩をとるためには、仕方がないとし、Aは、批判的である。

3 AもBも、ともに明確にしていない。

4 AもBも、ともに批判的である。

問題12 次の文章を読んで、後の問いに対する答えとして、最もよいものを
1・2・3・4から一つ選びなさい。

　数年前、某大学の入試問題に、①「『情けは人の為ならず』という言葉に対して、あなたの考えを述べよ」という問題が出題されていた。
　最近の若い人はこの諺の意味を大抵逆に解釈しているらしい。「他人に情けをかけるとその人を甘やかすことになるのでよくない」という意味にとっている。確かにあの日本語自体はどちらの解釈も可能であるため、知らなければそう思ってもしょうがないのだろう。
（中略）
　『聖書』の中でも、「一切の見返りを期待しないで何かを与えると、その何倍にもなって返ってくる」とある。これは私自身、何度も経験している。しかし、人が何かをするとき、どんな理屈を付けても、どれほど無私を装っても、実際はすべて、自分のためにおこなっている。何かを人にしてあげることで、自分自身の気分がよくなるからやっているだけである。相手が喜んでくれたら、そのことで自分もうれしいから、つい何かをやってあげる。これは両者の喜びが一致しているから、まあよいとしよう。しかし、いつもそうとは限らない。
　問題は相手が喜ばなかったときである。「何かをしてあげたのに」、相手が喜ばないと、②大抵の人は気分を悪くする。これは、相手に何かをしてあげたのは端（はな）から見返りを求めてやっているからである。これでは何かをしてあげても、決して期待したようにはならないだろう。世の中にはこのタイプの人がごまんといる。ひどいときは勝手に何かを押しつけておいて、見返りを求めてきたりする。悪徳商法のダイレクトメールのような人間が実際にはいくらでもいる。
（中略）
　人は自分が現在していること、その今していることが③「業（ゴウ）」となり、将来が決まる。現在の自分も、過去の自分の業の上に存在している。現在の自分は突然今の自分になったのではない。とにかくやっかいと言えばやっかいなものかもしれないが、人の今も、将来も業の連続の上に存在している。
　人はいつだって自分のしたいことしかしないようになっている。そういう生き物なの

だ。自分の望むように生きてきた結果が、今の自分を作っている。嫌ならいつだって変えることはできたのだ。人から見て、「不幸」に見えようが、当人はそれが好きでやっている場合がいくらでもある。(中略)

　人に何かを「してあげられるありがたさ」を本心から感じるとき、人は一切の見返りを期待しなくなる。

21　筆者は、結局①『情けは人の為ならず』の意味をどう解釈しているか。

1　他人に情けをかけると、相手はありがたく受け取るものだ。
2　他人に情けをかけると、人に頼ろうとするだけで、相手は益々だめになる。
3　一切の見返りを求めずに、人に何かを与えれば、その報いは必ず自分のほうに戻ってくるものだ。
4　一切の見返りを求めずに、人に何かを与えても、その報いは戻ってこないものだ。

22　②大抵の人は気分を悪くするとあるが、その原因は何か、筆者の考えに最も近いものを一つ選びなさい。

1　相手に何かを与えると、相手も必ず何かをしてくれるから
2　相手に何かを与えたら、相手も何かをしてくれるだろうと思うから
3　相手を喜ばせるために何かをしてあげたのに、ちっとも喜んでくれないから
4　善意で何かをしてあげたのに、また他の何かを要求するから

23 筆者が考える③「業」とは何か。

1 現在の自分を変えようといくら努力しても、結局将来は何も変わらない。
2 過去の自分と現在の自分の存在は業の連続性とはまったく関係のないことだ。
3 今の自分の姿は、自分がやりたいことをやりながら生きてきた結果の産物である。
4 今の自分の姿は、自分の意志では変えることのできなかった社会の産物である。

24 筆者の考えとして、本文の内容と最も近いものはどれか。

1 人に何かを与えるときは、相手に何か見返りを求めるべきではない。
2 人に何かを与えるときは、相手が喜ぶかどうかを考えるべきだ。
3 人がどんなに不幸に見えようが、同情してはいけない。
4 人が不幸に見えたら、嫌でも相手が好きなことをしてあげるべきだ。

問題13 次は、ある銀行のATM利用手数料の案内である。下の問いに対する答えとして、最もよいものを1・2・3・4から一つ選びなさい。

25 案内の内容と合っているものはどれか。

1 ATMによるカードローンの返済はいつでも可能である。
2 振込みの場合、日曜日にはできないので土曜日の午前中に済ませたほうがいい。
3 預金口座の残高によって手数料が無料になることもある。
4 平日の正午以降は入金にも手数料がかかる。

26 この銀行のクレジットカードを持っている次郎さんは、友人に頼まれて月曜日の夜8時30分に5万2千円を送金することになった。この銀行のATMを使った場合、次郎さんが負担する手数料はいくらになるか。

1 手数料はかからない。
2 210円
3 315円
4 取引はできない。

二井友銀行 ATM手数料のご案内

曜日	時間帯	お預入れ	お引出し	お振込み	お振替
平日	0:00~8:45	105円		ご利用できません。	
	8:45~18:00	手数料がかかりません。			
	18:00~24:00	105円		210円	
土曜日	0:00~9:00	105円		ご利用できません。	
	9:00~14:00			210円	
	14:00~24:00	210円		ご利用できません。	
日曜・祝日	終日	210円		ご利用できません。	

＊当行クレジットカードご利用のお客様は、時間外手数料が無料になります(ただし、出入金に限ります)。
＊3万円以上の振込みには、通常の手数料に105円が加算されます。
＊ATMによるカードローンのご返済は日中営業時間に限ります。ご了承ください。
＊コンビニATMをご利用の場合は、各提携機関により手数料が異なりますので画面にてご確認ください。

JLPT(일본어 능력시험) N1 파이널 테스트 정답 및 해설

파이널 테스트 1회

1.②	2.④	3.④	4.②	5.②	6.③	7.③	8.④	9.④	10.③
11.④	12.③	13.①	14.①	15.④	16.②	17.④	18.①	19.③	20.①
21.②	22.③	23.③	24.②	25.②					

문제8 내용 이해-단문

1

> **지문 해석**

어느 가정에서나 자주 들리는 대화이겠지만 여러 벌의 옷을 꺼내 놓고 어느 것으로 할지를 고민하는 아내에게 재촉하지 않는 편이 좋다. 여성은 재촉 당해 기분이 불안정해지면 더더욱 옷, 특히나 색상을 고르지 못하게 된다. 어느 조사에 따르면 여성이 붉은색 계통의 옷을 입고 싶어질 때는 쾌활, 자기주장, 공격적, 변덕스러운 기분이 들 때라고 한다. 또한 블루, 그린 계통의 옷을 입고 싶어지는 것은 안정, 근면, 평화, 충실을 추구할 때이고 갈색 계통의 옷을 고를 때에는 고풍, 신중한 기분이 우선시 될 때라고 한다. 그러므로 기분이 불안정할 때는 옷의 색상도 좀처럼 결정하지 못하게 되는 것이다.

> **단어**

いくつもの 여러 개의 | 悩(なや)む 고민하다 | せかす 재촉하다 | 系統(けいとう) 계통 | 陽気(ようき) 밝고 쾌활함 | 自己主張(じこしゅちょう) 자기주장 | 攻撃的(こうげきてき) 공격적 | 気(き)まぐれだ 변덕스럽다 | 勤勉(きんべん) 근면 | 平和(へいわ) 평화 | 充実(じゅうじつ) 충실 | 求(もと)める 추구하다 | 古風(こふう) 고풍 | 慎重(しんちょう)だ 신중하다 | 優先(ゆうせん) 우선

> **문제 해설**

1 본문의 내용으로서 옳지 않은 것을 고르시오.
1 우유부단한 여성에게 외출을 재촉하면 빨리 나가고 싶어도 역효과를 불러온다.
2 여성은 옷을 색상으로 선택하고 옷의 색상으로 하루의 기분을 컨트롤하고 있다.
3 외출을 앞당기고 싶다면 여성의 정서를 안정시키는 것이 중요하다.
4 여성이 화가 나거나 짜증났을 때는 붉은색 계통의 옷을 입는 경향이 있다.

해설 옷의 색상으로 하루의 기분이 컨트롤되는 것이 아니라 그날의 기분으로 옷의 색상을 정하므로 2번이 정답임을 알 수 있다.

2

지문 해석

　남녀공동참획사회기본법(1999)이 제정된 지 17년 정도 지났지만 현대 일본 사회는 남녀 평등 사회를 실현했을까? '여성은 출산하는 기계'라고 발언했던 장관, 또한 '어린이집 떨어졌다 일본 죽어라'라고 발언했던 주부는 아직도 기억이 생생하다. 이러한 것들은 여성의 사회 진출에 대한 어려움을 상징하고 있는 발언이다. 그렇다면 여성의 사회 진출은 왜 이렇게도 힘든 것일까? 그것은 역시나 아직도 사람들 잠재의식 속에 성별 역할 의식이 뿌리 깊게 남아 있기 때문이다. 여성에게는 가사·육아·개호 등을 요구하고 사회나 국가 안에서 여성의 사회 진출을 받아들이는 체제가 정비되어 있지 않다. 게다가 국가는 '일억총활약'이라 제목을 붙여 전국민이 일하기를 바란다고 하는 것에 비해 여성의 부담만을 늘리고 있다. 이래서는 너무나 무책임하다고 느끼는 것은 나 혼자뿐일까?

단어

制定(せいてい) 제정 | 経(た)つ 경과하다 | 現代(げんだい) 현대 | 平等(びょうどう) 평등 | 実現(じつげん) 실현 | 産(う)む 출산하다 | 機械(きかい) 기계 | 発信(はっしん) 발신 | 大臣(だいじん) 대신, 장관 | 保育所(ほいくじょ) 보육원 | 記憶(きおく) 기억 | 象徴(しょうちょう) 상징 | 困難(こんなん) 곤란 | 潜在意識(せんざいいしき) 잠재의식 | 役割(やくわり) 역할 | 根強(ねづよ)く 뿌리 깊게 | 育児(いくじ) 육아 | 介護(かいご) 돌봄, 개호 | 要求(ようきゅう) 요구 | 受け入れる(うけいれる) 받아들이다, 수용하다 | 体制(たいせい) 체제 | 整(ととの)う 갖추어지다 | ~と題(だい)する ~라고 제목을 붙이다 | ~割(わり)には ~에 비해서 | 負担(ふたん) 부담 | 増(ふ)やす 늘리다 | 無責任(むせきにん) 무책임

문제 해설

2 필자의 생각과 일치하지 않는 것을 고르시오.
1 현대 일본 사회에는 아직도 성별 역할 의식이 뿌리 깊게 남아 있다.
2 일본에서는 안타깝게도 여성의 사회 진출은 대단히 어렵다.
3 국가는 일억총활약이라는 정책을 내걸고 있지만 실사회에 걸맞는 대책은 강구되어 있지 않다.
4 여성이 출산과 육아에 힘쓰는 것은 일본 사회에 공헌하는 바가 없으며 무책임한 일이다.

해설 여섯째 줄 [女性には家事~体制が整っていない]에서 사회는 여성에게 가사·육아·개호를 요구하고 있다고 나와 있다. 하지만 그것이 무책임한 일이며, 일본 사회에 공헌하는 바가 없다고는 나와 있지 않으므로 4번이 답임을 알 수 있다.

3

지문 해석

　구어와 거리가 있는 문장어에는 육성을 담기가 어렵다. 물론 구어가 그대로 문장이 되는 것은 아닙니다. 하지만 적어도 문장어에서 사용되고 있는 어휘와 문법이 구어와 일치하면 할수록 쓰는 일이 용이해집니다. 구어와 문장어 일치의 필요성에 관해 알게 된 것은 메이지가 된 후 접하게 된 서양 문명 때문입니다. 유럽에서는 르네상스 이후에 이탈리아, 영국, 독일, 러시아 등에서 계속해서 언문일치운동이 일어나 구어와 문장어를 일치시키려고 노력해 왔습니다. 일본은 4, 5백 년 늦게 언문일치운동을 체험. 도중에 두 번이나 암초에 걸렸지만, 그래도 어떻게든 달성할 수 있었습니다. 그 덕에 우리 현대인들은 용이하게 문장을 지을 수 있게 된 것입니다.

> 단어

話(はな)**し言葉**(ことば) 구어 | **書**(か)**き言葉**(ことば) 문장어 | **隔**(へだ)**たる** 떨어지다, 멀어지다 | **肉声**(にくせい) 육성 | **語彙**(ごい) 어휘 | **容易**(ようい) 용이 | **西洋文明**(せいようぶんめい) 서양 문명 | **言文一致運動**(げんぶんいっちうんどう) 언문일치운동 | **暗礁**(あんしょう)**に乗り上げる**(のりあげる) 암초에 걸리다 | **綴**(つづ)**る** 철하다, (글을) 짓다

> 문제 해설

3 이 문장에서 필자가 가장 말하고 싶은 것은 무엇인가?
1 르네상스 이후의 서양 문명의 요구에 의해 언문일치운동이 활발해졌다.
2 문장어에는 육성을 담기 어렵고 객관적으로 표현하기가 어렵다.
3 문장어와 구어를 구별해서 쓰는 편이 세련된 느낌을 준다.
4 언문일치운동의 성과로 쓰기를 위한 특별한 어휘와 문법을 배우지 않아도 용이하게 쓸 수 있게 되었다.

해설 세 번째 줄에 문장어에 사용되는 어휘와 문법이 구어와 일치하면 할수록 쓰는 일이 쉬워진다는 내용과 마지막 부분에 어려움은 있었으나 언문일치를 달성하게 되어 현대인들이 쉽게 문장을 지을 수 있게 되었다는 내용이 있으므로 4번이 정답이다.

4

> 지문 해석

　　미중 양국이 2020년 이후 지구온난화 대책의 국제적 틀인 '파리협정'을 비준했다. 온난화 가스 양대 배출국의 비준으로 협정의 연내 발효가 현실감을 띤 것은 환영할 만한 일이다. 일본 정부도 비준을 서둘렀으면 한다. 파리협정을 발효하기 위해서는 55개국 이상, 게다가 세계 온난화 가스 배출량 55% 이상을 차지하는 나라의 비준이 필요하다. 비준국은 27개국, 배출량은 전체 약 39%에 달했다. 종래의 '교토의정서'에 참여하지 않은 양국이 정치적인 의도는 있더라도 솔선해서 파리협정의 실현을 지향하는 것에 격세지감을 느낀다. 온난화에 대한 위기감은 더해져서 타국의 조기 비준을 재촉할 것이다. 화력발전소 등에서 나온 온난화 가스를 회수해 땅속에 묻는 기술 보급은 불가결할 것이다. 원자력발전소를 어디까지 사용할지에 대한 논의도 피해갈 수 없다. 온난화 가스의 배출 범위를 매매하는 배출량거래제도의 활용도 필요해진다. 21세기 후반을 내다본 장기적인 대책의 청사진을 조기에 제시하여 온난화 가스 삭감으로 세계를 선도할 수 있도록 전력을 다해야 한다.

> 단어

地球温暖化対策(ちきゅうおんだんかたいさく) 지구온난화 대책 | **国際的**(こくさいてき) 국제적 | **枠組**(わくぐ)**み** 틀 | **協定**(きょうてい) 협정 | **批准**(ひじゅん) 비준 | **排出国**(はいしゅつこく) 배출국 | **発効**(はっこう) 발효 | **現実味**(げんじつみ)**を帯**(お)**びる** 현실감을 띠다 | **歓迎**(かんげい) 환영 | **占**(し)**める** 차지하다 | **思惑**(おもわく) 의도 | **率先**(そっせん) 솔선 | **隔世**(かくせい)**の感**(かん) 격세지감 | **危機感**(ききかん) 위기감 | **早期批准**(そうきひじゅん) 조기 비준 | **促**(うなが)**す** 재촉하다 | **火力発電所**(かりょくはつでんしょ) 화력발전소 | **回収**(かいしゅう) 회수 | **地中**(ちじゅう)**に閉じ込める**(とじこめる) 땅속에 묻다 | **技術**(ぎじゅつ) 기술 | **普及**(ふきゅう) 보급 | **不可欠**(ふかけつ) 불가결 | **原子力発電所**(げんしりょくはつでんしょ) 원자력발전소 | **議論**(ぎろん) 논의 | **避**(さ)**けて通**(とお)**れない** 피해갈 수 없다 | **排出枠**(はいしゅつわく) 배출 범위 | **売買**(ばいばい) 매매 | **見据**(みす)**える** 눈여겨보다 | **削減**(さくげん) 삭감 | **先導**(せんどう) 선도

> **문제 해설**

4 이 문장에서 필자가 가장 말하고 싶은 것은 무엇인가?
1 온난화 가스의 양대 배출국인 중국과 미국이 '파리협정'을 비준한 것은 환영할 만한 일이다.
2 일본 정부도 파리협정을 비준하여 온난화 대책을 선도해야 한다.
3 '교토의정서'에 참여하지 않은 중국과 미국이 파리협정에 비준한 것은 정치적 의도가 있기 때문이다.
4 온난화 가스의 배출량을 매매하는 배출량거래제도의 활용이 필요하다.

> **해설** 이 문제는 필자가 가장 말하고 싶은 것을 묻는 문제로, 문장 전체 내용을 파악해야만 문제를 풀 수 있다. 1번은 본문에서 언급된 내용이기는 하나 필자가 가장 말하고 싶은 내용은 아니다. 2번은 셋째 줄에서 [日本政府も批准を急いでほしい]라는 내용과 본문 마지막에 [温暖化ガス削減で世界を先導できるよう全力をあげるべきだ]라는 내용으로 보아 정답이다. 3번도 교토의정서에 참여하지 않은 중국과 미국이 파리협정에 비준한 것은 정치적인 의도가 있기 때문이라고 확신한 내용은 없기 때문에 정답이 아니다. 4번 또한 본문에 있는 내용이지만 필자가 궁극적으로 주장하고 싶은 내용은 아니기에 정답이 아니다.

문제9 내용 이해-중문

5 ~ 7

> **지문 해석**

우리들은 많은 정보원을 매스미디어에 의존하고 있다고 해도 과언은 아니다. 사실 매스미디어는 '국민의 알 권리'를 보호하는 역할도 담당하고 있다. 그렇기 때문에 국민은 매스미디어가 발신하는 정보를 신빙성 높은 것으로 인식하고 있다.
그러나 최근 그 매스미디어가 발신하는 정보에 있어서 정확성의 기반이 흔들리고 있다. 예를 들면 어느 연예인은 코카인을 흡입했다는 것이 매스컴에 의해 밝혀졌다. 게다가 그는 동성애자이며 친구의 정보제공으로 인해 이 사건이 발각되어 매스컴은 일제히 이 특종을 보도했다. 하지만 그의 약물검사 결과는 음성, 며칠 뒤 매스컴에 '진심으로 신뢰하고 있었던 친구에게 배신당했다. 다른 사람에게 절대 알리고 싶지 않은 부분까지도 보도되어 이대로 잘못된 정보가 계속 퍼져가는 것에 말로는 표현할 수 없는 절망감에 짓눌릴 것 같다'고 말하고 연예계를 은퇴했다. 이 보도의 옳고 그름은 차치하고 사회에 파문을 일으킨 것은 사실이다. 앞으로 매스미디어가 어떠해야 하는지 문제를 제기한 보도였다.
물론 '보도의 자유'나 '국민의 알 권리'는 지켜져야 한다. 하지만 개인의 프라이버시나 인권도 지켜져야 한다. 미디어가 '알 권리'를 행사하면 인권 문제와의 마찰이 생기고 만다. 또한 미디어에는 인간의 사고를 조종해 여론을 형성하고자 하는 무리들도 존재한다. 국가 또는 정계와 매스미디어 사이에 유착이 일어나면 정보가 왜곡된 보도가 되어 국민을 혼란에 빠뜨릴 우려가 있다. 그래서 나는 미디어 리터러시의 중요성을 제시하고 싶다. 정보를 받아들이는 쪽이 미디어가 전하는 정보를 비판적으로 해석하고 정확한 정보만을 빼내는 것이다. 편중된 정보의 위험성을 우리들은 충분히 파악해서 단편적인 정보만으로 안이한 사고에 빠지지 않도록 미디어 리터러시 육성에 착수해 나갈 필요가 있을 것이다.

> **단어**

| 情報源(じょうほうげん) 정보원 | 依存(いぞん) 의존 | 過言(かごん) 과언 | 保護(ほご) 보호 | 役割(やくわり)を担(にな)う 역할을 담당하다 | それゆえ 그러므로 | 信憑性(しんぴょうせい) 신빙성 | ～において ～에 있어서 | 基盤(きばん) 기반 |

揺(ゆ)らぐ 흔들리다 | 吸引(きゅういん) 흡입 | 同性愛者(どうせいあいしゃ) 동성애자 | 提供(ていきょう) 제공 | 発覚(はっかく) 발각 | こぞって 모조리 | スクープ 특종 | 薬物検査(やくぶつけんさ) 약물 검사 | 陰性(いんせい) 음성 | 裏切(うらぎ)る 배신하다 | 絶望感(ぜつぼうかん) 절망감 | 押(お)しつぶされる 뭉개지다 | 芸能界(げいのうかい) 연예계 | 是非(ぜひ) 옳고 그름 | 波紋(はもん) 파문 | 一石(いっせき)を投(とう)じる 파문을[문제를] 일으키다 | 人権(じんけん) 인권 | 〜べきだ 〜해야 한다 | 行使(こうし) 행사 | 摩擦(まさつ) 마찰 | 操(あやつ)る 조종하다 | 世論(よろん) 여론 | 輩(はい) 무리 | 癒着(ゆちゃく) 유착 | 歪み偏る(ゆがみかたよる) 왜곡되다 | 混乱(こんらん) 혼란 | 陥(おとしい)れる 빠뜨리다 | 恐れ(おそれ)がある 우려가 있다 | 提示(ていじ) 제시 | 享受(きょうじゅ) 받아들임, 누림 | 批判的(ひはんてき) 비판적 | 読(よ)み解(と)く 해석하다 | 抽出(ちゅうしゅつ) 추출 | 偏(かたよ)る 치우치다 | 危険性(きけんせい) 위험성 | 把握(はあく) 파악 | 断片的(だんぺんてき) 단편적 | 陥(おちい)る 빠지다 | 育成(いくせい) 육성 | 取り組む(とりくむ) 착수하다

문제 해설

5 매스미디어의 설명으로 옳은 것을 고르시오.
1 매스미디어는 반드시 신빙성 높은 정보만을 사회에 내보낸다.
2 많은 정보를 내보내서 국민의 알 권리나 표현의 자유를 보호하는 역할을 담당한다.
3 보도로 전국민의 사상을 조작하고 의도적으로 여론을 형성한다.
4 매스미디어는 정치, 경제계와의 유착이 있어도 왜곡된 보도로 이어지지 않는다.

해설 매스미디어가 내보내는 것이 신빙성 높은 정보만이라고 한정하지 않았으므로 1번은 오답이 되고 정치나 경제계와의 유착이 일어나면 정보가 왜곡된 보도로 이어진다고 했으니 4번도 오답임을 알 수 있다. 또한 인간의 사고를 조작하고 여론을 형성하려는 무리가 있다고는 했으나 그 대상이 전국민은 아니므로 3번도 오답임을 알 수 있다.

6 이 연예인이 은퇴한 원인으로서 옳은 것을 고르시오.
1 가장 믿고 있던 친구에게 배신당해 사람을 믿을 수 없게 되었기 때문에
2 지인으로 인해 누명을 써서 분했기 때문에
3 여론에 의한 자신의 인격 부정과 개인 정보 유출에 절망했기 때문에
4 연예계에서 다시금 신뢰와 인기를 얻기 힘들 것이라고 판단했기 때문에

해설 여덟째 줄 [心から信頼していた〜絶望感に押しつぶされそうだ]의 내용을 살펴보면 3번이 답임을 알 수 있다. 인간 불신이나 분했다라는 표현은 본문에 나와 있지 않으므로 유추한 내용은 답이 되지 않는다. 또한 연예계에서 다시 인기를 얻을 수 있을까라는 내용은 본문에 아예 나와 있지 않다.

7 이 문장에서 필자가 가장 말하고 싶은 것은 무엇인가?
1 매스미디어는 특종만을 쫓지 않고 공정성을 유지해야 한다.
2 국민의 알 권리도 중요하지만 개인의 인권은 좀더 중요하게 다뤄져야 한다.
3 정보를 받아들이는 쪽이 정보의 진위를 판별해 활용할 수 있는 능력을 길러야 한다.
4 매스미디어는 편중된 보도로 국민이 혼란에 빠질 수 있다는 사실을 알아야 한다.

해설 필자가 말하고자 하는 것을 묻는 문제는 대부분 문장 처음과 끝에 나와 있으니 그 부분을 보면 된다. 본문 마지막 단락에서 정보를 받아들이는 쪽이 정보를 비판적으로 해석하고 정확한 정보만을 추출해 내는 미디어 리터러시의 중요성을 제시하였으므로 3번이 답임을 알 수 있다.

8 ~ 10

지문 해석

　일본에서는 '운수가 좋다' '운수가 나쁘다' '운수를 따지다' '불길하다' 등 '운수'와 관련된 표현이 많다. '운수'란 일의 길흉이나 좋고 나쁨의 징조를 나타내는 말로, 복을 불러오는 좋은 전조를 '운수가 좋다'라고 하고, 불운한 결과나 불길한 일이 일어날 것 같은 전조를 '운수가 나쁘다'라고 말한다.

　예를 들어, 일본인은 신년이 되면, (주1)①새해 첫 참배를 가고, 집 문이나 현관에 소나무를 세우고 (주2)인줄로 만든 장식을 걸어 둔다. 새해가 밝은 후에 신사나 절 등에 가서 참배하는 새해 첫 참배는, 새로운 한 해의 행복과 평안을 기원하고, 재액을 피하기 위한 행사이다. 또 소나무 장식과 인줄로 만든 장식은 풍작을 비는 오곡신의 (주3)매체로, 복을 가져다주는 오곡신을 맞이하기 위한 표시가 된다고 생각한다. 게다가 ②설날에 먹는 오세치 요리의 재료도 언어유희나 색, 형태로 운수를 따진다.

　예를 들어, 언어유희로 볼 수 있는 운수에 좋은 재료는 '곤부(다시마)＝요로코부(기뻐하다)', '다이(도미)＝메데타이(경사스럽다)', '구로마메(검은 콩)＝마메니(성실하게) 일하다' 등이 있다. 또한 '홍백색의 생선 어묵(＝홍색은 마귀를 쫓는 색, 백색은 청정을 의미한다)', '연근(＝구멍이 많이 나 있기 때문에 장래를 잘 예측할 수 있다)'과 같이 색이나 형태로 연상되는 재료도 있다. 그 밖에도 '청어알(＝다산)', '새우(＝장수)', '밤 과자(＝재산)', '소귀나물(＝출세)' 등 운수에 좋다고 여겨지는 음식들이 많이 있다.

　또 운수를 따지는 것은 신년뿐만 아니라 일상과도 깊은 관계가 있다. 결혼식 날짜를 정할 때는 가장 좋은 날이라고 여겨지는 '대안'을 택하고 축의금을 줄 때는 딱 나눠지는 짝수나 '죽음'을 의미하는 숫자 '4', 고난을 의미하는 숫자 '9'는 피한다. 축의금을 넣는 전용 봉투 (주4)(노시부쿠로)의 끈의 매듭도 한번 묶이면 풀리지 않는다는 의미의 '무스비키리'를 고르는 것이 약속 사항이다. 그 외에도 수험을 앞두고 있는 사람이 먹는 운수가 좋은 음식은 '돈카쓰(돈가스)＝가쓰(이기다)' 초콜릿 이름인 '깃토캇토(킷캣)＝깃토 카쓰(꼭 이기다)' 과일인 '이요캉(귤의 한 종류)＝이이요캉(좋은 예감)' 등이 있고 손바닥에 '고오카쿠(5를 쓰다)＝고카쿠(합격)'도 같은 맥락이다.

　이처럼 일본인이 '운수'에 연연해하는 것에 대해 과학적 근거가 없는 단순한 미신이라며 부정적인 측면을 강조하는 사람도 있지만, 매사가 긍정적인 방향으로 가길 원하는 일본의 오래된 전통 문화라고 생각한다면, 일본 문화를 한층 더 깊게 이해할 수 있는 좋은 기회가 될 것 같다.

(주1) 신사 첫 참배 : 신년에 처음으로 신사나 절에 가서 참배하는 것
(주2) 인줄로 만든 장식 : 설날에 문이나 제사를 지내는 선반에 인줄을 걸어 장식하는 것
(주3) 신령이 깃든 것 : 신령이 나타나 머무는 것
(주4) 노시부쿠로 : 축의금을 넣는 데에 사용되는 봉투

단어

縁起(えんぎ) 운수, 길흉의 조짐 | 担(かつ)ぐ (미신에) 사로잡히다 | ～に関(かか)わる ～에 관계되다 | 物事(ものごと) 사물, 매사 | 吉凶(きっきょう) 길흉 | 良(よ)し悪(あ)し 좋고 나쁨 | 兆(きざ)し 조짐, 징조 | 招(まね)き寄(よ)せる 복을 불러오다 | 不運(ふうん)な 불운한 | 初詣(はつもうで) 새해 첫 참배 | 門松(かどまつ) 새해에 문 앞에 장식으로 세우는 소나무 | 注連飾(しめかざ)り 새해에 치는 금줄 | 年(とし)が明(あ)ける 새해가 밝다 | 寺院(じいん) 사원 | 参拝(さんぱい)する 참배하다 | 平安(へいあん) 평안 | 祈願(きがん)する 기원하다 | 災厄(さいやく) 재액 | 除(よ)ける 피하다 | 行事(ぎょうじ) 행사 | 歳神様(としがみさま) 오곡을 지키는 신 | 依(よ)り代(しろ) 신령이 나타나 머문다고 하는 나무, 돌, 동물 등 | 目印(めじるし) 표시 | お節料理(せちりょうり) 설날 먹는 명절 요리 | 語呂合(ごろあ)わせ 비슷한 가락을 흉내 내어 뜻이 전혀 다른 새로운 구를 만드는 것 | 縁起物(えんぎもの) 운수를 좋게 해 주는 물건 | 昆布(こんぶ) 다시마 | 鯛(たい) 도미 | めでたい 경사스럽다 | 黒豆(くろまめ) 검은콩 | まめに 성실하게 | 紅白(こうはく) 홍백 | かまぼこ 어묵 | 魔除(まよ)け 마귀 쫓기 | 清浄(せいじょう) 청정 | れんこん 연

근 | 見通(みとお)し 조망, 전망 | 連想(れんそう)する 연상하다 | 数(かず)の子(こ) 청어알 | 多産(たさん) 다산 | 海老(えび) 새우 | 長寿(ちょうじゅ) 장수 | 栗金団(くりきんとん) 밤 과자 | 財産(ざいさん) 재산 | くわい 소귀나물 | 出世(しゅっせ) 출세 | 日取(ひど)り 택일 | 大安(たいあん) 대안일(만사에 길하다는 날) | ご祝儀(しゅうぎ) 축의금 | 割り切れる(わりきれる) 갈라지다, 나눠지다 | 偶数(ぐうすう) 짝수 | 避(さ)ける 피하다 | 熨斗袋(のしぶくろ) 축의금 등을 넣는 봉투 | 結び方(むすびかた) 묶는 방법 | ほどく 풀다 | 結び切り(むすびきり) 풀리지 않게 묶는 방법 | 控(ひか)える 앞두다 | キットカット 킷캣 | 伊予柑(いよかん) 귤의 한 종류 | 手(て)の平(ひら) 손바닥 | 脈絡(みゃくらく) 맥락 | 根拠(こんきょ) 근거 | ただの迷信(めいしん) 단순한 미신 | 負(ふ)の側面(そくめん) 부정적인 측면 | 前向(まえむ)きな 긍정적인 | 昔(むかし)ながら 옛날 그대로 | 捉(とら)える 파악하다 | 一層(いっそう) 한층 더 | 深(ふか)める 깊게 하다

> **문제 해설**

8 일본인이 신년에 ①새해 첫 참배를 가는 이유로 알맞은 것은 무엇인가?

1 신이나 선조님께 감사의 마음을 표하기 위해
2 복을 가져다주는 오곡신을 맞이하기 위해
3 신사나 절에서 제비뽑기를 해서 한 해의 운세를 점쳐 보기 위해
4 앞으로 시작되는 한 해가 행복하고 좋은 해가 되도록 기원하기 위해

> **해설** [年が明けてから神社や寺院などで参拝する初詣は、新しい一年の幸せや平安を祈願し、災厄を除けるための行事である]라고 밑줄 바로 다음 문장에 그 이유가 설명되어 있다. 그러므로 정답은 4번이 된다. 2번은 소나무 장식과 인줄로 만든 장식에 관한 설명이고 1번과 3번의 내용은 본문에 없으므로 오답이다.

9 ②설날에 먹는 오세치 요리의 설명과 관계없는 것을 고르시오.

1 운수가 좋다고 여겨지는 식재료를 사용해서 만드는 오세치 요리는 색과 형태, 언어유희 등으로 의미를 부여한다.
2 청어알에는 자손 번영이라는 의미가 내포되어 있다.
3 다시마, 도미, 검은콩은 언어유희와 관련된 운수 좋은 요리이다.
4 긴 수염이 있는 새우는 인연이 길게 이어지게 해 달라는 의미가 담겨 있다.

> **해설** 1번, 바로 다음 부분에 [お正月に食べるお節料理の材料も語呂合わせや色、形で縁起を担いでいる]라고 했으므로 올바른 설명이다. 2번, 청어알(数の子)은 다산을 의미한다고 했으므로 자손 번영의 의미라고 해석할 수 있다. 3번, [語呂合わせの縁起物は「昆布(=よろこぶ)」、「鯛(=めでたい)」、「黒豆(=まめに働く)」などがある]라고 했으므로 올바른 설명이다. 4번, [えび(=長寿)]라고 했으므로 새우는 인연이 아니라 수명과 관련된 요리이다. 그러므로 정답은 4번이 된다.

10 일본인이 운수를 따지는 이유는 무엇인가?

1 운수를 따지는 것은 병, 재난을 막는 데에 가장 효력이 있다고 믿어 왔기 때문에
2 과학적 근거가 있는 이야기로 인정받아 많은 사람들에게 확산되었기 때문에
3 만사의 운기를 좋게 바꾸고 싶다고 생각하기 때문에
4 선조 대대로 내려온 오래된 전통문화를 따르지 않을 수 없기 때문에

> **해설** 마지막 단락의 내용 [物事が前向きな方向に動いてほしいと願う日本の昔ながらの伝統文化]에서 추론할 수 있다. 만사가 좋은 방향으로 가길 원한다고 되어 있으므로 정답은 3번이 된다.

11 ~ 13

지문 해석

①형태소 중에는 '동물' '아이' '학교' '문화' '건강' 등과 같이 소위 말해 '단어'로서 독자적인 의미를 가지고 있는 것과 '이/가' '을/를' '에' 등의 격조사와 미완료와 완료를 나타내는 '다' '았/었다'와 같이 요소를 연결해서 문장을 만드는 데 도움이 되는 요소가 있다. 전자를 어휘 요소(lexical element)라 부르고 후자는 문장을 구성하는 기능을 가진 요소라는 의미에서 기능 요소(functional element)라 부른다.

말이 어휘 요소와 기능 요소로 되어 있다는 것은 모든 언어에 갖추어진 특징, 다시 말해 보편적 특징이다. 하지만 각각의 형태소의 소리는 언어에 따라 다르다. 예를 들어 일본어는 '犬'라고 하는데 영어로는 dog, 독일어로는 hund, 프랑스어로는 chien이라고 하는 식이다. 즉, 어떤 사물을 어떤 이름으로 부를지(다시 말해 어떤 소리로 나타낼지)는 각각의 언어가 긴 역사 속에서 변천을 거치면서 우연하게 정착한 것이다. 그중에는 자연계의 소리나 모습과 비슷하게 만들어진 듯한 어휘도 있기 때문에 외부 세계의 조건에 의해 필연적으로 어휘가 결정되어 언어가 생겼다는 생각도 일부 있었다. 예를 들어 대표적인 의성어인 '고케콧코(꼬끼오)' '왕왕(멍멍)'(영어의 cock-a-doodle-doo, bowwow)과 같이 외부 세계의 소리와 간단히 결합한 것과 일본어의 '세세라기(졸졸 흐르는 물 소리)' '사사야키(속삭임, 소곤거림)' '기시무(삐걱거리다)' 등 그 기원을 자연계의 소리에서 얻을 수 있을 듯한 것이 있다.

일본어에 많은 의태어, 예를 들면 '누루누루(미끈미끈)' '스베스베(매끈매끈)' 등은 외부 세계에서 보여지는 형태와 모습을 본뜬 것이라 할 수 있다. 의성어와 의태어를 확연히 구별할 수 없는 경우도 적지 않다. 그래서 일반적으로 이들을 통틀어 오노마토페(onomatopoeia), 또는 상징어라 부른다. 그리스 자연파 철학자들은 상징어로 대표되는 면을 언어의 본질이라고 생각했다. 하지만 만약에 외부 현상과 대응해서 어휘가 생겨났다고 한다면 각 언어에 공통의 어휘가 다수 성립해 있을 것이다. 사실은 그렇지 않다. 또 의성어와 의태어는 막대한 숫자의 어휘 요소 중에 극히 일부에 지나지 않거니와 각각의 언어의 소리로 확립되어 있는 것을 그 언어의 소리 연결 규칙에 따라 연결해서 만들어진 것이다. 이러한 이유로 의성어, 의태어를 포함한 어휘 요소는 각각의 언어에 있어서 독자적, ②자의적으로 결정된 것이라 말할 수 있겠다.

단어

独自(どくじ) 독자 | 格助詞(かくじょし) 격조사 | 未完了(みかんりょう) 미완료 | 繋(つな)ぎ合(あ)わせる 연결시키다 | 構成(こうせい)する 구성하다 | 普遍的(ふへんてき) 보편적 | 異(こと)なる 다르다 | 具合(ぐあい) 형편, 상태 | 変遷(へんせん)を経(へ)る 변천을 거치다 | 偶然(ぐうぜん) 우연 | 定着(ていちゃく)させる 정착시키다 | 似(に)せる 닮게 하다, 흉내 내다 | 外界(がいかい) 외부 세계 | 必然的(ひつぜんてき) 필연적 | 擬声語(ぎせいご) 의성어 | コケコッコー 꼬끼오 | ワンワン 멍멍 | せせらぎ 졸졸(물 흐르는 소리) | ささやき 속삭임 | きしむ 삐걱거리다 | ぬるぬる 미끈미끈 | すべすべ 매끈매끈 | 模(も)する 모방하다 | 起源(きげん) 기원 | 求(もと)める 구하다 | 擬態語(ぎたいご) 의태어 | 判然(はんぜん)と 확연히 | オノマトペ 오노마토페 | 象徴語(しょうちょうご) 상징어 | 自然派(しぜんは) 자연파 | 哲学者(てつがくしゃ) 철학자 | 本質(ほんしつ) 본질 | 現象(げんしょう) 현상 | 対応(たいおう)する 대응하다 | 共通(きょうつう) 공통 | 多数(たすう) 다수 | 成立(せいりつ)する 성립하다 | 莫大(ばくだい)な 막대한 | ごく一部(いちぶ)にすぎない 극히 일부에 지나지 않다 | 確立(かくりつ)する 확립하다 | 音連結(おとれんけつ) 소리의 연결 | 含(ふく)める 포함하다 | 恣意的(しいてき) 자의적

문제 해설

11 ①형태소에 관한 설명으로 옳지 않은 것은 무엇인가?

1. 단독으로 사용되는지의 여부는 형태소의 개념을 정의하는 데 있어서 중요하지 않다.
2. 단어로서 독자적인 의미를 가진 '동물' '문화' '건강' 등은 어휘 요소이다.
3. 형태소의 소리는 언어에 따라 다르고 각각의 언어 안에서 우연히 정착했다.
4. '은/는' '을/를' '에' 등의 조사는 의미를 가지고 있지 않기 때문에 하나의 형태소로 취급되지 않는다.

해설 첫 번째 단락 [形態素の中には、~機能要素(functional element)と呼ぶ]에서 알 수 있듯이 조사도 형태소에 포함되므로 정답은 4번이다.

12 ②자의적으로 결정되어 있는 것의 예로서 옳은 것은 무엇인가?

1. '동물' '아이' '학교' '문화' '건강' 등과 같이 소위 말해 '단어'로서 독자적인 의미를 가지고 있는 것
2. '이/가' '을/를' '에' 등의 조사와 미완료와 완료를 나타내는 '다' '았/었다'와 같이 요소를 연결해서 문장을 만드는 것
3. 일본어는 '犬'라고 하는데 영어로는 dog, 독일어로는 hund, 프랑스어로는 chien이라고 하는 것
4. '고케콧코(꼬끼오)' '왕왕(멍멍)'(영어의 cock-a-doodle-doo, bowwow)처럼 외부 세계의 소리와 결합한 것

해설 3번 선택지에서 언급한 내용 뒤에 나오는 문장에 [つまり、ある事物をどのような名前で呼ぶか(すなわち、どのような音で表すか)は、それぞれの言語が長い歴史の中で変遷を経ながら偶然に定着させてきたものである]로 보아 각각의 형태소의 소리는 각 언어에 따라 자의적으로 결정되어 있다는 것을 알 수 있으므로 3번이 정답이 된다.

13 본문의 내용과 일치하는 것을 고르시오.

1. 소리와 의미의 결합은 우연히 결정되므로 어떤 의미에 어떤 소리가 결합되어야 하는 필연성은 없다.
2. 일본어에 의성어와 의태어가 발달한 이유는 외부 세계에서 보여지는 모습을 중요하게 생각했기 때문이다.
3. 일본어는 '犬'라고 하는데 영어로는 dog, 독일어로는 hund, 프랑스어로는 chien이라고 부르는 이유는 자연계에서 소리를 찾으려 했기 때문이다.
4. 외부 세계의 현상과 대응해 어휘가 생겼기 때문에 막대한 상징어가 존재한다.

해설 마지막 부분의 [このような理由から、擬声語、擬態語を含めて語彙要素はそれぞれの言語において独自に恣意的に決まっているものと言うことができる]로 보아 소리와 의미의 결합은 자의적으로 결정된다는 것을 알 수 있으므로 정답은 1번이 된다. 2번, [日本語に多い擬態語、例えば「ぬるぬる」「すべすべ」などは、外界に見られる形や姿を模したものである]라고 설명하고 있다. 외부 세계의 모습을 중요하게 생각했다는 내용은 없다. 3번, [ある事物をどのような名前で呼ぶかはそれぞれの言語が長い歴史の中で変遷を経ながら偶然に定着させてきたものである]라고 설명하고 있으므로 자연계에서 소리를 찾은 것이 아니라 자의적으로 생긴 것이다. 4번, [擬態語、擬声語は莫大な数の語彙要素の中のごく一部にすぎないのである]라고 했으므로 오답이다.

문제10 내용 이해-장문

지문 해석

　　대학입시센터시험이 실시되고, 올해도 바야흐로 수험 시즌이 다가왔다. 그리고 지금 중요한 시기를 맞이하려고 하는 것이 센터시험을 대신해 2020년도부터 등장할 신공통테스트의 설계이다. 이 ①대학입학희망자 학력평가테스트(가칭)에 대해 문부과학성은 2017년도 초에는 구체적인 실시 방침을 발표하겠다고 해 왔다. 하지만 대학과 고등학교 측의 생각 차이와 새로운 시험에 대한 망설임도 있어 안정적인 실시에 필요한 공통 인식을 구축하는 데에 더욱 시간이 걸릴 듯하다.

　　예를 들면 신테스트의 중점 사항 중 하나인 영어 시험을 민간검정시험에 위탁하는 것에 대해서 마이니치 신문이 전국 국립대학을 대상으로 찬반을 묻는 설문 조사를 실시한 바, 찬성을 표명한 곳이 전체의 30% 정도에 그쳤다. 민간검정의 높은 수험료로 부담이 생기는 문제나 고등학교의 지도가 자격 시험 대책이 될지도 모른다는 우려 등 의견은 다양했다. 제도가 복잡하고 번잡해질 것이라는 비판도 있었다. 또 하나의 중점 사항인 국어의 기술식 문제 도입에 대해서는 문부과학성이 기본적인 80자 이내의 단문과 그것보다 난도 높은 장문, 이 두 종류를 준비해, 수험생은 지망 학교의 지정에 따라서 한쪽만 할지, 두 쪽 모두를 할지 선택하는 제안을 했다.

　　한편, 국립대학협회는 신테스트의 단문은 전체 수험생에게 부과하고 그 외에 장문의 기술식 문제는 기본적으로 2차 (개별) 시험에서 각 대학이 실시했으면 하는 생각이다. 단독 문제 출제가 어려운 대학은 여러 학교가 협력하는 등 몇 가지 패턴을 예로 들고 있다. 채점이나 공정성의 확보, 구체적인 문제 예시 등 풀어야 할 숙제는 쌓여 있지만, 안정적으로 계속될 제도는 구조가 최대한 간단하고 알기 쉬운 것이어야 한다는 것이 무엇보다 중요하다. 이 개혁의 논의와 제도 설계 작업은 차기 학습 지도 요령 개정 작업과 나란히 진행되고 있다. 여태까지는 학습 지도 요령에서 가르칠 내용의 기준을 정하고, 입시 출제는 거기서 '벗어나지' 않는 관계였다. 토론이나 논술 등을 통해 주체적인 탐구형 학력 '액티브 러닝'을 목표로 하는 차기 지도 요령은 '무엇을 외울까'보다 '어떻게 배울까'가 주된 목표이며 신공통테스트의 기술식 도입안도 그것과 같은 맥락이다.

　　젊은이들의 장래 선택에 중요한 전환점이 되는 대학 입시가 바뀌면, 거슬러올라 학교 교육도 바뀌고 글로벌 시대나 인공지능(AI) 등으로 급속도로 변하는 사회에서 살아나갈 힘을 육성할 수 있다고 문부과학성은 설명한다. 그 중심이 되는 입시 개혁이 제도적으로 불안정하거나 어정쩡하게 실시된다면 ②그림의 떡이 될지 모른다. 수험 세대나 교육 현장뿐만 아니라 사회에도 널리 개혁 취지와 구조에 대한 이해를 얻고 나서야 비로소 안정된다고 할 수 있다.

단어

実施(じっし) 실시 | たけなわになる 코앞으로 닥치다, 임박하다 | 正念場(しょうねんば) 중요한 시기 | ～に代(か)わって ～대신에 | 仮称(かしょう) 기칭 | 文部科学省(もんぶかがくしょう) 문부과학성 | 方針(ほうしん) 방침 | 異論(いろん) 이론 | 戸惑(とまど)い 망설임, 당혹감 | 認識(にんしき) 인식 | 築(きず)く 쌓다 | なお 또한 | 目玉(めだま) 중점 | 民間検定試験(みんかんけんていしけん) 민간검정시험 | 委託(いたく) 위탁 | 対象(たいしょう) 대상 | 賛否(さんぴ) 찬반 | 問(と)う 묻다 | ～たところ ~해 본 바, ~해 봤더니 | 負担(ふたん) 부담 | 生(しょう)じる 생기다 | 指導(しどう) 지도 | 対策(たいさく) 대책 | ～かねない ~할지 모른다 | 懸念(けねん) 우려, 걱정 | 多様(たよう) 다양 | 制度(せいど) 제도 | 複雑化(ふくざつか) 복잡화 | 煩雑化(はんざつか) 번잡화 | 批判(ひはん) 비판 | 記述(きじゅつ) 기술 | 難度(なんど) 난도, 어려운 정도 | 志望校(しぼうこう) 지망 학교 | 指定(してい) 지정 | ～に従(したが)って ~에 따라서 | 提案(ていあん) 제안 | 協会(きょうかい) 협회 | 課(か)す 부과하다 | 単独(たんどく) 단독 | 作問(さくもん) 문제 출제 | 挙(あ)げる 예로 들다 | 採点(さいてん) 채점 | 公正性(こうせいせい) 공정성 | 確保(かくほ) 확보 | 例示(れいじ) 예시 | 山積(さんせき)する 쌓이다 | 継続(けいぞく) 계속 | 仕組(しく)み 구조 | 平明(へいめい)だ 명료하다 | 肝要(かんよう) 가장 중요함 | 改革(かいかく) 개혁 | 論議(ろんぎ) 논의 | 作業(さぎょう) 작업 | 要領(ようりょう) 요령 | 改定(かいてい) 개정 | 並行(へいこう) 병행 | 定(さだ)める 정하다 | 逸脱(いつ

だつ) 일탈 | 論述(ろんじゅつ) 논술 | ～を通(つう)じて ~을 통해서 | 探求型(たんきゅうがた) 탐구형 | 目指(めざ)す 지향하다 | 主眼(しゅがん) 주안, 가장 중요한 곳 | つながる 연결되다 | 節目(ふしめ) 전환점 | さかのぼる 거슬러오르다 | 人工知能(じんこうちのう) 인공지능 | 説(と)く 설명하다 | 要(かなめ) 요점 | 見切(みき)り発車(はっしゃ) 다 갖추어지지 않은 채 다음 단계로 일을 진행함 | 絵(え)に描(か)いたモチ 그림의 떡 | ～のみならず ~뿐만 아니라 | 趣旨(しゅし) 취지 | 得(え)る 얻다

문제 해설

14 ①대학입학희망자 학력평가테스트의 설명으로서 옳지 않은 것을 고르시오.
1 국어의 기술식 문제는 수험생의 학력에 맞춰서 단문 혹은 장문으로 자유롭게 선택할 수 있다.
2 전체 국립대학에서 대학입학희망자 학력평가테스트의 시험 내용에 대해 찬성을 표명한 곳은 전체의 30% 정도에 그쳤다.
3 영어 시험을 민간검정시험에 위탁함에 따라 수험생은 고액의 수험료를 부담하게 될 우려가 있다.
4 대학입학희망자 학력평가테스트의 이행에 따라 고등학교 수업도 자격 시험 대책이 중심 내용이 될지도 모른다.

해설 열한 번째 줄 [またもう一つの目玉~選択する提案をした]를 보면 기술 문제는 수험생이 자신의 학력에 따라 자유롭게 정하는 것이 아니라, 지망 학교의 지정에 따라야 한다고 나와 있으므로 1번이 정답임을 알 수 있다.

15 본문의 내용과 일치하지 않는 것을 고르시오.
1 탐구형 학력의 육성을 위해 대학입학희망자 학력평가테스트에 기술식 문제가 도입된다.
2 대학입학희망자 학력평가테스트의 설계 작업은 차기 학습 지도 요령 개정 작업과 같이 진행된다.
3 액티브 러닝을 지향하는 차기 지도 요령은 '무엇을 외울까'보다는 '어떻게 배울까'에 주안점을 두고 있다.
4 먼저 학습 지도 요령에서 가르칠 내용의 기준을 정하고, 대학입학희망자 학력평가테스트의 문제는 거기서 '벗어나지' 않는 것을 출제한다.

해설 열아홉 번째 줄 [これまで~という関係だった]를 보면 지금의 대학입시센터시험이 학습지도 요령에서 정한 내용에서 벗어나지 않게 출제를 하였다고 되어 있다. 이것은 새롭게 바뀔 대학입학희망자 학력평가테스트가 아닌 기존의 대학입시센터시험에 대한 내용이므로 4번이 정답임을 알 수 있다.

16 ②그림의 떡이라는 것은 구체적으로 어떠한 것을 가리키는지 일치하는 것을 고르시오.
1 대학입학희망자 학력평가테스트의 구조는 알기 쉽지만, 막대한 비용이 든다는 점
2 대학입학희망자 학력평가테스트의 시험 방법은 아직 불완전하고 겉만 그럴듯할 뿐 실현시키기 어렵다는 점
3 새로운 대학 입시 방법은 참신하고 또한 효율적이라서 글로벌 사회에 필요 불가결하다는 점
4 대학입학희망자 학력평가테스트는 변화가 많은 사회에 부적절한 시험이라는 점

해설 밑줄 친 '그림의 떡' 앞부분을 찾아보면 답을 찾기 쉽다. 제도적으로 불안정하거나 어정쩡하게 실시한다면 그림의 떡이 될지도 모른다고 나와 있으므로 2번이 정답임을 알 수 있다.

17	이 문장에서 필자가 가장 주장하고 싶은 것은 다음 중 어느 것인가?
1	대학입학희망자 학력평가테스트로의 이행은 젊은이들의 장래에 다양한 선택지를 줄 수 있다는 점
2	대학입학희망자 학력평가테스트로의 이행에 의해 급속하게 변화하는 사회에 대응할 수 있는 인간을 육성할 수 있다는 점
3	대학입학희망자 학력평가테스트의 실시에 모든 대학이 찬성하고 있기 때문에 실시에 필요한 공통 인식을 쌓기 위한 시간은 걸리지 않을 것이라는 점
4	대학입학희망자 학력평가테스트의 실시에 앞서, 사회에 그 취지와 구조에 대한 이해를 얻어야 한다는 점

해설 필자가 가장 말하고자 하는 내용은 보통 본문 맨 처음과 마지막에 나와 있다. 본문 마지막 문장 [受験世代や~得てこその安定である]를 보면 4번이 정답임을 알 수 있다.

문제 11 종합 이해

지문 해석

A

　일본의 인구는 '1억 명'이라고 생각되어 왔지만 그 상식을 다시 써야 할 시대가 다가온다. 현재 인구는 1억 2천 7백만 명이지만 30년 후에는 1억 명을 밑돌고 100년 후에는 4천만 명대가 된다. 에도 시대와 비슷한 인구 규모다. 지구에 친화적이고 경제 성장을 목표로 하지 않는 사회의 도래를 환영한다는 의견도 있지만 문제는 감소 스피드와 비정상적인 연령 구성이다. 100년간 3분의 1에까지 이르는 급격한 감소 추세는 사회에 심각한 영향을 초래할 것이다. 현역 세대인 여성은 앞으로도 줄어들 것이다. 현재의 출생률대로라면 태어날 아이는 계속 줄고 인구 감소에 제동이 걸리지 않게 된다. 특히 문제인 것은 현역 세대의 노동 인구 감소이다. 인공지능(AI)과 로봇으로 대체할 수 없는 인적 서비스의 노동력 부족은 심각해질 것이다. 해외의 노동력에 의존하는 것을 진지하게 생각해야 하지만 급격한 이민 증가는 국내에 여러 가지 사회 문제를 야기할 우려도 있다.

B

　본격적인 인구 감소 시대를 어떻게 극복할 것인가. 일본이 직면한 어려운 과제에 총력을 기울이는 1년이 되었으면 좋겠다. 후생노동성의 추산에 따르면 작년 출생 수는 과거 최소인 약 98만 명으로 통계 개시 이래 처음으로 100만 명대를 밑돌 전망이 나왔다. 일본이 역사상 이전에는 경험한 적이 없는 저출산 고령화 사회에서도 활력을 유지하고 발전할 수 있도록 노력을 가속시켜야 한다. 말할 것도 없이 인구 감소는 개인 소비와 노동력 저하를 초래하여 경제 발전을 저해하고 연금과 의료, 개호 등의 사회보장제도의 기반을 뒤흔들 우려가 있다. 인구 감소가 사회의 활력을 빼앗고 한층 더 인구 감소가 진행되는 악순환을 막을 방법이 필요하다.

> **단어**

常識(じょうしき) 상식 | **割(わ)る** 어떤 수량에 못 미치다, 밑돌다 | **規模(きぼ)** 규모 | **到来(とうらい)** 도래 | **歓迎(かんげい)する** 환영하다 | **減少(げんしょう)** 감소 | **いびつな** 일그러진, 정상이 아닌 | **年齢構成(ねんれいこうせい)** 연령 구성 | **急激(きゅうげき)な** 급격한 | **しぼむ** 시들다, 오그라들다 | **影響(えいきょう)をもたらす** 영향을 초래하다 | **現役世代(げんえきせだい)** 현역 세대 | **歯止(はど)めが掛(か)からない** 제동이 걸리지 않다 | **労働(ろうどう)** 노동 | **代替(だいたい)** 대체 | **労働力不足(ろうどうりょくぶそく)** 노동력 부족 | **頼(たよ)る** 의존하다 | **真剣(しんけん)に** 진지하게 | **増加(ぞうか)** 증가 | **懸念(けねん)** 걱정, 염려 | **活躍(かつやく)** 활약 | **乗り越える(のりこえる)** 극복하다, 뛰어넘다 | **直面(ちょくめん)する** 직면하다 | **総力(そうりょく)を挙(あ)げる** 총력을 다하다 | **取り組む(とりくむ)** 노력하다, 몰두하다 | **厚生労働省(こうせいろうどうしょう)** 후생노동성 | **推計(すいけい)** 추계, 추산 | **大台(おおだい)** (금액, 수량의) 큰 단위 | **~込(こ)む** (동사의 뜻을 강조하여) 철저히 ~하다, 잘 ~하다 | **見通(みとお)し** 전망 | **少子高齢化(しょうしこうれいか)** 저출산 고령화 | **加速(かそく)させる** 가속시키다 | **個人消費(こじんしょうひ)** 개인 소비 | **招(まね)く** 초래하다 | **阻害(そがい)する** 저해하다 | **医療(いりょう)** 의료 | **介護(かいご)** 개호, 부양 | **社会保障制度(しゃかいほしょうせいど)** 사회보장제도 | **基盤(きばん)** 기반 | **揺(ゆ)るがす** 뒤흔들다 | **奪(うば)う** 빼앗다 | **さらなる** 한층 더, 더더욱 | **悪循環(あくじゅんかん)** 악순환 | **防(ふせ)ぐ** 막다 | **手立(てだ)て** 방법

> **문제 해설**

18 A와 B에 공통적으로 언급된 내용은 무엇인가?

1 일본의 인구 감소는 나라에 여러 가지 악영향을 초래하기 때문에 해결을 위한 노력이 요구된다.
2 일본의 인구 부족을 보충하기 위해 해외로부터의 노동력을 진지하게 검토해야 한다.
3 경제 성장을 목표로 하지 않기 때문에 환경 문제 개선이 기대된다.
4 자치 단체와 기업이 연계하여 육아를 위한 좋은 환경 만들기에 전력을 다해야 한다.

해설 1번, A의 다섯째 줄에 [急激なしぼみ方は社会に深刻な影響をもたらす]라고 언급되어 있고, B도 첫째 줄에 [日本が直面する難しい課題に総力を挙げて取り組む一年としたい], 다섯째 줄에 [人口の減少は、個人消費や労働力の低下を招いて経済の発展を阻害し、年金や医療、介護などの社会保障制度の基盤を揺るがす恐れがある]라고 언급되어 있으므로 1번이 정답이다. 2번, A의 마지막 부분에 언급되어 있고 B에는 없다. 3번, A의 셋째 줄에 언급되어 있고 B에는 없다. 4번, A와 B 어디에도 육아를 위한 환경 만들기에 관한 언급은 없다.

19 '인구 감소'에 따른 문제점으로 본문의 내용과 일치하는 것은 무엇인가?

1 해외로부터의 이민 증가로 인해 일본의 전통 문화가 점차 소실되고 있다.
2 환경을 생각하려는 사람들의 의식 전환으로 인해 경제 발전이 늦어진다.
3 노동력 저하로 이어져 일본 전체의 경제 성장이 감속되는 문제로 발전된다.
4 젊은 세대의 사회보장제도 부담이 커져 세대간의 격차가 확대된다.

해설 1번, A의 마지막 부분에 [急激な移民の増加が国内にさまざまな社会問題をもたらす]라고 언급되어 있지만 전통 문화에 대한 내용은 없다. 2번, A의 셋째 줄에 [地球にやさしく経済成長を目標としない社会の到来を歓迎する意見もある]라는 내용은 있지만 사람들이 환경을 생각하려 한다는 이야기는 없다. 3번, B의 중간 부분에 [人口の減少は、個人消費や労働力の低下を招いて経済の発展を阻害し]라고 언급되어 있으므로 3번이 정답이 된다. 4번, 세대 간의 격차가 확대된다는 내용은 A에도 B에도 없다.

문제 12 주장 이해

> **지문 해석**

　①인공지능(AI)의 보급은 새로운 비지니스 모델과 서비스를 창출해 낼 기회를 넓힌다. 반면, 기술력을 무기로 한 새로운 라이벌이 급속도로 대두될 가능성도 높아진다. 점점 치열해지는 경쟁에서 싸워 나갈 수 있도록 기업은 조직을 재정비해야 한다.

(중략)

　기업에 요구되는 것은 이러한 엄격한 환경의 변화와 스피드 경쟁에 대응할 수 있는 조직을 만드는 것이다. 기술과 노하우 모두를 자사에서 해결하려는 자전 주의로는 경쟁 우위를 지키기 어렵다. 화낙(FANUC)은 AI를 활용해서 공작기계와 로봇의 가동 상황을 관리하는 시스템 개발을 위해 NTT와 손잡았다. 지금까지는 타사와의 협력에 선을 그어 왔지만 ②궤도 수정이 불가피하다.

　타기업과 대학 등의 외부 기술과 아이디어를 도입해서 성과를 내는 오픈 이노베이션에 일본 기업은 더욱 더 힘을 쏟을 필요가 있다. 신서비스 등의 개발 스피드를 올리기 위해서도 외부와의 협업을 적극적으로 추진해야 한다.

　인재도 필요하다면 회사 밖에서 확보하지 않는다면 경쟁에서 뒤처질 것이다. 사내에서 시간을 들여 육성시킬 여유는 좀처럼 없기 때문이다. 대형 택시 회사인 일본교통(도쿄·치요다)은 시스템 개발 자회사 Japan Taxi(재팬택시)의 종업원 약 50명 중 70퍼센트를 차지하는 엔지니어의 거의 대부분을 인터넷 기업에서 채용했다. 손님을 발견할 확률이 높은 장소를 AI를 사용해서 자동적으로 택시 승무원에게 알려 주는 시스템의 실용화를 목표로 삼고 있다. 자가용으로 사람을 태우고 보수를 받는 '라이드 쉐어'에 대항한다.

　③우수한 인재를 외부에서 영입하기 위해서는 옛날 방식인 연차 주의의 대담한 검토가 필요하다. 재팬택시는 인사 평가 방법을 바꿔 전문성, 성과, 다른 멤버와의 연대 자세를 중시하기로 했다. 의욕을 이끌어 낼 방도를 강구하는 것이 중요해진다.

　(중략) 연구의 자유도를 높이는 것은 물론 일하기 좋은 환경을 만드는 것도 기업에게 요구된다.

　AI를 화이트 칼라의 생산성 향상에 도움이 안 되게 할 방법은 없다. 일본의 노동 생산성은 다른 선진국들 중에서 낮다. AI를 활용한 업무 개혁을 추진하고 기업의 경쟁력 강화로 연결시킬 때이다. 히타치 제작소는 사원이 언제 누구와 대화했는지와 어느 정도의 시간 동안 책상을 마주하고 있었는지 등을 AI로 분석하고 생산성 향상을 위한 대책을 조언하는 시스템을 개발하고 있다. 고객의 라이프 스타일에 맞는 상품이나 서비스를 AI로 찾아내고 사람은 고객과의 커뮤니케이션에만 집중하면 되는 경영 지원 시스템 등, AI로 생산성을 높이는 구조는 급속히 확산될 것이다. '사람과 AI가 서로 보완하는 것이 중요해진다. 사람이 AI의 능력을 빌리면서 일본의 강점인 현장감을 한층 더 발휘해야 한다'고 야나가와 노리유키 도쿄 대학교 교수는 제언한다.

　사람이 AI에게 일을 빼앗길 우려는 있다. 내제 가능한 일은 대체할 수 밖에 없다. 사람들에게 요구되는 것은 창조성과 커뮤니케이션 능력을 높여 보다 부가가치 있는 일을 하는 것이다. AI의 보급을 위기가 아닌 기회로 삼았으면 좋겠다.

단어

普及(ふきゅう) 보급 | 生(う)みだす 만들어 내다 | 技術力(ぎじゅつりょく) 기술력 | 武器(ぶき)にする 무기로 하다 | 急速(きゅうそく)に 급속히 | 台頭(たいとう)する 대두하다 | 組織(そしき) 조직 | まかなう 처리하다 | 自前主義(じまえしゅぎ) 자전 주의(자국이나 자사의 기술력만을 이용하여 제품을 만들려고 하는 것) | 競争優位(きょうそうゆうい)を保(たも)つ 경쟁 우위를 지키다 | 工作機械(こうさくきかい) 공작기계 | 稼働(かどう) 가동 | 一線(いっせん)を画(かく)す 선을 긋다 | 軌道修正(きどうしゅうせい) 궤도 수정 | 迫(せま)る 강요하다, 재촉하다 | 取(と)り入(い)れる 도입하다 | 成果(せいか)を生(う)む 성과를 내다 | 積極的(せっきょくてき)に進(すす)める 적극적으로 추진하다 | 確保(かくほ) 확보 | 後(おく)れを取(と)る 뒤처지다 | 従業員(じゅうぎょういん) 종업원 | 占(し)める 차지하다 | 採用(さいよう)する 채용하다 | 確率(かくりつ) 확률 | 乗務員(じょうむいん) 승무원 | 自家用車(じかようしゃ) 자가용차 | 対価(たいか)を得(え)る 대가[보수]를 받다 | 対抗(たいこう)する 대항하다 | 優秀(ゆうしゅう)な人材(じんざい) 우수한 인재 | 旧来型(きゅうらいがた) 옛날 방식 | 年次主義(ねんじしゅぎ) 연차 주의 | 大胆(だいたん)な 대담한 | 見直(みなお)し 재검토 | 人事評価(じんじひょうか) 인사 평가 | 改(あらた)める 바꾸다 | 連携(れんけい) 연휴, 제휴, 연대 | 意欲(いよく)を引(ひ)き出(だ)す 의욕을 이끌어내다 | 工夫(くふう) 궁리, 고안 | 業務改革(ぎょうむかいかく) 업무 개혁 | 向上策(こうじょうさく) 향상시킬 방법 | 助言(じょげん)する 조언하다 | 顧客(こきゃく) 고객 | 経営支援(けいえいしえん) 경영 지원 | 仕組(しく)み 구조 | 補完(ほかん)し合(あ)う 서로 보완하다 | 発揮(はっき)する 발휘하다 | 提言(ていげん)する 의견을 내다 | 奪(うば)われる 빼앗기다 | 代替可能(だいたいかのう)な 대체 가능한 | 付加価値(ふかかち) 부가가치 | ピンチ(pinch) 위기

문제 해설

20 ①인공지능(AI)의 보급의 예로 옳지 않은 것은 무엇인가?

1 외부의 기술과 아이디어를 찾아서 사내의 인재 육성에 노력한다.
2 손님이 보일 확률이 높은 장소를 택시 승무원에게 알린다.
3 사원의 대화 내용이나 업무 시간 등을 분석해서 생산성 향상을 위한 대책을 조언한다.
4 고객의 라이프 스타일에 맞는 상품과 서비스를 찾는다.

해설 1번, 중간 부분에 [他企業や大学など外部の技術やアイデアを~日本企業はさらに力を入れる必要がある]라고 언급하고 있다. 이것은 AI의 내용이 아니라 일본 기업이 해야 할 과제이므로 1번이 정답이다. 2번, [客を見つける確率の高い場所を、AIを使って自動的にタクシー乗務員に知らせる]라고 언급하고 있다. 3번, [日立製作所は社員がいつ誰と会話したかや、どのぐらいの時間、机に向かっているかなどをAIで分析し~]라고 언급하고 있다. 4번, [顧客のライフスタイルに合った商品やサービスをAIで探し出し~]라고 언급하고 있다.

21 ②궤도 수정이 불가피하다라고 되어 있는데 그 이유로 알맞은 것은 무엇인가?

1 경영 속도가 빠른 인공지능(AI)에 대항하기 위해서
2 엄격한 환경의 변화와 속도 경쟁에 대응하기 위해서
3 옛날 방식인 연차 주의에 대한 불만의 소리를 해결하기 위해서
4 사원들간의 연대 자세를 중시하고 의욕을 이끌어 내기 위해서

해설 같은 단락 앞 부분에 답이 있다. [企業に求められるのは、こうした厳しい環境の変化やスピード競争に対応できる組織をつくることである]라고 언급하며 기술과 노하우를 모두 자사에서 해결하는 것이 어려우므로 타사와 협업해야 하는 이유에 대해서 설명하고 있다. 그러므로 정답은 2번이다.

22 ③우수한 인재를 외부에서 영입하기 위해 필요한 것은 무엇인가?

1 대체할 수 있는 일은 AI에 맡기고 부가가치가 있는 일만 시킨다.
2 자사를 인터넷 기업 등에 적극적으로 어필해서 인재를 끌어온다.
3 의욕을 이끌어 낼 방법을 강구하고 일하기 좋은 환경을 만든다.
4 기업 전략을 명확하게 전달하고 사람들의 생활에 영향을 줄 수 있도록 교육한다.

[해설] 밑줄 다음 부분에서 답을 얻을 수 있다. 우수한 인재를 외부에서 영입하기 위해서는 연차 주의의 대담한 검토가 필요하다고 언급하면서 [意欲を引き出す工夫が重要になる。研究の自由度を高めることはもちろん、仕事をしやすい環境づくりも企業は求められる]라고 설명하고 있다. 그러므로 정답은 3번이 된다.

23 이 글에서 필자가 가장 주장하고 싶은 것은 무엇인가?

1 점점 치열해지는 경쟁 사회에서 살아남기 위해서는 외부와의 협업이 중요하다.
2 타사와 선을 그음으로써 자사 특유의 상품 개발에 집중할 수 있다.
3 AI의 능력을 빌리면서 변화에 대응할 수 있는 조직 구성에 힘을 쏟아야 한다.
4 AI에게 일을 빼앗기지 않도록 사람의 창조성을 높여야 한다.

[해설] 첫 단락과 마지막 단락에 필자의 주장이 나와 있다. [厳しさを増す競争を戦えるよう、企業は組織をつくりかえなくてはならない]와 [AIに仕事を奪われる懸念はある。代替可能な仕事は代替されざるを得ない~AIの普及をピンチでなくチャンスとしたい]로 보아 3번이 정답임을 알 수 있다.

문제13 정보 검색

문제 해설

24 '회원 등록'과 '회원 카드'에 대한 설명으로 옳은 것을 고르시오.
1 신규 회원 등록할 때만 300엔의 입회금이 있으며 갱신비는 발생하지 않는다.
2 설문 조사에 답하거나 최신 영화의 감상을 홈페이지에 작성하면 회원 등록이 무료이다.
3 이번 년도 상반기에 신규 등록을 하는 손님에 한해 캐릭터 디자인 회원 카드를 받을 수 있다.
4 SNS로「시네마라이크」를 공유하면 300포인트를 받을 수 있다.

해설 회원 등록 및 회원 카드에 대한 설명 중에 [アンケートにご協力していただいた方,「シネマライク」のホームページに最新映画のレビューを書いていただいた方]는 입회금 무료라고 되어 있으므로 2번이 정답이다. 매년 갱신비 300엔이 필요하다고 했으므로 1번은 정답이 아니고, 캐릭터 디자인 카드는 상반기가 아니라 1월 1일부터 1월 30일 사이에 신규 등록을 해야 받을 수 있다고 쓰여 있으므로 3번도 정답이 아니다. 4번 또한 '시네마라이크'를 공유하면 포인트가 아니라 입회금이 무료가 된다고 했으므로 정답이 아니다.

25 A 씨는 7박 8일로 준신작 영화 3장, 구작 CD앨범 5장, 만화책을 10권 대여했다. A 씨가 지불해야 할 금액은 얼마인가?
1 2100엔
2 2600엔
3 2950엔
4 3050엔

해설 할인 요금에 대한 설명을 보면 할인 요금이 적용되는 것은 CD앨범 5장뿐이다.
구작 CD앨범 5장(7박 8일) 이상이면 1장당 200엔에 대여 가능하다고 쓰여 있으므로
영화 3편 300엔×3＝900엔(할인 적용 안 됨)
CD앨범 5장 200엔×5＝1000엔(할인 적용)
만화책 70엔×10＝700엔(할인 적용 안 됨)
900＋1000＋700＝2600엔이므로 2번이 답이 된다.

단어

品揃(しなぞろ)え 상품 종류 | 誇(ほこ)る 자랑하다 | 総合(そうごう) レンタル店(てん) 종합 대여점 | 書籍(しょせき) 서적 | 買収(ばいしゅう) 매수, 사들임 | 販売(はんばい) 판매 | 取(と)り扱(あつか)う 취급하다 | 新作(しんさく) 신작 | 準新作(じゅんしんさく) 준신작 | 旧作(きゅうさく) 구작 | 延滞料金(えんたいりょうきん) 연체료 | ～当(あ)たり ~당 | 全冊半額(ぜんさつはんがく) 전권 반액 | 会員登録(かいいんとうろく) 회원 등록 | 新規登録(しんきとうろく) 신규 등록 | 入会金(にゅうかいきん) 입회금 | 更新費(こうしんひ) 갱신비 | 確認(かくにん) 확인 | 身分証明書(みぶんしょうめいしょ) 신분증 | 保証証(ほけんしょう) 보험증 | 免許証(めんきょしょう) 면허증 | 持参(じさん) 지참 | 提携先店舗(ていけいさきてんぽ) 제휴 점포 | 発行(はっこう) 발행 | シェアする 공유하다 | レビュー 리뷰 | 開業(かいぎょう) 개업 | 福袋(ふくぶくろ) 복주머니 | 抽選(ちゅうせん) 추첨 | 宅配(たくはい) レンタルサービス提供(ていきょう) 택배 대여 서비스 제공

> 지문 해석

일본 최대의 상품 종류를 자랑하는 종합 대여점 '시네마라이크'

· '시네마라이크'에서는 DVD, CD, 비디오, 만화책 대여 및 게임 소프트와 서적 매입, 판매 등을 취급합니다.

<시네마라이크 대여 요금>

DVD/블루레이	당일	1박 2일	2박 3일	7박 8일	연체료
신작	260엔	260엔	330엔	–	230엔
준신작	230엔	230엔	260엔	300엔	200엔
구작	–	–	–	100엔	200엔

CD	당일	1박 2일	2박 3일	7박 8일	연체료
신작	230엔	260엔	300엔	–	210엔
구작	200엔	–	–	270엔	210엔

만화	당일	1박 2일	2박 3일	7박 8일	연체료
신작	–	50엔	60엔	70엔	60엔

♣ 할인 요금에 대하여
· DVD/블루레이 신작 5장 이상, 1장당 250엔(2박 3일)
· DVD/블루레이 구작 10장 이상, 2장 무료
· 구작 CD앨범 5장 이상, 1장당 200엔(7박 8일)
· 만화책 20권 이상, 전권 반액(2박 3일, 7박 8일)

♣ 회원 등록 및 회원 카드에 대하여
· 신규 등록하시는 분은 입회비 300엔이 듭니다. 매년 300엔의 갱신비가 듭니다.
· 이름과 주소가 확인 가능한 신분증(보험증, 면허증 등)을 지참해 주십시오.
· '회원 카드'는 제휴 점포 및 인터넷으로 발행할 수 있습니다.

♣ '입회비 무료 캠페인 중'
· 설문 조사에 협력해 주신 분
· SNS로 '시네마라이크'를 공유해 주신 분
· '시네마라이크' 홈페이지에 최신 영화 리뷰를 작성해 주신 분

♣ '시네마라이크' 개업 20주년 캠페인&복주머니(1월 1일~1월 30일)
· 추첨을 통해 50명에게 300포인트 선물
· 캠페인 기간 중에 신규 등록하시면 캐릭터 디자인 회원 카드 발행
· 택배 대여 서비스 제공(DVD/블루레이·CD 중에서 2장 선택 가능)

파이널 테스트 2회

1.③	2.④	3.③	4.①	5.④	6.③	7.②	8.②	9.③	10.②
11.③	12.②	13.④	14.①	15.④	16.②	17.③	18.③	19.③	20.①
21.③	22.②	23.③	24.①	25.②	26.③				

문제 8 내용 이해-단문

1

지문 해석

어느 고등학교에 다니는 2학년 남학생이 휴대전화 사이트에 친구를 헐뜯는 글을 올린 것에 대해 학교 측으로부터 주의를 받은 후 자살한 것이 알려졌습니다.

학교 측의 설명에 의하면, 지난 달 하순 2학년 남학생이 자택에서 자살을 기도해, 이번 달 5일 사망하였는데, 이 학생은 지난 달 21일 휴대전화 사이트 게시판에 같은 학교에 다니는 여러 학생들에게 '죽어!'라는 내용을 썼다고 해서 다음날 학교 측으로부터 주의를 받았다는 것입니다. 이 학생은 사실 관계를 인정하고 반성한다고 했지만, 귀가 후 자살했으며 학생이 남긴 문서에는 교사로부터 '죽어!'라는 말을 들었다는 내용이 쓰여 있었다고 합니다. 교장은 '휴대전화 사이트에 쓰는 게시글에 대해서는 학생 전원에게 지도를 했다. 자살한 학생에게 죽으라는 말 같은 것은 일절 한 적이 없다'고 했습니다.

단어

中傷(ちゅうしょう)する 중상(모략)하다 | 書き込み(かきこみ)をする 글을 올리다 | 下旬(げじゅん) 하순 | 自殺(じさつ)を図(はか)る 자살을 기도하다 | 指導(しどう) 지도 | ～てはいけない ~해서는 안 된다

문제 해설

1 본문의 내용과 일치하는 것을 하나 고르시오.
1 학교 교사는 여러 학생들에게 '죽어'라고 한 것을 인정하고 반성하고 있다.
2 학교 교장선생님은 사망한 학생에게 죽어서는 안 된다고 지도하고 있었다.
3 학생이 남긴 문서에는 선생님으로부터 '죽어'라는 말을 들었다는 내용이 있다고 한다.
4 사망한 학생은 친구를 헐뜯은 것을 반성해 자살했다.

해설 본문의 끝에서 셋째 줄 [生徒が書き残した文書には教師から「死ね」と言われたという内容が書かれていたということです]라고 나와 있으므로 답이 3번임을 알 수 있다. 또한, 이 문장의 내용으로 보아 4번 역시 학생이 자살한 이유가 친구를 헐뜯은 것을 반성한 데에 있는 것이 아님을 알 수 있다.

2

지문 해석

돈벌이 그 자체는 나쁜 것이 아니다. 그러나 경제활동이 돈벌이와 항상 일치하는 것은 아니다. 수단, 방법, 목적, 그

리고 결과를 조금 잘못하면 '구두쇠'로 불리며 경멸당하고 만다.

 그러나 언제부터인가 수단이나 목적은 불문하고, 결과만 좋으면 '만사 오케이'라는 풍조가 강해지고 있는 듯하다. '참가하는 것에 의의가 있다'고 한 올림픽에서 선수의 약물 복용 위반이 끊이질 않는다. '이기는 것'이 그 후의 '돈벌이'를 크게 좌우하기 때문일까.

> **단어**

金儲(かねもう)け 돈벌이 | **常(つね)に** 항상 | **守銭奴(しゅせんど)** 수전노, 구두쇠 | **軽蔑(けいべつ)** 경멸 | **~は問(と)わず** ~은 불문하고 | **~さえ~ば** ~만 ~하면 | **万事(ばんじ)よし** 만사 오케이 | **~といった** ~라는 | **風潮(ふうちょう)** 풍조 | **強(つよ)まる** 강해지다 | **ドーピング違反(いはん)** 약물 복용 위반 | **後(あと)を絶(た)たない** 끊이지 않다 | **稼(かせ)ぎ** 돈벌이 | **左右(さゆう)する** 좌우하다 | **~ばそれまでだ** ~하면 그것으로 끝이다 | **~なら仕方(しかた)がない** ~라면 어쩔 수 없다 | **利益(りえき)** 이익 | **追求(ついきゅう)する** 추구하다 | **~あまり** ~한 나머지 | **~がちになる** ~하는 경향이 되다 | **~つつある** ~하고 있다

> **문제 해설**

2 필자의 생각으로 가장 적당한 것을 고르시오.
1 모든 수단을 이용해도 이기면 그만이다.
2 과정에 문제가 있어도 좋은 결과를 얻기 위해서라면 어쩔 수 없다.
3 올림픽에는 참가하는 것에 의미가 있기 때문에 반드시 이길 필요는 없다.
4 이익만을 추구한 나머지 페어플레이 정신은 무시되는 경향이 계속되고 있다.

해설 두 번째 단락의 [いつの頃からか、手段や目的は問わず、結果さえよければ万事よし、といった風潮が強まっている気がする] 부분에서 4번이 답임을 유추할 수 있다.

3

> **지문 해석**

『라쇼몽』 등으로 알려진 작가 아쿠타가와 류노스케가 부인과 아이 앞으로 남긴 유서의 직필 원고가 발견되어, 죽음을 결심한 작가의 심경을 엿볼 수 있는 귀중한 자료로 주목받고 있습니다.

 발견된 것은 아쿠타가와 류노스케가 부인과 아이, 지인 앞으로 쓴 모두 4통의 유서로 원고 용지 8매에 잉크로 쓰여 있습니다. 그 중 '우리 아이들에게'라고 제목을 붙인 유서는 '인생은 죽음에 이르기까시 치열한 전투인 것을 잊으면 안 될 것'이라는 문장으로 시작하고 있는데, '전투' 앞에 '죽음에 이르다'라는 한 구절을 삽입한 흔적이 남아 있는 등, 죽음을 결심했던 작가가 유서의 퇴고를 거듭했던 모습을 엿볼 수 있습니다. 도쿄 메구로구에 있는 일본 근대 문학관에서는 유서의 복사본을 내일부터 일반인에게 공개하기로 했습니다.

> **단어**

遺書(いしょ) 유서 | **直筆(ちょくひつ)** 직필, 사실대로 씀 | **決意(けつい)** 결의, 결심 | **心境(しんきょう)** 심경 | **うかがう** 엿보다 | **知人(ちじん)** 지인 | **~にあてる** ~앞으로 보내다 | **題(だい)する** 제목을 붙이다 | **~べからず** ~하지 말 것 | **一節(いっせつ)** 한 구절 | **挿入(そうにゅう)する** 삽입하다 | **推(すい)こう** 퇴고 | **複製(ふくせい)** 복제, 복사본 | **印刷(いんさつ)** 인쇄 | **書き直す(かきなおす)** 다시 쓰다

> 문제 해설

3 본문의 내용과 가장 가까운 것을 하나 고르시오.
1 아쿠타가와 류노스케는 『라쇼몽』을 쓴 후 곧바로 자살했다.
2 아쿠타가와 류노스케가 부인 앞으로 남긴 원고용지 8매의 유서가 인쇄물로 발견되었다.
3 '죽음에 이르다'라는 한 구절로부터 작가가 유서를 수정한 사실을 엿볼 수 있다.
4 유서를 원고 그대로 일반인에게 공개하기로 정했다.

해설 1번, 『羅生門』을 쓴 후에 바로 자살했다는 내용은 본문에 나와 있지 않다. 2번, 두 번째 단락 [芥川龍之介が妻や子どもと知人に~インクで書かれています] 부분으로 보아 부인만이 아니라 아이와 지인에게도 남겼음을 알 수 있다. 3번, 두 번째 단락 셋째 줄 [「戦ひ」の前に「死に至る」という~推こうを重ねた様子がうかがえます] 부분에서, 수정했다는 것을 알 수 있으므로 3번이 답이 된다. 4번, 마지막 문장 [遺書の複製をあすから一般に公開することにしています] 부분을 보면 원고 그대로가 아니라 복사본임을 알 수 있다.

4

> 지문 해석

선생님의 칭찬이 부모 이상의 효과를 나타내는 데이터도 있지만, 그만큼 부정적인 말이 미치는 영향도 크다.
시바 료타로 씨가 학교를 싫어하고, 도서관을 좋아했던 것은 유명하다. 그것은 중학교 1학년 영어 교과서에 나온 뉴욕이라는 지명의 의미를 선생님께 질문했던 것에서 비롯된다. 그러자 선생님은 '지명에 무슨 의미가 있어!'라며 호통을 쳤다는 것이다. 시바 씨는 하굣길에 시립 도서관에 들러 뉴욕의 의미를 알게 된다. 독학하는 습관이 들게 된 발단이었지만, 한편으로 ①'좋은 선생을 만나는 것보다 더 나은 것은 없다'고 에세이에 덧붙이고 있다.

> 단어

ほめ言葉(ことば) 칭찬 | リーダー (영어 교과서용) 독본, reader | 怒声(どせい)を上(あ)げる 호통을 치다 | 独学(どくがく) 독학 | 癖(くせ)がつく 습관이 들다 | そもそも 시초, 발단 | いい先生(せんせい)につく 좋은 선생님 밑에서 배우다 | ~に越(こ)したことはない ~보다 더 좋은 것은 없다 | 言い添える(いいそえる) 말을 덧붙이다 | 教(おそ)わる 배우다

> 문제 해설

4 ①'좋은 선생님을 만나는 것보다 더 나은 것은 없다'가 의미하는 가장 적당한 것은 어느 것인가?
1 좋은 선생님께 배우는 것이 제일이다.
2 좋은 선생님께 배워도 복습을 하지 않으면 의미가 없다.
3 좋은 선생님이 되기 위해서는 독학하지 않으면 안 된다.
4 좋은 선생님께 지명의 의미를 배우는 것은 최고이다.

해설 [~に越したことはない]는 '~하는 것이 제일이다, ~보다 더 나은 것은 없다'라는 뜻이므로, 답은 1번임을 알 수 있다.

문제9 내용 이해-중문

5 ~ 7

지문 해석

　지인이 소유하는 맨션의 방 하나를 빌리고 있던 여성이 집세를 장기 체납하는 문제가 있었다. 독촉에도 퇴거 요구에도 응하지 않고, 미납된 집세는 부풀어 올랐다. 집주인은 곤란하여 보증인인 여성의 아버지로부터 체납분의 요금을 받았지만, 여성은 ①그 후에도 체납을 계속했다.

　어느 날 어찌할 바를 몰라 쩔쩔매던 아버지로부터 연락이 왔다. ②'딸을 상대로 퇴거를 요구하는 소송을 걸어 주시길 바랍니다. 재판비용은 이쪽에서 부담하겠습니다'.

　변호사를 내세워 딸을 퇴거시키고 싶어 하는 아버지라니 대체 어떤 사람일까? 라고 생각했는데, 들어 보니 아버지와 딸의 불화가 나빠질 대로 나빠져, 집세를 낼 수 없으면 집으로 들어오라고 타이르는 아버지의 말에 딸은 귀를 기울이지 않았다. 아버지의 전화에도 응답이 없었다. 그래서 법적 조치밖에 없다고 판단했다고 한다. 결국 재판소의 절차에 따라 여성은 가까스로 집에서 나갔다.

　부모와 자식의 대화의 틈을 변호사가 메운다. 나는 최근 휴대전화의 각 사에서 퍼지고 있는 '가족간의 통화 무료'가 가족의 거리감을 조금은 줄일지도 모른다고 기대하고 있다. 애초 가족의 대화는 무료이고 무제한이었으니까.

단어

所有(しょゆう)する 소유하다 | **家賃(やちん)** 집세 | **滞納(たいのう)する** 체납하다 | **督促(とくそく)** 독촉 | **立ち退き(たちのき)** 퇴거, 물러감 | **未払(みはら)い** 미납 | **膨(ふく)れあがる** 부풀어 오르다 | **途方(とほう)に暮(く)れる** 어찌할 바를 모르다 | **訴訟(そしょう)を起(お)こす** 소송을 걸다 | **裁判(さいばん)** 재판 | **負担(ふたん)する** 부담하다 | **退去(たいきょ)** 퇴거 | **不仲(ふなか)** 불화 | **こじれる** 뒤틀리다 | **諭(さと)す** 깨우치다, 타이르다 | **耳(みみ)を貸(か)す** 귀를 기울이다, 들어주다 | **措置(そち)をとる** 조치를 취하다 | **手続(てつづ)き** 절차, 수속 | **溝(みぞ)** 틈, 간격 | **埋(う)める** 메우다, 막다 | **縮(ちぢ)める** 줄이다 | **無制限(むせいげん)** 무제한 | **大家(おおや)さん** 집주인 | **拘束(こうそく)する** 구속하다 | **たとえ~でも** 설령 ~하더라도

문제 해설

5 ①그는 무엇을 가리키는가?
1. 여성이 집세를 장기 체납해 문제가 된 것.
2. 집주인의 독촉에 응해 주지 않았던 것.
3. 아버지의 보증인이 체납분을 지불해 준 것.
4. 아버지가 체납분을 지불한 것.

해설　「その」뒤의 문장에 '체납'을 계속했다는 내용이 있으므로「その」앞 부분의 [保証人である女性の父親から滞納分の支払いを受けたが]의 내용에서 답을 유추할 수 있다. 집주인이 보증인인 여성의 아버지로부터 체납분을 지불 받았으므로 답은 4번이 된다.

6 여성의 아버지가 ②딸을 상대로 퇴거를 요구하는 소송을 걸어 주시길 바랍니다 라고 부탁한 이유로 가장 적당한 것을 하나 고르시오.

1 집세가 밀려 이제 더 이상 지불할 능력이 없기 때문에.
2 법적 조치를 취해 딸을 구속시키고 싶어서.
3 딸이 집으로 돌아오기를 바라지만, 아버지의 말을 들으려고 하지 않아서.
4 딸과의 관계가 틀어져 버려서.

해설 바로 뒤 문장 세 번째 단락의 [父と娘の不仲がこじれにこじれ～そこで法的措置しかない、と判断したという] 부분에서 딸이 집으로 돌아와 주기를 바라는 아버지의 마음을 읽을 수 있으므로 3번이 답이 된다. 4번과 같이 단순히 부녀지간의 관계가 악화된 것이 이유라고 보기는 어렵다.

7 이 문장에서 필자가 말하고 싶은 것은 무엇인가? 가장 적당한 것을 하나 고르시오.

1 집세도 내지 못하는 딸은 재판을 받아도 괜찮다.
2 부모와 자식의 대화 시간을 늘려 가족간의 거리감을 줄여 가는 것이 중요하다.
3 부모와 자식의 틈은 변호사가 메우면 된다.
4 집세가 밀리면 가령 딸이라도 소송을 거는 편이 낫다.

해설 마지막 단락의 [私は最近、携帯電話各社で広がる「家族間の通話無料」が家族の距離感を少しは縮めるかもしれない、と期待している]에서 알 수 있듯이, 필자는 가족간의 대화 시간을 늘려 거리감을 줄여 나갈 수 있게 되기를 기대하고 있다. 따라서 2번이 답임을 유추할 수 있다.

8 ~ 10

지문 해석

작고 오래된 양복점 앞을 지나자 ①'폐점 세일'이라는 벽보가 붙어 있다. 몇 번 이용한 적도 있어서 엉겁결에 셔츠를 샀다. 가게를 나온 후, 몇 번인가 뒤돌아보며 잠시 감상에 젖어 동네에서 정들었던 가게와의 이별을 아쉬워했다. 그러나 이게 웬일인가. 며칠 후 벽보는 '개점 세일'로 바뀌어 있는 것이 아닌가.

대형 신사복 체인점에서 잘 알려진 상술. 업계 관계자에 의하면 폐점에는 3종류가 있다고 한다. 폐업시의 '완전 폐점', 배치를 변경하는 '개장에 따른 폐점', 계절이 바뀔 때의 '상품 교체를 위한 폐점'으로 모두 손님을 모으는 효과는 절대적이라고 한다. 매상 목표 달성을 위해 재빠르게 팔아 치울 수 있는 수단으로도 정착하고 있다고 한다. 전 점포의 약 40%가 실시하는 대기업도 있어 '한 번 시작하면 멈출 수 없는 마약 같은 것'이라던데. 그러고 보니, 1년 동안 몇 번이고 "폐점" 한 가게도 있었다.

소비자에게는 고마운 일이지만, 이것은 위장 표시와 부당한 염가 판매가 아닌가? 공정거래위원회에 따르면, 원가보다 싸게 파는 등 싼 값으로 하는 장기 세일이나, 폐업으로 오인할 만한 전단지, 광고물 등은 경고의 대상이 된다고 한다. ②역시 "마약"인 것이다.

단어

老舗(しにせ) 오래된 점포 | 紳士服(しんしふく) 신사복 | 張り紙(はりがみ) 벽보 | 買い求める(かいもとめる) 사들이다, 입수하다 | 振り返る(ふりかえる) 뒤돌아보다 | ちょっぴり 잠시 | 感傷(かんしょう)に浸(ひた)る 감상에 젖다 | 惜(お)しむ 아쉬워

하다 | **大手**(おおて) 대기업 | **おなじみの** 익숙한 | **商法**(しょうほう) 상술 | **廃業**(はいぎょう) 폐업 | **変更**(へんこう)**する** 변경하다 | **改装**(かいそう) 개장 | **~に伴**(ともな)**う** ~에 따르다 | **季節**(きせつ)**の変わり目**(かわりめ) 계절이 바뀌는 때, 환절기 | **入れ替え**(いれかえ) 교체 | **集客**(しゅうきゃく) 손님을 모음 | **売り上げ**(うりあげ) 매상 | **手っ取り早く**(てっとりばやく) 재빠르게 | **さばく** 팔아 치우다 | **麻薬**(まやく) 마약 | **~とか** ~라고 하던데 | **ありがたい** 고맙다 | **偽装**(ぎそう) 위장 | **廉売**(れんばい) 염가 판매 | **原価割**(げんかわ)**れ** 원가보다 싸게 팜 | **格安**(かくやす) 값이 쌈 | **見**(み)**まがう** 오인하다, 잘못 알다 | **警告**(けいこく) 경고 | **~ごと** ~마다 | **取り締まり**(とりしまり) 단속 | **盲点**(もうてん) 맹점 | **~てたまらない** ~해서 견딜 수 없다, 너무 ~하다 | **惨**(みじ)**めな** 비참한

> **문제 해설**

8 ①'폐점 세일'에 대해 서술한 다음 4개의 문장 중 본문의 내용과 가장 가까운 것을 하나 고르시오.
1 손님을 모으는 효과로는 계절마다 '상품 교체를 위한 폐점'이 제일이다.
2 매상 목표 달성의 수단으로 정착하고 있다.
3 대형 신사복 체인에서는 전 점포의 약 4%가 실시하고 있다.
4 마약 같은 것이므로 필자는 한 번도 이용한 적이 없다.

해설 두 번째 단락 셋째 줄 [どれも集客効果は絶大。売り上げ目標の達成に向け手っ取り早くさばける手段としても定着しているという] 부분으로부터 2번이 답임을 유추할 수 있다.

9 필자가 ②역시 "마약"인 것이다 라고 말하는 이유로 가장 적당한 것을 하나 고르시오.
1 폐점을 반복하는 회사의 상술이 손님의 눈을 즐겁게 할 수 있어서
2 폐점을 반복하는 회사의 상술이 단속의 대상이 되니까
3 폐점을 반복하는 회사의 상술이 손님을 속여 이익을 올리는 것으로 이어져서
4 폐점을 반복하는 회사의 상술이 몇 번을 해도 이익을 낼 수 없는 의외의 맹점이 있어서

해설 전체적으로 손님을 속인다는 내용을 알 수 있고, 특히 마지막 단락의 [偽装表示や不当廉売]라는 표현에서 손님을 속여 이익을 올린다는 느낌을 받을 수 있다. 또한 두 번째 단락 넷째 줄 [やりだしたら止まらない麻薬みたいなもの]라는 문장에서, 마약처럼 폐점을 반복하는 모습을 볼 수 있다. 따라서 답이 3번임을 유추할 수 있겠다.

10 양복점을 이용하던 필자의 지금의 심정을 가장 잘 나타낸 것은 어느 것인가?
1 자주 이용하던 가게가 없어지다니 슬퍼서 견딜 수 없다.
2 정들었던 가게가 없어진다고 생각해 슬퍼했는데 속은 기분이다.
3 가게 상술 따위에 속다니 비참한 기분이다.
4 정들었던 가게가 아직 영업을 하고 있어서 기쁘기 그지없다.

해설 첫 번째 단락의 둘째 줄 [店を出た後、何度か振り返るなど、~あの張り紙は「開店セール」に替わっているのではないか] 부분에서 2번이 답임을 유추할 수 있다. 속은 기분이지 3번처럼 비참한 기분까지는 아니다.

11 ~ 13

> 지문 해석

이발을 맡기고 있는 K 씨와는 오랜 친분이 있다. 중간에 지방 지국과 오사카 본사 근무 동안 공백은 있지만, 20대 중반부터 햇수로 20년 이상 머리 손질을 맡기고 있다.
'이거 사용해 봐요'. 2년쯤 전, 이발을 마치고 돌아갈 때 샴푸용 브러시를 건네받았다. 별 다를 것 없는 원형의 염화비닐 소재의 브러시인데, 사용해 보니 느낌이 좋아 어느 새 습관이 되었다. 1년이나 지났을 무렵 K 씨가 슬며시 말했다. '정수리 주변, 다시 머리가 짙어졌네요. 그 브러시 사용하고 계시죠?' 철렁했다. 과연 ①그런 것이었구나.
자신의 신체의 일부지만 두발의 변화는 좀처럼 알아채기 힘들다. 하물며, 정수리 부분 같은 곳은 말이다. 머리는 가족에게도 좀처럼 만지지 못하게 한다. 솜씨 좋은 이발사를 만난 행운에 감사할 뿐이다.
본인도 알아채지 못한 결점을 조용히 지적해 준 선의의 제삼자에 대한 고마움. '이런 것은 머리만이 아닐지도 몰라'. 부지런히 샴푸용 브러시로 빗으며, ②스스로의 평소 언동을 반성해 본다.

> 단어

散髮(さんぱつ) 이발 | **付き合い(つきあい)** 친분, 사귐 | **半(なか)ば** 중반 | **足掛(あしか)け** 햇수로 | **頭髮(とうはつ)** 두발 | **変哲(へんてつ)もない** 별다른 것이 없다 | **円形(えんけい)** 원형 | **心地(ここち)よい** 기분이 좋다 | **いつしか** 어느 사이엔지, 어느덧 | **ボソリと** 슬며시 | **ヒヤリとする** 철렁하다 | **ましてや** 하물며 | **頭頂部(とうちょうぶ)** 정수리 부분 | **めったに** 좀처럼, 거의 | **触(さわ)る** 만지다, 건드리다 | **腕(うで)のよい** 솜씨 좋은 | **理髪師(りはつし)** 이발사 | **幸運(こううん)** 행운 | **~ばかりだ** ~할 뿐이다 | **善意(ぜんい)** 선의 | **せっせと** 부지런히 | **省(かえり)みる** 반성하다 | **宣伝(せんでん)する** 선전하다 | **慨憤(ふんがい)** 분개 | **世話(せわ)を焼(や)く** 돌보다, 보살피다

> 문제 해설

11 ①그런 것이라고 했는데 무엇을 가리키는가?
1 K 씨가 가게의 브러시를 선전하려고 한 것
2 필자의 머리숱이 적어져 있던 것
3 K 씨가 필자의 머리카락을 위해 브러시를 건넨 것
4 K 씨가 필자가 감추고 싶었던 결점을 알고 있었던 것

해설 1번은 본문에서 추론해 낼 수 있는 내용이 아니다. 2번은 추론할 수 있는 내용이지만, 질문에 대한 내용은 아니다. 3번, K 씨가 두 번째 단락 셋째 줄 [てっぺんの辺り、また濃くなったね。あのブラシ使ってんでしょ]라고 한 부분에서, 필자의 머리숱이 적은 점을 의식하고 빗을 줌으로써 머리숱이 많아지길 바랐던 K 씨의 마음을 알아차릴 수 있다. 따라서 답은 3번이다. 4번, 마지막 단락의 [本人も気付かない欠点を、そっと指摘してくれる善意の第三者のありがたさ] 부분에서 알 수 있듯이 필자는 자신의 결점을 눈치채지 못하고 있었다.

12 ②스스로의 평소 언동을 반성해 본다는 것은 무엇을 말하는가?
1 K 씨의 행동에 분개한 자신을 반성하는 것
2 자신이 K 씨 같은 그런 사람인지 반성하는 것
3 자신의 주변에 K 씨 같은 사람이 있는지 생각해 보는 것
4 자신의 주변 사람에게 K 씨 같은 사람을 소개하지 않았던 것을 반성하는 것

해설 1, 3, 4번은 문제와 관련해 추론해 낼 수 없는 내용이다. 2번, 필자는 본인도 알아채지 못한 결점을 조용히 지적해 준 것에 감사하는 사연을 서술하며, 자신은 타인에게 관심을 기울여 K 씨와 같이 행동하고 있는가를 반성하고 있다. 따라서 답은 2번이다.

13 본문의 내용으로 올바른 것은 어느 것인가?
1 K 씨는 필자가 머리숱이 적어진 것에 신경 쓰는 것을 보고 샴푸용 브러시를 건넸다.
2 K 씨는 필자와 20세부터 오랜 친분으로 20년 이상 두발 손질을 해 주었다.
3 필자는 자신의 결점인 머리를 가족들도 만지지 못하게 하고 있었다.
4 필자는 자신의 결점을 돌아보는 계기를 만들어 준 이발사에게 감사하고 있다.

해설 1번, 필자는 평소에 머리숱이 적은 것을 의식하고 있지 않았음을 네 번째 단락의 [本人も気付かない欠点を] 부분에서 알 수 있다. 2번, 첫 번째 단락 뒷부분의 [20代の半ばから足掛け20年以上、頭髪の世話をお願いしている]의 '20대 중반부터 20년 이상'과 보기의 [20세부터 20년 이상]을 같다고 착각해서는 안 된다. 3번, 세 번째 단락의 [自分の体の一部だが、頭髪の変化にはなかなか気付かない。ましてや頭頂部など。頭は家族にもめったに触らせない] 부분으로 보아, 필자는 자신의 결점을 의식하여 의도적으로 머리를 못 만지게 한 것이 아니라, 결점이라는 의식 없이 그렇게 한 것이다. 4번, 네 번째 단락의 [本人も気付かない欠点を、そっと指摘してくれる善意の第三者のありがたさ] 부분으로 보아 정답임을 알 수 있다.

문제10 내용 이해-장문

지문 해석

낯선 사람끼리 만나면, 상대와의 관계에서 앉을 위치와 설 위치를 정하지 않으면 안 되는 경우가 자주 있다. 이것은 서로 의논할 필요가 있는 것도 아니고, 의식해서 생각해야 하는 것도 아니다. 예를 들어, 친근감을 나타내려고 상대의 가까이에 서야 할지, 아니면 친한 척하는 것처럼 보이지 않기 위해 떨어져 있어야 할지 자문할 필요는 없다. 그러한 상황에서 '옳다고 느껴지는' 거리감을 취하면 그만이다.

①'사람들이 적절하다고 느끼는' 거리는 그 사람이 속한 문화에 의해 현저하게 좌우된다. 두 사람이 같은 문화의 구성원일 때에는 어느 정도로 상대방 가까이 서야만 하는가 라는 문제로 곤란할 일은 거의 없다. 그러나 그들이 타인과의 사이에서 필요로 하는 공간에 대해 다른 생각을 가진 문화의 출신이라면 여러 문제가 발생할 때가 있다.

유럽 사회는 사람들이 어느 정도로 타인과 가까이에 자신의 위치를 두는가에 따라, 대략이긴 하지만 세 개의 지역으로 나눌 수 있다.

하나는, 데즈몬드 모리스가 ②'엘보 존'이라고 부르는 지역으로, 이 지역의 사람들은 팔꿈치로 서로의 신체가 닿을 수 있을 정도로 접근한다. 이 지역에는 스페인·프랑스·이탈리아·그리스·터키 같은 나라들이 포함된다.

두 번째 지역은 동유럽의 대부분에 이르는데, 폴란드·헝가리·루마니아 등의 나라가 포함된다. ③'리스트 존'이라고 불리는 이 지역에서는 사람들이 그렇게 하고 싶다고 생각하면, 자신의 손목으로 상대의 신체에 닿을 수 있도록 자신의 위치를 둔다.

마지막으로 모리스가 '핑거 칩 존'이라고 부르는 지역이 있다. 이 지역에는 영국·벨기에·독일·스칸디나비아 제국이 포함된다. 이 지역에서는 사람들은 타인을 팔 길이보다 가까이 하고 싶어 하지 않고, 서로 신체에 닿을 기회를 갖지 않아도 전혀 불만을 느끼지 않는다.

이러한 타인과의 근접 공간이 다른 지역에 관해 가장 눈에 띄는 것은 그 지리적인 배치이다. '엘보 존'은 유럽에서 가장 온난한 지역에 위치하고, '핑거 칩 존'은 가장 차갑고 서늘한 지역에 위치하고 있다. 그리고 '리스트 존'은 거의 그 중간에 위치하고 있다. 여기서는 몇 가지의 이유를 생각할 수 있다. 첫 번째 그리고 가장 명백한 이유는 기후이다. 주위의 기온이 사람들의 쾌적 지수와 행복 지수에 영향을 준다는 것은 잘 알려져 있다. 온난한 기후에 대하여 하나 더 말할 수 있는 것은, 기후가 온난하면 사람들이 야외에서 접촉하는 기회가 생기기 때문에, 사람들의 사회적인 풍습에 영향을 끼치는 것이다. 지중해 연안은 어느 곳이나 여름에 비가 적고 따뜻하며, 겨울도 꽤 살기 편한 날씨이다. 그 때문에 사람들은 야외에서 수다를 떨거나 하면서 보내는 시간이 다른 지역의 사람들보다도 훨씬 길다. 이러한 빈번한 접촉이 (타 지역의 사람들보다도) 사람들을 보다 밀접하게 이어 주며, 이러한 점이 이번에는 사람들을 줄곧 상대방 가까이에 서거나 앉으려는 마음이 들게 하는 것으로 크게 작용할 수 있다.

단어

見知(みし)らぬ 낯선 | 同士(どうし) 끼리 | 親近感(しんきんかん) 친근감 | 馴れ馴れしい(なれなれしい) 매우 친하다, 흉허물없이 너무 친하다 | 自問(じもん)する 자문하다 | 著(いちじる)しく 현저하게 | 生(しょう)じる 생기다, 발생하다 | 位置(いち)を取(と)る 위치를 두다 | おおよそ 대략 | 肘(ひじ) 팔꿈치 | 体(からだ)に触(ふ)れる 신체에 닿다 | 温暖(おんだん)な 온난한 | 冷涼(れいりょう)な 차갑고 서늘한 | 触れ合う(ふれあう) 닿다, 접촉하다 | 影響(えいきょう)を及(およ)ぼす 영향을 끼치다 | 沿岸(えんがん) 연안 | ~でさえ ~조차, ~도 | はるかに 훨씬 | 頻繁(ひんぱん)な 빈번한 | 接触(せっしょく) 접촉 | 結び付ける(むすびつける) 결부하다, 연결시키다

문제 해설

14 ① '사람들이 적절하다고 느끼는' 거리에 대해 서술한 내용으로 옳은 것은 어느 것인가?

1. 타인과의 적절한 거리를 기후와 결부해 3개의 지역으로 나누어 설명하고 있다.
2. 다른 문화 사람들 간에는 어느 정도로 접근 공간을 가질지 곤란한 일은 거의 없다.
3. 접촉이 다른 지역보다 빈번한 지역 사람들은 타인과 밀리 서거나 앉는다.
4. 타인과의 근접 공간은 자신이 속한 문화에 따라 의식해서 생각해야 한다.

해설 마지막 단락에서 세 지역의 지리적 배치를 설명한 후, [そして最も明白な理由は気候である]라고 했으므로, 1번이 답이 된다.

15 ② '엘보 존'의 설명으로 본문의 내용과 일치하지 않는 것을 하나 고르시오.

1. 이 지역에서는 사람들이 팔꿈치로 서로의 신체에 닿을 수 있을 정도로 접근한다.
2. 이 지역에는 스페인·프랑스·이탈리아·그리스·터키 같은 나라들이 포함된다.
3. 유럽에서 가장 온난한 지역에 위치하고 있다.
4. 이 지역에서는 사람들이 타인을 팔 길이보다 가까이 하고 싶어 하지 않는다.

해설 1번, 네 번째 단락의 [この地域では人々は肘でお互いの体に触れることができるほど接近する] 부분으로 보아 본문과 일치함을 알 수 있다. 2번, 네 번째 단락 뒷부분의 [この地域にはスペイン·フランス·イタリア·ギリシャ·トルコのような国々が含まれる]에 보기의 내용이 제시되어 있음을 알 수 있다. 3번, 맨 마지막 단락의 [「エルボー·ゾーン」はヨーロッパで最も温暖な地域に位置し] 부분으로 보아 본문과 일치함을 알 수 있다. 4번, 끝에서 두 번째 단락의 [この地域では、人々は他人を腕の長さより近づけたがらず]에 해당하는 지역은 「フィンガーチップ·ゾーン」이므로 본문과 일치하지 않는다.

16 ③'리스트 존'의 설명으로 본문과 일치하지 않는 것을 하나 고르시오.

1 이 지역의 사람들은 자신의 손목으로 상대방의 신체에 닿을 수 있을 정도로 접근한다.
2 이 지역에는 영국·벨기에·독일·스칸디나비아 제국이 포함된다.
3 이 지역에는 폴란드·헝가리·루마니아 등의 나라가 포함된다.
4 가장 차갑고 서늘한 지역과 가장 온난한 지역의 거의 중간에 위치하고 있다.

해설 1번, 「リスト・ゾーン」과 관련된 내용을 다룬 다섯 번째 단락의 [自分の手首で相手の体に触れることができるように自分の位置を取る] 부분을 보면 본문과 일치함을 알 수 있다. 2번, 여섯 번째 단락의 [イギリス・ベルギー・ドイツ・スカンジナビア諸国が含まれる] 부분이 제시된 지역은 「フィンガーチップ・ゾーン」임을 알 수 있다. 따라서 본문과 일치하지 않으므로 2번이 답이 된다. 3번, 다섯 번째 단락의 [ポーランド・ハンガリー・ルーマニアなどの国が含まれる] 부분에서 본문과 일치함을 알 수 있다. 4번, 맨 마지막 단락 셋째 줄 [そして「リスト・ゾーン」は、ほぼその中間に位置している] 부분에서 보기의 내용이 본문과 일치함을 알 수 있다.

17 본문의 내용과 일치하는 것을 하나 고르시오.

1 '엘보 존'은 유럽에서 가장 차갑고 서늘한 지역에 위치하고 있다.
2 '핑거 칩 존'은 유럽에서 가장 온난한 지역에 위치하고 있다.
3 '리스트 존'에는 폴란드·헝가리·루마니아 등의 나라가 포함된다.
4 영국·벨기에·독일·스칸디나비아 제국 등이 포함되는 지역은 '엘보 존'으로 불린다.

해설 1번, 마지막 단락 둘째 줄 [「エルボー・ゾーン」はヨーロッパで最も温暖な地域に位置し] 부분으로 보아 본문과 일치하지 않음을 알 수 있다. 2번, 마지막 단락 둘째 줄 [「フィンガーチップ・ゾーン」は最も冷涼な地域に位置している] 부분으로 보아 본문과 일치하지 않음을 알 수 있다. 3번, 다섯 번째 단락의 [ポーランド・ハンガリー・ルーマニアなどの国が含まれる。「リスト・ゾーン」と呼ばれるこの地域では] 부분에서 알 수 있듯이, 보기와 본문의 내용이 일치하므로 답은 3번이다. 4번, 여섯 번째 단락의 [イギリス・ベルギー・ドイツ・スカンジナビア諸国が含まれる] 지역은 「フィンガーチップ・ゾーン」임을 알 수 있다.

문제11 종합 이해

지문 해석

휴일에 대한 A, B 각각의 의견을 읽고 뒤의 물음에 대한 답으로 가장 적당한 것을 1, 2, 3, 4에서 하나 고르시오.

A

> 나는 휴일에는 오후 늦게까지 자는 것이 보통이다. 눈을 떠 보면 이미 저녁이었던 적도 종종 있다. 그런 때는 역시 기분이 우울해지고, 하루를 허비했다는 생각도 든다. 나도 황금 같은 휴일에는 좋아하는 낚시라도 하며 보내고 싶다. 그러나 평일의 격무에 지친 몸을 쉬게 하기 위해서는 이것도 어쩔 수 없다. 가정이 있다면, 아이들이 놀아 달라고 보채 일어나지 않을 수 없겠지만, 혼자여서 깨워 주는 사람도 없다. 휴일을 의미 있게 보내지 못하는 것은 수면 시간을 줄여 일하는 현대인의 숙명일지도 모른다.

B

> 나는 아침이 힘겹다. 출근 전에는 아침을 거르더라도 1분이라도 더 자고 싶은 마음이다. 그러나 휴일에는 오히려 일찍 일어난다. 더 자고 싶은 것은 같지만, 모처럼의 휴일에 낮까지 자는 것은 아깝다. 휴일이야 말로 내가 하고 싶은 것을 할 수 있는 때. 시간을 유효하게 쓰고 싶다. 그래서 억지로 일어나려고 한다. 휴일 아침, 나는 일어나자마자 근처 공원까지 산책을 간다. 겨울엔 아직 어둑어둑하다. 낚시를 하고 있는 사람들을 바라보며, 공원 연못 주위를 두 바퀴 정도 돌고 집으로 돌아와, 아직 자고 있는 아내와 아이들을 본체만체하고 신문을 읽으면서 아침을 먹는다.

단어

目(め)を覚(さ)ます 잠을 깨다 | しばしば 종종, 자주 | 気(き)が減入(めい)る 기분이 우울해지다 | たまの休(やす)み 귀중한 휴일, 황금같은 휴일 | 激務(げきむ) 격무 | 疲(つか)れきる 피곤에 지치다 | 休(やす)める 쉬게 하다 | 所帯持(しょたいも)ち 가정이 있는 사람 | せがむ 조르다 | ～ざるを得(え)ない ~하지 않을 수 없다 | ひとり身(み) 홀몸, 독신 | 有意義(ゆうぎ)に 의미있게 | 睡眠(すいみん) 수면 | 削(けず)る 줄이다 | 宿命(しゅくめい) 숙명 | 朝食(ちょうしょく)を抜(ぬ)く 아침을 거르다 | もったいない 아깝다 | 有効(ゆうこう)に 유효하게 | むりやり 억지로 | 薄暗(うすぐら)い 어둑어둑하다 | 妻子(さいし·つまこ) 아내와 자식 | ～を尻目(しりめ)に ~을 본체만체하고 | 得意(とくい) 자신이 있음 | 休憩(きゅうけい)をとる 휴식을 취하다 | 批判的(ひはんてき) 비판적

문제 해설

18 A와 B에 대해 쓰여진 다음 문장 중 옳은 것을 하나 고르시오.

1 A도 B도 낚시가 취미이다.
2 A도 B도 휴일에는 아침을 먹지 않는다.
3 A도 B도 휴일을 의미 있게 보내고 싶다고 생각한다.
4 A는 아침 일찍 일어나는 것을 잘한다.

해설 1번, A의 셋째 줄 [私だってたまの休みには好きな釣りでもして過ごしたい]와 같이 A에는 있지만, B에는 보기와 같은 내용이 없다. 2번, 보기와 같은 내용은 A에는 없고, B의 마지막 문장 [新聞を読みながら朝食を食べる]에 나와 있다. 3번, A의 마지막 문장 [休日を有意義に過ごせないのは、睡眠時間を削って働く現代人の宿命なのかもしれない] 부분과, B의 넷째 줄 [時間を有効に使いたい] 부분에 모두 제시되어 있다. 4번, 보기와 같은 내용은 A에는 해당하지 않는다.

19 A와 B의 가족 관계에 대해 옳은 것을 하나 고르시오.

1　A도 B도 결혼하지 않았다.
2　A는 결혼했지만, B는 하지 않았다.
3　A는 결혼하지 않았지만 B는 했다.
4　A도 B도 결혼했다.

해설 A의 넷째 줄 [所帯持ちであれば子どもに遊んでくれと~ひとり身では起こしてくれる者もいない] 부분으로 보아 미혼이고, B의 마지막 문장 [まだ寝ている妻子を尻目に] 부분으로 보아 기혼임을 알 수 있다. 따라서 답은 3번이다.

20 휴일에 늦게까지 자는 것에 대해 A의 필자와 B의 필자는 어떤 입장을 취하고 있는가?

1　A는 휴식을 취하기 위해서는 어쩔 수 없다고 하고, B는 비판적이다.
2　B는 휴식을 취하기 위해서는 어쩔 수 없다고 하고 A는 비판적이다.
3　A도 B도 모두 명확하지 않다.
4　A도 B도 모두 비판적이다.

해설 A의 셋째 줄 [しかし平日の激務に疲れきった体を休めるには、これも仕方がない] 부분과, B의 둘째 줄 [せっかくの休み、昼まで寝ているなんてもったいない]를 보아 1번이 답임을 유추할 수 있다.

문제12 주장 이해

지문 해석

몇 년 전, 모 대학의 입시 문제에 ①『인정을 베푸는 것은 남을 위한 것이 아니다』라는 표현에 대하여 당시의 생각을 서술하시오'라는 문제가 출제되었었다.

　요즘 젊은이들은 이 속담의 의미를 대부분 반대로 해석하는 듯하다. '타인에게 인정을 베풀면 그 사람을 응석받이로 만들어 좋지 않다'라는 의미로 받아들이고 있다. 분명히 그 일본어 자체는 어느 쪽의 해석도 가능하기 때문에 모르면 그렇게 생각해도 어쩔 수 없을 것이다. (중략)

　『성경』속에도 '일절의 대가를 기대하지 않고 무언가를 해 주면, 그 몇 배나 되어 돌아온다'는 말이 있다. 이것은 나 자신도 몇 번이고 경험했다. 그러나 사람이 무슨 일을 할 때 어떠한 구실을 대도 아무리 사심이 없음을 가장해도, 실제로는 모두 자신을 위해서 하고 있다. 무언가를 남에게 해 줌으로써 자기 자신의 기분이 좋아지기 때문에 하는 것뿐이다. 상대가 기뻐해 준다면 그것으로 자신도 기쁘기 때문에 그냥 무언가를 해 준다. 이것은 양측의 기쁨이 일치하고 있기 때문에 그런대로 좋다고 치자. 그러나 항상 그렇다고는 할 수 없다.

문제는 상대가 기뻐하지 않았을 때이다. '무언가를 해 주었는데' 상대가 기뻐하지 않으면, ②대부분의 사람들은 기분 나빠한다. 이것은 상대에게 무언가를 해 준 것이 처음부터 대가를 바라고 했기 때문이다. 이런 마음으로는 상대에게 무언가를 베풀어도 결코 기대한 것처럼 되지는 않을 것이다. 세상에는 이 유형의 사람이 아주 많다. 심할 때는 제멋대로 무언가를 떠맡겨 두고, 대가를 요구해 오기도 한다. 악덕 상술인 다이렉트 메일 같은 인간이 실제로 얼마든지 있다. (중략)
　사람은 자신이 현재 하고 있는 것, 그 지금 하고 있는 것이 ③'업'이 되어 장래가 결정된다. 현재의 자신도 과거의 자신의 업 위에 존재하고 있다. 현재의 자신이 갑자기 지금의 자신이 된 것은 아니다. 여하튼 성가시다면 성가신 일일지 모르겠지만, 인간의 지금도 장래도 업의 연속 위에 존재하고 있다.
　사람은 언제나 자신의 하고 싶은 일만 하도록 되어 있다. 그런 동물이다. 자신이 바라는 대로 살아온 결과가 지금의 자신을 만들고 있다. 싫으면 언제든지 바꿀 수 있었다. 남이 보면 '불행'하게 보인다고 해도 본인이 그것이 좋아서 하고 있는 경우가 얼마든지 있다. (중략)
　다른 사람에게 무언가를 '해 줄 수 있다는 고마움'을 진심으로 느낄 때 사람은 일절의 대가를 기대하지 않게 된다.

단어

情(なさ)けをかける 인정을 베풀다 | 諺(ことわざ) 속담 | 甘(あま)やかす 응석받이로 키우다, 과보호하다 | 見返(みかえ)り 대가 | 理屈(りくつ)を付(つ)ける 구실을 대다 | 無私(むし) 사심이 없음 | 装(よそお)う 가장하다, 체하다 | 〜とは限(かぎ)らない 〜하다고는 할 수 없다 | 端(はな) 처음, 최초 | ごまんと 잔뜩, 아주 많이 | 押(お)しつける 떠맡기다 | 悪徳(あくとく) 악덕 | 益々(ますます) 점점 | 報(むく)い 보상 | 産物(さんぶつ) 산물

문제 해설

21 필자는 결국 ①『인정을 베푸는 것은 남을 위한 것이 아니다』의 의미를 어떻게 해석하고 있는가?
1　타인에게 인정을 베풀면 상대는 감사하게 받아들이는 법이다.
2　타인에게 인정을 베풀면 남에게 의지하려고 하는 만큼 상대는 점점 더 쓸모 없는 인간이 된다.
3　일절 대가를 바라지 않고 남에게 무언가를 해 주면 그 보답은 반드시 자신에게 돌아오는 법이다.
4　일절 대가를 바라지 않고 남에게 무언가를 해 주어도 그 보답은 돌아오지 않는 법이다.

해설 첫 번째 중략 이후의 [『聖書』の中でも、「一切の見返りを期待しないで何かを与えると、その何倍にもなって返ってくる」とある。これは私自身、何度も経験している] 부분에 근거하여 답이 3번임을 알 수 있다.

22 ②대부분의 사람들은 기분 나빠한다 라고 했는데 그 원인은 무엇인지 필자의 생각과 가장 가까운 것을 하나 고르시오.
1　상대에게 무언가를 해 주면 상대도 반드시 무언가를 해 주니까.
2　상대에게 무언가를 해 준다면 상대도 무언가를 해 주겠지 하고 생각하니까.
3　상대를 기쁘게 하기 위해 무언가를 해 주었는데 조금도 기뻐해 주지 않으니까.
4　선의로 무언가를 해 주었는데 또 다른 무언가를 요구하니까.

해설 밑줄 다음의 문장 [これは、相手に何かをしてあげたのは端から見返りを求めてやっているからである] 부분으로부터 2번이 답임을 유추할 수 있다. 3번은 필자가 아니라 일반론적인 견해이다.

23	필자가 생각하는 ③'업'이란 무엇인가?
1	현재의 자신을 바꾸려고 아무리 노력해도 결국 장래는 아무것도 바뀌지 않는다.
2	과거의 자신과 현재의 자신의 존재는 업의 연속성과는 전혀 관계가 없는 것이다.
3	지금 자신의 모습은 자신이 하고 싶은 것을 하면서 살아온 결과의 산물이다.
4	지금 자신의 모습은 자신의 의지로는 바꿀 수 없었던 사회의 산물이다.

해설 끝에서 두 번째 단락의 둘째 줄 [自分の望むように生きてきた結果が、今の自分を作っている] 부분으로부터 3번이 답임을 추론해 낼 수 있다.

24	필자의 생각으로 본문의 내용과 가장 가까운 것은 어느 것인가?
1	남에게 무언가를 해 줄 때는 상대에게 어떤 대가를 요구해서는 안 된다.
2	남에게 무언가를 해 줄 때는 상대가 기뻐할지 어떨지 생각해야 한다.
3	남이 아무리 불행하게 보여도 동정해서는 안 된다.
4	남이 불행하게 보이면 싫어도 상대가 좋아하는 것을 해 주어야 한다.

해설 마지막 문장 [人に何かを「してあげられるありがたさ」を本心から感じるとき、人は一切の見返りを期待しなくなる] 부분에서 1번이 답임을 유추할 수 있다.

문제 13 정보 검색

문제 해설

25	안내의 내용과 일치하는 것은 어느 것인가?
1	자동입출금기(ATM)에 의한 카드론의 변제는 언제든지 가능하다.
2	이체의 경우 일요일에는 불가능하므로 토요일 오전 중에 마치는 것이 좋다.
3	예금 계좌의 잔고에 의해 수수료가 무료가 될 때도 있다.
4	평일 정오 이후는 입금할 때도 수수료가 든다.

해설 1번, 세 번째 참고 사항인 [＊ATMによるカードローンのご返済は日中営業時間に限ります]를 보면 いつでも (항상)가 아니라 **日中営業時間**(주간 영업시간)임을 알 수 있다. 2번, 표 **お振込み** 부분에서 일요일은 [ご利用できません]이고, 토요일은 ⟨9:00~14:00⟩에만 사용이 가능함을 알 수 있다. 따라서 2번이 정답이다. 3번, 표의 **お預入れ** 부분에서 평일의 ⟨8:45~18:00⟩에만 수수료가 무료가 됨을 알 수 있다. 따라서 잔고가 아닌, 시간에 따라 수수료의 무료 여부가 정해짐을 알 수 있다. 4번, 표의 **お預入れ** 부분을 참고하여 ⟨8:45~18:00⟩에 수수료가 들지 않음을 알 수 있다. 이 시간대는 정오 이후의 일부 시간을 포함하고 있으므로 선택지의 내용은 맞지 않다.

26 이 은행의 신용카드를 갖고 있는 지로 씨는 친구의 부탁으로 월요일 밤 8시 30분에 5만 2천 엔을 이체하게 되었다. 이 은행의 자동입출금기를 사용한 경우 지로 씨가 부담하는 수수료는 얼마가 되는가?

1 수수료는 들지 않는다.
2 210엔
3 315엔
4 거래가 되지 않는다.

> **해설** 첫 번째 참고 사항인 [＊当行クレジットカードご利用のお客様は、時間外手数料が無料になります(ただし、出入金に限ります)]에서 이체를 하는 지로 씨에게는 시간 외 수수료의 무료가 적용되지 않으므로 1번은 정답이 아니다. 그래서 일단 평일이고 밤 8시 30분이므로 210엔이 되는데, 참고 사항 두 번째의 [＊3万円以上の振込みには、通常の手数料に105円が加算されます]에 근거하여 3만 엔 이상이므로 105엔이 추가된다. 따라서 수수료는 315엔이 된다. 답은 3번이다. 이렇게 ＊표 등의 참고 사항을 꼭 확인하고 문제를 풀어야 틀리지 않는다.

단어

返済(へんさい) 변제, 갚음 | **振込**(ふりこ)**み** 이체, 송금 | **済**(す)**ませる** 마치다 | **預金口座**(よきんこうざ) 예금 계좌 | **残高**(ざんだか) 잔고 | **手数料**(てすうりょう) 수수료 | **取引**(とりひき) 거래 | **お預入れ**(あずけいれ) 입금 | **お引出し**(ひきだし) 출금 | **お振替**(ふりかえ) 대체, 동일 은행의 동일 명의의 계좌간 이체 | **出入金**(しゅつにゅうきん) 입출금 | **加算**(かさん)**される** 가산되다 | **日中**(にっちゅう) 주간 | **提携**(ていけい) 제휴 | **画面**(がめん)**にて** 화면에서

지문 해석

다음은 어느 은행 자동입출금기(ATM) 이용 수수료 안내이다.

니이토모 은행 자동입출금기(ATM) 수수료 안내

요일	시간대	입금	출금	이체	대체
평일	0:00~8:45	105엔		이용할 수 없습니다.	
	8:45~18:00	수수료가 들지 않습니다.			
	18:00~24:00	105엔		210엔	
토요일	0:00~9:00	105엔		이용할 수 없습니다.	
	9:00~14:00			210엔	
	14:00~24:00	210엔		이용할 수 없습니다.	
일요일·공휴일	종일	210엔		이용할 수 없습니다.	

＊ 당행 신용카드 이용 고객은 시간 외 수수료가 무료입니다(단, 입출금에 한합니다).
＊ 3만 엔 이상 이체에는 평소 수수료에 105엔이 가산됩니다.
＊ 자동입출금기로 카드론의 변제는 주간 영업시간에 한합니다. 양해해 주십시오.
＊ 편의점 자동입출금기를 이용하실 경우에는 각 제휴 기관에 따라 수수료가 다르므로 화면에서 확인해 주십시오.